왕의 십자가

왕의 십자가

지은이 | 팀 켈러
옮긴이 | 정성묵
초판 발행 | 2013. 2. 18.
27쇄 발행 | 2026. 2. 10.
등록번호 | 제1988-000080호
등록된 곳 | 서울특별시 용산구 서빙고로65길 38
발행처 | 사단법인 두란노서원
영업부 | 02)2078-3333 FAX | 080-749-3705
출판부 | 02)2078-3330

책값은 뒤표지에 있습니다.
ISBN 978-89-531-1893-5 03230

독자의 의견을 기다립니다.
tpress@duranno.com   http://www.duranno.com

두란노서원은 바울 사도가 3차 전도 여행 때 에베소에서 성령 받은 제자들을 따로 세워 하나님의 말씀으로 양육
하던 장소입니다. 사도행전 19장 8-20절의 정신에 따라 첫째 목회자를 돕는 사역과 평신도를 훈련시키는 사역,
둘째 세계선교™와 문서선교단행본·잡지 사역, 셋째 예수문화 및 경배와 찬양 사역, 그리고 가정·상담 사역 등을 감
당하고 있습니다. 1980년 12월 22일에 창립된 두란노서원은 주님 오실 때까지 이 사역들을 계속할 것입니다.

왕의 십자가

팀 켈러 지음
정성욱 옮김

두란노

마가복음의 정수를 보여 주는 책이다. 저자의 책을 읽으면 가슴이 뛴다. 그 이유는 종교가 아닌 복음에 초점을 맞추도록 도와주고, 예수님을 직접 만나도록 도와주기 때문이다. 복음적 지성으로 예수님을 변증하는 저자는 탁월한 변증가다. 복음의 핵심, 기독교 본질, 그리고 균형 잡힌 영성을 추구하는 분들에게 이 책을 강권하고 싶다. 회의론자와 거짓된 지성에 물들어 있는 사람들에게 복음을 전하고 싶다면 이 책을 반드시 읽도록 하라.

강준민 _LA 새생명비전교회 담임목사

팀 켈러 목사는 이 책에서 4복음서들 중 가장 사실적인 책 마가복음을 간결하고도 가장 생동감 있는 언어로 '오늘' 우리의 삶과 연결시켜 준다. 이는 신학적 상상력과 책 속에 머물던 '역사적 예수님(the historical Jesus)'에 대한 논의를 넘어, 오늘도 우리 삶에 역동적으로 행동하시는 '역사에 들어오신 예수님(Jesus entering into history)'을 만나게 하려는 것이다. 예수를 믿지만 가슴이 뜨겁지 않고 움직여지지 않던 크리스천들은 이 책을 통해 한 스텝 한 스텝 춤추기 시작할 것이다.

권혁빈 _얼바인온누리교회 담당목사

예수, 그분은 언제나 그분을 알기 위한 우리의 노력을 좌절시킨다. 그분은 우리가 알 수 있는 것보다 큰 분이며, 그분에게는 우리가 다 알 수 없는 신비가 있다. 그래서 우리는 그분에 대해 '알려진 것'을 바탕으로 겸손하고도 진지하게 '알려지지 않은 것'을 탐색해야 한다. 팀 켈러 목사는 마가복음의 본문에 따라 그분의 신비를 더듬으며 독자를 그 신비로 안내한다. 읽고 나면 그분에 대한 사랑이 더 깊어지고 영적으로 더 가까워진 것을 발견할 것이다.

김영봉 _와싱턴한인교회 담임목사

"십자가를 거부하고 왕이 되려는 세상에서 십자가를 지고 왕을 따르라. 십자가는 사라지고 십자군만 남은 현대 교회들에게 십자가만을 자랑하라. 또한 희생이 없는 사랑만을 추구하는 사람들에게 예수님의 대속의 사랑을 하라"라고 도전하는 팀 켈러 목사의 글이 내 영혼의 세포를 춤추게 한다. 복음의 본질을 붙잡고 살기를 원하는 분들에게 적극 추천한다.

노창수 _남가주사랑의교회 담임목사

예수님에 대해 얼마나 알고 있는가? … 예수를 믿으면서도 가장 사모해야 할 십자가를 삶으로는 거부하는 것이 우리 시대 크리스천의 모습 같다. 미국의 지성인들 사이에서 '예수를 알고 싶은 분'에게 가장 많이 권하는 책이 바로 팀 켈러 목사님의 「왕의 십자가」이다. 예수님의 정체를 제대로 알고, 예수님이 이 땅에 오신 목적을 알게 되었을 때, 진정 주님과 동행하는 삶을 살 수 있다. 몇 년 전, '주님의 십자가를 알게 하소서'라고 간절하게 기도한 적이 있다. 성경책도 읽고, 또 다양한 신앙서적을 읽으면서 주님의 십자가를 제대로 알기 원했지만 참 어려웠다. 「왕의 십자가」는 깊은 성찰과 신학적 배경 아래 예수님에 대한 모든 것을 이해할 수 있는 책이다. 이 책을 통해 예수처럼 사는 분들이 많아지기를 간절히 바란다.

문애란 _지앤엠 글로벌문화재단 대표

팀 켈러 목사님은 영적으로 잠자던 뉴욕시를 깨운 설교자이며, 미국의 목회자들이 가장 귀 기울이는 설교자이다. 2005-2006년에 진행된 그의 마가복음 강해는 수많은 사람들에게 십자가를 지신 왕을 소개했다. 탁월한 해석과 깊이 있는 설명으로 왕의 십자가를 제시하고 있다. 미국의 영적 지형에 거대한 영향을 끼치고 있는 팀 켈러 목사님의 메시지가 한국에 소개되어 정말 기쁘게 생각한다.

오종향 _뉴시티교회 담임목사

어울리지 않을 것 같은 두 단어 '왕'과 '십자가'의 조합! 그러나 크리스천들에게는 너무 익숙한 조합이라 오히려 많은 이들이 그 깊은 뜻을 놓친다. 최근 복음주의 교계에 균형 있는 사역의 본을 보이는 팀 켈러 목사의 「왕의 십자가」가 출간되어 기쁘다. 이 책은 탁월한 통찰력과 예리한 지성으로 진정한 왕이신 예수 그리스도에 대한 바른 시각을 제공한다. 자신을 높이고 예수님을 과소평가하는 시대적 조류에 휩쓸려 사는 이들에게, 가장 높으신 분이 가장 낮아지셔야 했던 복음의 비밀, 크고자 하는 자는 섬기는 자가 되어야 한다는 세상이 이해할 수 없는 진리에 대한 눈을 열어 줄 것이다.

오정현 _사랑의교회 담임목사

우리는 어제나 오늘이나 영원토록 동일하신 예수님에 대한 고백을 잘 경험하지 못한다. 성경 내용에 나 자신을 넣고 읽지 않기 때문이다. 팀 켈러 목사는 믿음과 의심 사이를 방황하는 우리에게 길은 다시 복음으로 돌아가는 것이라는 점을 분명히 한다. 왕이신 예수님을 섬기고 따르는 일은 십자가를 통과함으로만 이루어짐을 이 책을 통해 다시 확증한다. 예수님을 더욱 알고 따르기 원하는 이들은 성경과 이 책을 놓고 마가복음으로 들어가길 권면한다.

유기성 _선한목자교회 담임목사

팀 켈러 목사의 책들에 주목할 필요가 있다. 「왕의 십자가」는 마가복음을 중심으로 예수님의 생애를 탁월한 지성과 영성으로 살핀 팀 켈러 목사의 또 다른 수작이다. 이 책은 혼돈스럽고 진리의 왜곡이 심화된 시대에, 생동감 넘치는 예수님의 행적들을 통해 더 확실하고 깊이 있는 신앙의 세계로 나아가도록 돕는다.

이규현 _수영로교회 담임목사

최근 신학은 그 초점을 '역사적 예수'에 맞춘다. 예수에 대한 역사적 사실성(Historicity)과 역사적 의미(historicalness)가 씨줄과 날줄처럼 엮어질 때 예수 이야기는 비로소 살아난다. 팀 켈러 목사는 초대교회에서 생생하게 살아있던 '그때 그곳(then and there)의 예수 이야기'를 '지금 여기(here and now)의 예수 이야기'로 다시 풀어냄으로써 교회 공동체의 예수 신앙 전승에 놀라운 영향력을 끼치고 있다. 팀 켈러의 「왕의 십자가」는 스토리를 상실하여 위기에 빠진 교회 공동체와 무신론의 깊은 그늘 아래 있는 현대 사회에 분명 새로운 생명을 불어넣을 것이다.

이문식 _산울교회 담임목사

우리나라에서 여러 해 전부터 성시화 운동을 전개하는 분들이 있다. 팀 켈러야 말로 성시화 운동에 투신한 우리 시대의 선구적 목회자라고 할 만한 사람이다. 그는 뉴욕 맨해튼의 심장에서 논리 정연하면서도 철저하게 성경적이고 철저하게 소통적인 설교언어로 세속화된 청중에게 다가가고 있다. 우리나라에도 이런 팀 켈러 같은 설교자들이 일어날 수만 있다면, 한국교회는 아직 희망을 포기할 필요가 없다. 그는 오리지널 복음서인 마가복음의 두 개의 모티브 '왕'과 '십자가'로 왕 되신 그가 십자가로 가신 이유를 설명하며 우리에게 십자가의 복음만이 우리 시대 모든 딜레마의 정답이라고 선포한다. 이 책을 우리 시대의 희망으로 추천한다.

이동원 _지구촌교회 원로목사

팀 켈러 목사의 책은 항상 기대가 된다. 「왕의 십자가」 역시 그런 기대감을 저버리지 않는다. 이 책은 가장 높으신 분이 가장 낮아져야 했던 복음의 비밀을 밝히고 있다. 가장 비참한 그러나 가장 영광스런 십자가! 그 십자가 위에 서신 만왕의 왕! 우리의 구원이 이런 값비싼 십자가를 통과함으로만 가능했던 것을 생생하게 기억하게 한다. 하나님의 아들 예수의 일생에 대한 충격적인 마가의 증언이 믿음과 의심의 문제로 씨름하는 우리 각자에게 지울 수 없는 흔적을 남기길 기대한다.

이재훈 _온누리교회 담임목사

팀 켈러 목사의 글에는 복음의 본질이 들어 있다. 그의 책에는 복음의 본질이 이 시대의 용어로 맛깔스럽게 표현되어 있다. 그와 리디머교회는 복음을 말하는데 그치지 않고 실제 '복음을 살아내고' 있다. 그래서 귀하다. 켈러의 책들을 읽다 보면 「하나님의 모략」의 저자 달라스 윌라드 박사가 이 시대에 가장 주목해야 할 목회자로 그를 지목한 이유를 알 수 있다. 이 책을 통해서도 켈러의 진가는 드러난다. 주 예수 그리스도의 생애가 '이해되게' 나에게 다가온다. 역사적 예수의 궤적이 지금, 이 시간, 내 삶에 생생하게 영향을 미치고 있다는 사실을 알게 된다. 결코 타협하지 않는 복음의 본질로 뉴요커들을 매료시킨 켈러가 주 예수 그리스도의 실체를 느끼기 원하는 한국의 크리스천들도 사로잡으리라. 우리 모두 이 시대의 '베드로'다. 역사적 예수를 목격한 증인으로 핏빛 선연한 복음을 살아낼, 살아내기 소망하는 이 시대의 '베드로'들에게 일독을 권한다.

이태형 _국민일보 부국장. 「더 있다」 저자

팀 켈러 목사의 「정의란 무엇인가」를 읽고 성경적인 정의에 대해 깊은 통찰을 얻었다면, 「왕의 십자가」를 읽고는 예수님이 누구신지에 대한 복음적인 통찰을 얻을 것이다. 그의 책에는 명쾌함과 담대함이 있다. 말씀을 향해 살아 움직이는 열정과 감동이 있다. 이 책을 통해 다시 한 번 왕이신 예수님을 만나며 또한 사순절과 부활절을 맞아 그분이 우리를 위해 지신 십자가를 뜨겁게 체험하길 바란다.

진재혁 _지구촌교회 담임목사

「왕의 십자가」라는 말처럼 큰 역설은 없다. 그러나 왕이 십자가를 지는 이 역설이 세상을 바꾸어 놓았다. 이 땅에 왕 같은 제사장으로 부름받은 하나님의 백성들이 각자 삶의 현장에서 어떻게 살아야 하는지 이 책만큼 현실감 있게 도전하는 책은 만나보지 못했다. 왕이 십자가를 지듯, 물질문명의 제왕적 상징인 맨해튼의 중심에서 교회를 세우고 십자가 복음을 선포하며 살아온 저자의 생생한 이야기 때문인지도 모른다. 세상의 중심에서 길을 찾는 모든 크리스천들에게 강력히 추천한다.

최병락 _달라스 세미한교회 담임목사

팀 켈러 목사는 텍스트와 컨텍스트, 성경과 현대문학, 신학과 심리학, 구약과 신약의 경계를 능수능란하게 넘나들면서 마가복음에 나타난 '십자가를 지신 왕' 예수를 선명하게 제시한다. 저자의 진리에 대한 열정과 인간에 대한 애정을 느끼면서 나는 모처럼 가슴이 뜨거워졌다.

한화룡 _백석대학교 기독교학부 교수

part 1

예수, 가장 위대하신 왕

part 2

십자가, 가장 고귀한 선택

c o n t e n t s

혹시 영국 런던에 있는 '킹스크로스(King's Cross, 왕의 십자가)' 기차역을 아는가? 「해리 포터」 책을 통해 유명해진 역이다. 이 역 이름이 예수님의 의미를 너무도 완벽하게 담고 있어서 이 책의 제목으로 빌리지 않을 수 없었다.

마가복음이 이 책의 목적과 가장 잘 맞아떨어지는 데는 또 한 가지 이유가 있다. 마가복음은 예수님의 삶을 정확히 두 부분으로 나누어 제시한다. 하나는 만왕의 왕이라는 예수님의 정체성이고, 다른 하나는 그분이 십자가 위에서 죽으신 목적이다.

이 책의 구조는 제목 그대로다. 왕과 십자가의 두 부분으로 나뉘어 있으며, 각 부는 마가복음의 주요 부분을 분석한 장들로 이루어져 있다. 모든 책은 내용을 선별해서 싣는다. 4복음서도 마찬가지다. 그래서 요한은 "예수께서 행하신 일이 이 외에도 많으니 만일 낱낱이 기록된다면 이 세상이라도 이 기록된 책을 두기에 부족할 줄 아노라"(요 21:25)라는 말로 자신의 복음서를 마무리했다. 나는 마가복음에서 예수님의 삶, 특히 그분의 실체나 목적을 가장 잘 담고 있다고 생각되는 텍스트만 추렸다. 그러다 보니 잘 알려진 몇몇 구절은 이 책에서 상세히 다루어지지 않았다.

이 책을 읽는 사이에 예수라는 인물에 대해 점점 더 흥미가 생길 것이라 믿는다. 예측 불가하지만 믿을 만한 분, 온유하시지만 파워풀한 분, 무한한 권위와 겸손을 동시에 지니신 분, 인간이자 신이신 분이다. 당신 나름대로도 그분의 삶의 의미를 깊이 고민해 보기 바란다.

나의 인생을 변화시킨 이야기

나는 어릴 적부터 교회에 다녔지만, 예수님을 진정으로 믿고 인생이 변화된 것은 대학에 진학하고 나서다. 나를 영적으로 깨운 도구 중 하나는 성경, 특히 신약의 복음서들이었다. 전에는 내가 성경을 탐구하고 분석했다. 하지만 변화를 경험한 뒤로는 성경, 아니 성경 속의 어떤 분이 나를 탐구하고 분석하는 것만 같았다.

이런 일이 일어나기 얼마 전에 한 잡지에서 프린스턴 신학대학원 철학 교수 에밀 카이에(Emile Cailliet)가 쓴 "나를 이해하는 책"이란 제목의 글을 발견했다.[1] 프랑스에서 대학을 다니던 시절 카이에는 불가지론자였다. 그는 한 번도 성경을 펴 보지 않고 대학을 졸업했다. 그러다가 제2차 세계대전이 일어나 군에 입대하게 되었다. "내가 인간의 상황을 얼마나 잘못 이해했는지 어처구니가 없었다. 친구가 가슴에 총알을 맞은 채 어머니 이야기를 하면서 눈앞에서 죽어 가는 마당에 신학교의 철학적 논쟁이 다 무슨 소용인가?"

그때 카이에도 총알에 맞았고 오랫동안 병원 신세를 졌다. 그런데 병원에서 문학 책과 철학 책을 읽던 중 이상한 갈망이 일기 시작했다. "이상하게 들릴지 모르지만, 나를 이해하는 책에 관한 갈망이 일었다." 그런 책을 알지 못했기에 그는 직접 쓰기로 결심했다. 그때부터 닥치는 대로 읽고, 특히 자신의 상황과 일치하는 구절을 찾을 때마다 작은 가죽 노트에 세심히 적었다. 시간이 흐르고 인용문이 꽤 쌓이자 하나씩 훑어볼 날을 고대했다. "이것이야말로 두려움과 고뇌에 빠진 나를 여러 단계를 거쳐 완전한 해방과 환희로 이끌어 주리라"고 기대했다.

하루는 자신의 정원의 나무 아래 앉아 애지중지하는 그 가죽 노트를 펼쳤다. 그런데 읽을수록 실망감이 커져만 갔다. 상황은 변한 게 하나도 없었다. "모두 허사라는 것을 알았다. 그것은 그 책이 내가 만든 책이었기 때문이다."

바로 그 순간, 아내가 산책을 갔다가 돌아왔다. 아내의 손에는 길에서 만난 한 목사에게서 받은 프랑스어 성경이 들려 있었다. 카이에는 그 성경을 받아 복음서를 폈다. 그리고 그때부터 깊이 빠져들어 밤 늦게까지 읽었다. 문득, 깨달음이 찾아왔다. "이럴 수가, 이것(복음서)을 읽는데 그 안에서 말씀하고 행동하시던 분이 내 앞에서 살아 나셨다. 이것이 나를 이해하는 책이다."[2]

이 글을 읽다가 내게도 똑같은 일이 일어났다는 사실을 깨달았다. 어릴 적에도 성경을 하나님의 말씀으로 믿기는 했지만, 그 말씀의 주인을 개인적으로 만난 적은 없었다. 그러다 복음서를 읽으면서 그분을 진정으로 만났다. 그로부터 30년 뒤, 다른 사람들도 복음서 안의 예수님을 만났으면 하는 소망을 가지고 마가복음 강해를 시작했다. 이 책은 그 설교를 바탕으로 그때의 소망을 담아 쓴 책이다.

최근 몇 십 년간 역사적인 예수님에 대한 대중의 관심이 증가한 것은 참으로 뜻밖이다. 매년 부활절이 다가오면 미디어에서 앞 다투어 예수님의 이야기를 특집으로 다룬다. 부활절을 맞아 「뉴스위크」지의 종교 전문 기자 리사 밀러(Lisa Miller)는 이렇게 보도했다. "부활절은 예수가 십자가에 못 박힌 지 사흘 만에 무덤에서 살아난 수난의 마지막 사건을 기념하는 날이다. 복음서는 이 초자연적인 사건이 엄연한 사실이라고 주장한다. 예수는 훗날 모든 제자들이 부활할 수 있도록 죽었다가 다시 살아난 것이다. 이 이야기는 더없이 신실한 신자들의 믿음까지도 흔들리게 만들었다. 솔직히, 믿기 어려운 이야기다."[3]

옥스퍼드대학 유대학 교수인 게자 베머스(Geza Vermes)는 「타임」지(영국판)에 실린 "신화인가 역사인가: 부활의 확실한 사실들(Myth or History: The Hard Facts of the Resurrection)"이란 글에서 이런 질문을 던졌다. "기독교 메시지의 중심에는 예수의 부활이 있다. 이 메시지의 핵심적인 전달자인 사도 바울은 과감히 선포했다. '그리스도께서 만일 다시 살아나지 못하셨으면 우리가 전파하는 것도 헛것이요 또 너희 믿음도 헛것이며'(고전 15:14). 2천 년간의 신학적 연구를 통해 재확인된 이 진술이 부활절에 관한 복음서의 진술과 어떻게 비교되는가? 부활은 단순한 신화인가? 아니면 일말의 역사적 진실이라도 담고 있는 것인가?"[4]

「USA 투데이」지의 낸시 헬미쉬(Nancy Hellmich)는 이렇게 보도했다. "두 명의 학자가 가장 유명한 그림 '최후의 만찬'의 사본 52점을 가지고 음식과 접시 크기를 분석했다. 그 결과, 지난 천 년 사이에 그림 속에서 그릇의 크기가 매우 커졌다는 사실이 밝혀졌다."[5] 유명 잡지에서 예수님에 관해 이토록 관심을 갖다니 놀랍다.

이 외에도 예수님에 관한 대중의 관심은 매우 뜨겁다. 예수님의 일대기들, 학자들의 성경 주석들, 역사적 비평, 가상 소설, 그리고 비신화화(antimythologies) 등 예수 이야기라는 새로운 장르가 탄생했다고 말해도 과언이 아니다.

예수님에 관한 말과 글이 넘쳐나는 이 홍수 속에서 이 책을 내놓으려니 매우 조심스럽다. 예로부터 기독교는 예수님의 삶과 죽음과 부활을 우주와 인류 역사의 중심적 사건이요 우리 자신의 삶을 인도하는 주요한 원칙으로 삼아 왔다. 이 책은 이 역사적인 전제를 오랫동안 숙고한 결과물이다. 예수님의 이야기를 통해서 보면, 세상 전체의 이야기와 그 세상 속에서 우리 자신의 위치를 가장 분명하게 이해할 수 있다. 이 책의 목적은 예수님의 삶이 우리의 삶과 얼마나 깊은 연관이 있는지를 그분의 말씀과 행동을 통해 보여 주는 것이다.

과연 예수님은 실존 인물일까

예수님의 삶을 조사하고 싶은가? 예수님이 실제로 이 땅에 살았는지, 또한 죽으셨다가 부활하셨는지 확인하고 싶은가? 부활절 이야기가 역사적인 진실을 조금이라도 담고 있는지, 아니면 역사의 중요한 열쇠를 쥐고 있는지 알고 싶은가? 그렇다면 예수님의 이야기를 담은 역사적 문건인 복음서를 살펴봐야 한다. 각 복음서는 저자인 마태와 마가, 누가, 요한의 이름을 따서 명명되었다.

최근의 '예수 장르'의 대부분은 복음서가 예수님의 생애에 관한 믿을 만한 기록인지를 놓고 논쟁하는 내용이다. 2백 년 전부터 일부 학자들은 복음서가 여러 세대를 거치면서 전설적인 요소들이 가미된 구전(口傳)일 뿐이며, 예수님 당시로부터 백 년 이상 지난 후에야 쓰여졌다고 주장했다.[6] 이런 예수님의 진정한 실체를 알 수 없다는 주장은 많은 동조를 얻었다. 독일 철학자 프리드리히 니체(Friedrich Nietzsche)와 영국 작가 조지 엘리엇(George Eliot)은 다비드 슈트라우스(David Strauss)가 비판적으로 쓴 「예수의 생애」(*Life of Jesus Critically Examined*)을 읽고서 신앙을 잃었다. 그리고 매년 수많은 학생들이 '문학으로 보는 성경(the Bible as literature)' 수업 때문에 신앙이 흔들리고 있다.

다행히 정반대의 움직임도 일어나고 있다. 150년 전, AD 2세기의 삼분의 일이 지나기 전까지는 그 어떤 복음서도 존재하지 않았다는 주장이 대두되었지만, 지난 세기에는 복음서들이 그보다 훨씬 전 즉 예수님의 삶과 죽음을 직접 목격했던 많은 사람들의 생전에 쓰였다는 증거가 속속 드러났다.[7] 게다가 유명한 작가 앤 라이스(Anne Rice)와 A. N. 윌슨(Wilson) 같은 '믿음의 반전'의 역사가 이어지고 있다. 1992년 전기 작가 윌슨은 「예수」(Jesus : A Life)를 통해 복음서가 거의 전설에 가깝다는 주장을 펼쳤지만, 2009년에 오랫동안 무신론의 바다를 떠돌며 기독교를 공격하는 책을 써 왔던 그는 기독교 신앙으로 돌아왔다고 밝혔다.[8] 소설가 앤 라이스 역시 대학에서 믿음을 잃었다가 저명한 성경학자의 저작을 읽고서 다음과 같은 사실을 발견했다.

> 순전한 인간 예수가 어쩌다가 예루살렘에 발을 들여놓았다가 왜 그런지 모르겠지만 보잘것없는 사람에 의해 십자가에 못 박혔을 뿐 기독교 창시와는 아무런 상관이 없다는 주장, 사람들이 자신을 기독교와 결부시킨다는 사실을 알고 나면 예수님이 오히려 깜짝 놀랄 것이라는 주장, 이런 식의 묘사가 내가 무신론자로서 지난 30년 동안 자주 드나들었던 자유주의 진영에서 떠도는 주장이었다. 그런데 이 주장은 전혀 말이 되지 않는 것이었다.[9]

리처드 보캄(Richard Bauckham)의 「예수와 그 목격자들」(*Jesus and the Eyewitnesses*)이야말로 복음서가 실화라는 사실을 가장 설득력 있게 주장한 책일 것이다. 이 책에 따르면 복음서는 지금도 계속 발전하고 있는 구전이 아니라, 목격자들의 직접적인 증언을 기록한 구두 '역사'다.

보캄은 예수님의 삶에 직접 참여했던 사람들이 그분의 죽음과 부활 이후 오랫동안 이 사건을 만방에 다니며 외쳤다고 말한다. 지붕에서 내려진 중풍병자처럼 예수님으로부터 치유받은 사람들, 예수님 대신 십자가를 지고 갔던 구레네 시몬, 예수님이 무덤에 안치되는 모습을 지켜봤던 막달라 마리아 같은 여인들, 3년간 예수님을 따라다녔던 베드로와 요한 같은 제자들이 그런 증인들이다. 이 증인들은 평생 자신들이 겪은 이야기를 전하고 다녔다. 마태와 마가, 누가, 요한은 이 이야기를 글로 썼다. 그리하여 탄생한 것이 복음서다.

또한 보캄은 복음서를 전설로 보기에는 그 내용이 너무 솔직하다는 점을 지적한다. 예를 들어, 교회가 근간으로 삼는 문서들에 교회의 가장 위대한 지도자 중 한 명인 베드로가 예수님을 저주했다는 내용까지 실려 있다. 베드로의 부인과 배반을 가장 자세히 이야기해 줄 수 있는 사람은 바로 베드로 자신이다. 다른 사람은 그 사건을 성경에 실린 것처럼 상세히 알 수 없다. 또한 초대교회의 성도중에서 가장 존경하는 지도자의 약점을 감히 그토록 적나라하게 들추어낼 사람은 없을 것이다. 따라서 그 약점은 이야기의 중요한 부분일 수밖에 없다. 그리고 그 이야기는 사실일 수밖에 없다.

왜 마가복음을 택했는가

나는 예수님의 삶을 탐구하기 위해서는 4복음서를 다 조사하는 것보다 하나의 일관된 이야기, 예수님의 실제 말씀과 (특히) 행동에 초점을 맞춘 이야기만을 다루는 것이 가장 적절하다고 판단했다. 그래서 마가복음을 골랐다.

마가란 어떤 인물인가? 이 질문에 대한 가장 오래되고 중요한 대답은 AD 130년까지 히에라볼리의 감독이었던 파피아스(Papias)의 입에서 나왔다. 그는 마가가 예수님의 열두 제자 중 한 명이었던 베드로의 비서이자 통역가로 "(베드로가) 회상한 모든 것을 정확히 썼다"고 말했다. 이 말이 특히 중요한 것은 파피아스(AD 60-135년)가 예수님의 또 다른 수제자였던 요한을 개인적으로 알았기 때문이다.[10] 보캄의 저작에 따르면 실제로 마가복음에는 베드로에 관한 언급이 다른 어느 복음서보다도 많다. 마가복음을 유심히 읽어 보면 베드로가 없는 곳에서 일어난 일은 하나도 없다. 그렇다면 마가복음은 거의 베드로의 목격담이라고 봐도 무방하다.

내가 마가복음을 통해 예수님의 삶을 조명하고자 하는 데는 또 다른 이유가 있다. 마가복음은 밋밋한 역사책처럼 읽히지 않는다. 마가복음은 현재 시제로 쓰였고, '즉시' 같은 단어를 자주 사용할 만큼 책 전체가 행동으로 가득하다. 마가복음은 숨 막히는 속도감을 자랑하는 책이다. 이 점은 예수님에 관한 중요한 사실 하나를 말해 준다. 예수님은 한낱 역사적인 인물이 아니라 오늘 우리와 깊은 연관이 있는, 살아 있는 현실이다.

마가는 첫 문장에서 하나님이 역사 속으로 들어오셨다고 말한다. 기존 질서가 단절되었다는 긴박감이 나타나 있다. 더 이상 역사를 자연적인 원인만으로 이루어진 닫힌 구조로 볼 수 없다. 그 어떤 인간의 시스템이나 전통이나 권위도 필연적이거나 절대적이지 않다. 예수님이 오셨기 때문에 이제 어떤 일도 일어날 수 있다. 마가는 예수님의 오심이 단호한 행동을 요구한다는 점을 말하고 싶었던 게 분명하다. 마가복음을 통해서 본 예수님은 이리저리 바삐 움직이신 행동가셨다. 마가복음에 예수님의 가르침은 다른 복음서에 비해 상대적으로 적다. 마가복음에서 우리는 주로 행동하시는 예수님을 만난다. 따라서 우리도 어중간한 지점에 가만히 있을 수 없다. 적극적으로 행동해야 한다.

part 1

예수, 가장 위대하신 왕

예수님은 춤이다

주님과 춤추는 순간
영혼이 살아난다

1

하나님의 아들 예수 그리스도의 복음의 시작이라. 선지자 이사야의 글에 보라 내가 내 사자를 네 앞에 보내노니 그가 네 길을 준비하리라. 광야에 외치는 자의 소리가 있어 이르되 너희는 주의 길을 준비하라 그의 오실 길을 곧게 하라 기록된 것과 같이 세례 요한이 광야에 이르러 죄 사함을 받게 하는 회개의 세례를 전파하니(막 1:1-4).

마가는 예수님의 정체를 밝히는 데 지체하지 않는다. 예수님이 그리스도이자 하나님의 아들이라고 말한다. 우선 '크리스토스(Christos)'는 헬라어로 '기름부음을 받은 왕족'이란 뜻이다. 이 단어는 언젠가 오셔서 이 땅을 다스리고 이스라엘을 모든 압제자와 고통에서 건져 줄 '메시아'에 대한 다른 표현이었다. 그리스도는 여러 왕 중에 하나가 아니라 만왕의 왕이셨다.

　　마가는 그리스도 앞에 하나님의 아들이란 표현을 덧붙인다. 하나님의 아들, 이것은 당시 대중이 생각하는 메시아 개념에서 한걸음 더 나아간 과감한 표현이다. 한마디로, 예수님의 신성을 숨기지 않고 그대로 드러낸 것이다. 이어서 마가는 내친 김에 폭탄 발언을 해 버린다. 마가는 이사야의 예언을 인용하면서 세례 요한이 광야에서 외치는 소리 곧 주의 길을 준비하는 사람이라고 말한다. 이는 결국 예수님이 주님 곧 전능하신 하나님이란 뜻이다. 주 하나님, 자기 백성을 구원할 신적인 왕, 그리고 예수님. 이 세 호칭은 동일한 한 사람을 가리키는 것이다.

이 대담한 주장을 통해 마가는 예수님을 예로부터 내려온 이스라엘의 종교와 최대한 깊이 연결시키고 있다. 마가의 주장은 기독교가 새로운 종교가 아니라는 것이다. 예수님은 성경의 모든 선지자들이 표현한 열망과 환상을 실현하시는 분이다. 예수님은 세상에 오셔서 온 세상을 다스리고 새롭게 하시는 분이다.

서로에게 자신을 내주는 사랑의 춤

마가는 이렇게 예수님을 소개한 뒤 계속해서 놀라운 장면을 통해 그분의 정체성을 더 자세히 밝혀 준다.

> 그때에 예수께서 갈릴리 나사렛으로부터 와서 요단 강에서 요한에게 세례를 받으시고 곧 물에서 올라오실새 하늘이 갈라짐과 성령이 비둘기 같이 자기에게 내려오심을 보시더니 하늘로부터 소리가 나기를 너는 내 사랑하는 아들이라 내가 너를 기뻐하노라 하시니라(막 1:9-11).

성령을 비둘기에 비유한 표현이 지금 우리에게는 익숙하지만 마가의 시대에는 그렇지 않았다. 유대교의 경전 중에서 성령을 비둘기에 비유한 경전은 마가 시대 유대인들이 읽던 아람어 구약 성경인 탈굼

(Targums)밖에 없었다.

창세기 1장 2절에서 하나님의 영은 수면 위로 운행하셨다. 여기서 운행에 해당하는 히브리어는 훨훨 난다는 뜻이다. 다시 말해 성령이 수면 위를 훨훨 날아다니셨다. 탈굼을 쓴 랍비들은 이 장면을 생생하게 묘사하기 위해 이 구절을 이렇게 번역했다. "땅이 혼돈하고 공허하며 흑암이 깊음 위에 있고 하나님의 영은 '비둘기'처럼 수면 위로 훨훨 날아다니시니라. 하나님이 이르시되 빛이 있으라 하시니." 세상의 창조에는 하나님, 하나님의 영, 하나님의 말씀, 이렇게 세 주체가 참여했다. 이 세 주체는 예수님의 세례식에도 참여했다. 아버지는 말씀하셨고 아들은 세례를 받았으며 성령은 비둘기처럼 훨훨 날아다녔다. 여기서 마가는 의도적으로 태초의 창조 과정을 떠올리게 만든다. 마가는 처음 세상을 창조하신 것이 삼위일체 하나님의 프로젝트였던 것처럼, 진정한 왕의 오심도 또한 삼위일체 하나님의 프로젝트임을 말하고 싶었던 것이다.

마가는 예수님의 세례식 장면에서 삼위를 모두 언급했다. 창조와 구속이 삼위일체 하나님의 작품이라는 사실이 왜 중요한 것일까?

삼위일체의 기독교 가르침은 신비로운 것이며 인지적으로 도전이 된다. 이 교리는 하나님은 한 분 하나님이시며, 세 위격으로 영원히 존재하신다는 것이다. 이것은 세 신이 조화롭게 일한다고 생각하는 삼신론이 아니다. 또한 한 분의 하나님이 때에 따라 이런 모습 저런 모습으로 나타난다고 생각하는 일위론도 아니다. 삼위일체 신학이 가르치는 것은 한 분 하나님이 계신데, 서로 알고 서로 사랑하는 삼위로 이루어진다는 것이다. 하나님은 셋이면서 하나이시고, 하나이면서 셋이시다.

예수님이 물에서 나오시자 아버지께서 그를 사랑의 말씀으로 입혀 주시고 덮어 주신다. "너는 내 사랑하는 아들이라. 내가 너를 기뻐하노라." 그와 동시에 성령은 그를 능력으로 덮어 주신다. 이는 삼위일체 안에서 영원 전부터 계속 이어져 온 과정이다. 이 구절을 통해 우리는 하나님의 위대한 속성을 엿볼 수 있다. 요한복음에 기록된 예수님의 기도를 보면 아버지와 아들과 성령은 서로를 영화롭게 하시는 것이다. "아버지께서 내게 하라고 주신 일을 내가 이루어 아버지를 이 세상에서 영화롭게 하였사오니 아버지여 창세 전에 내가 아버지와 함께 가졌던 영화로써 지금도 아버지와 함께 나를 영화롭게 하옵소서"(요 17:4-5).

C. S. 루이스(Lewis)는 이런 말을 했다. "기독교의 하나님은 정적인 분이 아니다. 역동적이고 활기찬 생명이시다. 마치 드라마와도 같다. 불경한 표현이라고 말할지 모르겠지만 하나님은 춤과도 같은 분이다."[11] 신학자 코넬리우스 플랜팅가(Cornelius Plantinga)는 이렇게 말한다. "하나님 안의 세 위격은 서로를 영화롭게 한다. 하나님 안에 있는 각 위격은 서로를 높이고, 서로 교제하며, 서로를 존중한다. 각 위격은 다른 위격들을 자기 존재의 중심에 품고 있다. 끊임없는 자문과 수용을 통해 각 위격은 서로를 덮으며 에워싼다.…(따라서) 하나님의 내적 삶은 서로에 대한 존중심으로 넘쳐난다."[12]

우리는 그 자체로 아름다운 것을 찬양한다. 그 자체로 아름다운 것을 보면 넋을 잃고 감탄사를 연발할 수밖에 없다. 내게는 모차르트의 음악이 그렇다. 대학에서는 A학점을 받으려고 열심히 모차르트 음악을 들었다. 취직이 잘되려면 학점이 높아야 했다. 다시 말해, 나는 돈을 벌기 위해 모차르트 음악을 들어야 했다. 하지만 지금은 오히려 돈을 주고라도 모차르트 음악을 듣는다. 모차르트 음악이 내게 필요해서가 아니라 그냥 그 자체로 아름다워서 듣는다. 내게 모차르트 음악은 더 이상 목적을 위한 수단이 아니다.

마찬가지로, 그 자체로 아름다운 사람을 보면 아무 조건 없이 섬기고 싶어진다. "나에게 도움이 된다면 섬기겠다"고 말한다면, 사람을 진정으로 섬기는 것이 아니다. 오히려 그들을 통해 자기를 섬기는 것이다. 그를 이용하는 것이다.

싫다고 말할 줄 모르는 사람은 얼핏 이타적이고 공손해 보인다. 무조건 좋다고 하며 사람들에게 이용을 당하는 사람이 있으면 이렇게 말한다. "정말 배려심이 깊으시군요." 하지만 이용만 당하는 사람이 정말로 남들을 사랑해서 그러는 것일까? 그렇지 않다. 자신을 방어하려고 그러는 것일 뿐이다. 무서워서, 비겁해서 그러는 것이다. 이것은 다른 사람들을 영광스럽게 하는 것이 아니다. 사람들을 영화롭게 하는 것은 이유가 있어서가 아니라 아무 조건 없이 남들을 있는 모습 그대로 사랑하고 존중해서 섬기는 것이다.

아버지와 아들과 성령은 서로 상대방을 중심으로 돌아간다. 상대방을 찬양하고 높인다. 그렇게 서로에게 찬양과 사랑을 아낌없이 주기 때문에 삼위일체 하나님은 지극히 행복하시다. 생각해 보라. 당신이 너무도 존경해서 무엇이든 해 주고 싶은 대상이 당신에게도 똑같은 마음을 품고 있다면 기분이 어떨까? 기쁘기 한량없을 것이다. 하나님은 영원 전부터 바로 이런 기쁨을 누려 오셨다. 아버지와 아들과 성령은 서로에게 사랑을 퍼 주고 서로를 기뻐하고 찬양하며 서로를 높이고 있다. 세 위격은 서로의 영광을 무한히 추구하며, 그로 인해 무한히 행복하시다. 이런 삼위일체 하나님이 이 세상을 창조하셨으니 이 세상의 궁극적 실재는 하나의 춤인 것이다.

C. S. 루이스는 이렇게 말한다. "이것이 중요한가? 이것은 이 세상의 그 무엇보다도 중요하다. 이 세 위격의 춤, 드라마, 삶의 패턴이 우리 각자에게서도 똑같이 나타나야 한다.… (기쁨과 능력, 평안, 영생은) 실재의 중심에서 뿜어져 나오는 에너지와 아름다움의 거대한 샘이다."[13]

왜 루이스는 춤이라는 표현을 사용했을까? 자기중심적인 삶은 정적인 삶이다. 전혀 역동적이지 않다. 자기중심적인 사람은 자신이 중심이 되고 만물이 자신의 주위를 돌기 원한다. 그가 남을 돕고 친구를 사귀고 사랑에 빠지는 것은 어디까지나 자신의 필요를 채우기 위해서일 뿐이다. 심지어 그는 가난한 사람에게 베풀기도 한다. 하지만 어디까지나 시간이나 돈이 여유가 있을 때만 베풀고, 베푸는 목적도 남을 위해서가 아니라 스스로 뿌듯한 기분을 느끼기 위해서다. 자기중심적인 사람에게 모든 것은 목적을 위한 수단일 뿐이다. 남들의 유익보다는 이 목적이 언제나 우선이다. 남들과 즐기고 이야기를 나누지만 결국은 모든 것이 자신을 중심으로 돌아간다.

"안 돼. 네가 '내' 주위로 돌아야 해!" 모두가 그렇게 말하면 어떤 일이 벌어질까? 다섯 혹은 열 혹은 백 사람이 무대에 올랐는데 다들 중심에 서려고만 한다고 생각해 보자. 그래서는 춤이 성립되지 않는다. 무대가 난장판으로 변하고 말 것이다.

삼위일체는 그렇지 않다. 아버지와 아들과 성령은 이기주의와는 거리가 멀다. 세 위격의 본질은 '서로에게 자신을 내주는 사랑'이다. 삼위일체의 어떤 위격도 상대에게 자신의 주위를 돌라고 강요하지 않는다. 오히려 상대방의 주위를 돌려고 애쓸 뿐이다.

춤 속으로 들어가기

우주를 지으신 하나님이 이와 같으시다면, 이 진리는 우리의 삶을 바꾸는 영광스러운 능력으로 우리를 가득 채우며 충만하게 한다. 삼위일체 하나님이 이 세상을 창조하셨으니 사람들은 사랑의 관계로 충만해야 한다.

하나님을 어떻게 보느냐에 따라 삶을 바라보는 시각도 달라진다. 하나님이 없다면, 우리는 순전히 우연의 산물이요 자연 선택의 결과물일 뿐이라면, 우리가 사랑이라고 부르는 것은 뇌의 화학 반응에 불과하다. 진화 생물학자들은 우리 안에 있는 모든 것이 유전자의 성공적인 전달과 관련이 있다고 주장한다. 예를 들어, 사랑을 느끼는 것도 유전자를 후대에 전달하기 위해 화학 물질들이 결합된 결과라는 것이다. 그렇다면 사랑은 순전히 화학 반응일 뿐이다.

그런가 하면 하나님이 존재하기는 하되 하나의 위격으로 존재한다는 시각도 있다. 그렇다면 하나님의 본질은 사랑이 아닌 셈이 된다. 하나님이 세상을 창조하시기 전에는 하나의 위격밖에 없었기 때문에 사랑이 존재할 수 없었다. 사랑은 둘 이상의 관계 속에서만 존재할 수 있기 때문이다. 이런 하나님은 본질적으로 사랑이 아니다. 능력과 위대함은 있을지 몰라도 사랑은 아니다. 하지만 영원 전부터 하나님이 서로를 알고 사랑하는 위격들의 공동체로 존재하셨다면, 그분의 본질은 곧 사랑의 관계다.

그런데 삼위일체 하나님은 왜 세상을 창조하셨을까? 하나님이 하나의 위격이라면 자신을 찬양하고 사랑해 줄 대상이 필요했기 때문이라고 말할 수 있다. 하지만 삼위일체 하나님은 이미 그런 대상을 누리고 계셨다. 하나님은 자신 안에서 그 어떤 인간도 줄 수 없는 가장 순수하고 강력한 사랑을 주고받고 계셨다. 그렇다면 왜 하나님은 우리를 창조하셨을까? 답은 하나뿐이다. 하나님은 기쁨을 '얻기' 위해서가 아니라 '주기' 위해서 우리를 지으신 게 분명하다.

하나님은 춤 속으로 초대하기 위해 우리를 창조하신 것이다. "나를 찬양해라. 나를 중심으로 살아가라. 나의 아름다움을 깨달아라. 그러면 춤 속으로 들어오게 될 것이다. 너는 춤을 위해 창조된 존재니라. 나를 믿기만 해서는 부족하다. 가끔 기도하면서 종교인의 외향만 갖추어서는 부족하다. 힘들 때 내 말씀에서 약간의 힘을 얻는 것만으로는 부족하다. 너는 나를 중심으로 살도록 창조된 존재다. 매사에 나를 생각해야 한다. 나를 무조건적으로 섬겨야 한다. 거기서 참된 행복을 찾을 수 있다. 이것이 춤의 의미다."

당신은 춤을 추고 있는가? 아니면 어딘가에 하나님이 계시다고 막연히 믿기만 하고 있는가? 당신은 춤을 추고 있는가? 아니면 가끔 힘들 때만 하나님께 기도하는가? 당신은 춤을 추고 있는가? 아니면 당신의 주위를 돌아줄 누군가를 찾고 있는가? 우리는 무엇보다도 하나님의 춤 안으로 들어가야 한다. 그것이 우리 삶의 목적이다. 우리는 삼위일체와 함께 춤을 추기 위해 창조되었다.

춤이 전투로 변하다

예수님은 세례를 받은 직후 광야로 가셨다. 마가복음의 기록을 보자.

> 성령이 곧 예수를 광야로 몰아내신지라. 광야에서 사십 일을 계시면서 사탄에게 시험을 받으시며 들짐승과 함께 계시니 천사들이 수종들더라 (막 1:12-13).

이 두 구절에서 마가는 우리의 궁극적 실재는 춤 즉 하나님과의 교제이지만 우리의 현실은 전투라는 점을 보여 주고 있다.

마가는 당시 독자들이 잘 아는 구약 성경 속의 역사와 예수님의 삶을 서로 교차시키고 있다. 먼저 창세기의 내용을 보자. 성령이 수면 위를 운행하시고 하나님이 말씀으로 세상을 창조하시면서 역사가 시작되었다. 그 다음으로 어떤 일이 일어났는가? 사탄이 에덴동산에서 최초의 인간인 아담과 하와를 유혹했다.

이번에는 마가복음을 보자. 예수님이 세례를 받으시고 물에서 올라오셨고 성령은 비둘기 같이 내려오셨으며 하나님은 말씀하셨다. 그 뒤로 창세기와 같은 패턴이 이어진다. 하와에게 그러했듯이 사탄이 광야에서 예수님을 유혹한다. 여기서 우리는 마가의 단어 선택에 주목해야 한다. 마가는 예수님이 "들짐승과 함께" 계셨다고 말한다. 마가가 마가복음을 기록할 당시 크리스천들은 들짐승들의 밥이 되었다. 그래서 겨우 살아남은 크리스천들은 신앙을 버리고 싶은 유혹에 시달렸다. 그런데 마가복음을 보니 예수님도 아담처럼 하나님과 깊은 관계를 누리면서도 위협에 맞서서야 했다.

보다시피 광야는 고난으로 가는 우회로가 아니다. 광야는 곧 전쟁터다. 그리고 유혹은 비인격적인 힘이 아니다. 유혹의 배후에는 실질적인 적이 도사리고 있다. 마가는 사탄을 가공의 인물이 아닌 실존하는 인물로 다룬다. 귀신은 물론이고 초자연적인 존재를 전혀 인정하지 않는 현대인들에게는 귀에 거슬리는 말일 것이다. 현대인들이 볼 때 사탄은 미신에 찌든 원시 사회에서 악을 의인화한 것에 지나지 않는다. 사탄은 상징일 뿐이다. 그러면서 한편으로 현대인들은 악에 대한 개인적인 책임을 사탄에게 미루는 모순적인 태도를 보이기도 한다.

하지만 선한 초자연적인 존재인 하나님을 믿는다면 악한 초자연적인 존재도 믿어야 옳다. 성경은 악한 힘들이 매우 실제적으로 존재한다고 말한다. 이 힘들은 말할 수 없이 복잡하고 지능적이다. 이런 힘들의 우두머리인 사탄은 우리를 춤에서 끌어내기 위해 온갖 유혹을 일삼고 있다. 그래서 에덴동산에서 아담이 사탄의 유혹을 받았고 광야에서는 예수님이 유혹을 받으셨다.

에덴동산에서 하나님은 아담에게 이렇게 말씀하셨다. "나무에 관해서는 내 말에 따르거라. 선악을 아는 지식의 나무에서는 절대 열매를 따먹지 마라. 그 열매를 따먹으면 반드시 죽을 것이다." 그런데 그런 말씀 앞에서 우리의 첫 반응은 대개 "왜?"라고 묻는 것이다. 하지만 하나님은 아무런 설명도 해 주시지 않는다. 사실, 우리에게 왜 유익한지 머리로 이해가 된 뒤에 순종하는 것은 춤이 아니라 정적인 태도다. "아, 그렇군요. 이제 알겠어요. 왜 저 나무의 열매를 먹지 말아야 하는지를요." 이것은 하나님 자체를 목적으로 삼는 것이 아니라 수단으로 삼는 태도다.

하나님은 이렇게 말씀하셨다. "네가 나를 사랑한다면 저 나무의 열매를 먹지 마라. 내가 그렇게 말했으니까. 나와 바른 관계 속에 있기를 바란다. 저 나무에 대해서 나에게 순종해라. 그러면 너는 살 것이다." 그러나 아담은 그렇게 하지 않았다. 아담과 하와는 시험에 실패했다. 그 뒤로 인류는 똑같은 시험 앞에 끊임없이 실패해 왔다. 사탄은 우리를 시험하기를 결코 멈추지 않는다. 사탄은 말한다. "자기를 내주는 사랑? 그것은 네가 완전히 상처받을 수 있고, 다른 사람들의 주변 궤도에서 사는 거야. 그렇게는 못 살지."

사실, 똑같은 종류의 일이 광야에서 예수님에게 일어났다. 마가복음에는 이 시험의 내용이 나오지 않지만 마태복음에는 나온다. 마태의 설명(마 4:1-11)을 보면 기본적으로 사탄은 예수님께 아버지만 높이고 하나님을 신뢰하는 데서 나와 자기 실속을 챙기라고 말한다. 물론 이 시험은 광야에서 끝이 나지 않았다. 예수님은 이 세상을 사는 내내 사탄의 공격을 받으셨고, 그 공격은 에덴동산과 상극을 이루는 겟세마네 동산에서 정점에 이른다.

우리는 아담과 하와를 보며 혀를 끌끌 찬다. "저런 바보. 사탄의 거짓말에 넘어가다니!" 하지만 우리 마음속에도 사탄의 거짓말이 침투해 있다. 우리는 하나님을 믿기를 두려워하고 있다. 아니, 그 무엇도 믿지 못한다. 우리는 사탄이 시키는 대로 춤추지 않고 정지해 있다. 이것이 사탄이 싸우는 방식이다.

하지만 하나님은 우리를 무방비 상태로 방치해 두지 않으셨다. 하나님은 예수님께 이렇게 말씀하셨다. "나무에 관해서 내 말을 믿고 순종하면 죽을 것이다." 다만 이 나무는 십자가였고 예수님은 순종하셨다. 예수님은 우리를 춤의 궁극적인 실재 속으로 초대하기 위해 치열한 전투의 한복판으로 앞서 들어가셨다. 예수님은 영원 전부터 누리신 것을 우리에게도 주시기 위해 오셨다. 때때로 가장 치열한 전투의 한복판에서 당신이 시험 당하고 상처 입고 연약함을 경험할 때, 예수께서 친히 들으셨던 바로 그 말들을 당신의 존재 깊은 속에서 들으라. "이는 내 사랑하는 아이다. 내가 너를 사랑한다. 내가 너를 기뻐한다."

예수님은 부르심이다

부르심을
따라가는 삶이 진짜다

2

예수께서 갈릴리에 오셔서 하나님의 복음을 전파하여 이르시되 때가
찼고 하나님의 나라가 가까이 왔으니 회개하고 복음을 믿으라 하시더
라(막 1:14-15).

마가복음에서 처음 들리는 예수님의 음성은 이것이다. "회개하고 복
음을 믿으라!" 여기서 "회개하라"의 뜻은 '되돌아오라' 혹은 '뭔가에
서 돌아서라'이다. 특히 성경에서는 하나님이 미워하는 것들에서 돌
이켜서 그분이 사랑하는 것들로 나아오라는 뜻이다.

복된 소식이나 복음으로 번역되는 헬라어 '유앙겔리온
(Euangelion)'은 소식을 전한다는 뜻의 '앙겔로스(angelos)'와 기쁨을 뜻
하는 접두사 '유(eu)'가 합쳐진 단어다. 따라서 복음은 '기쁨을 주는
소식'이다. 이 단어는 마가 당시에 널리 사용되었지만 종교적인 용
어는 아니었다. 당시 이러한 복음은 흔한 소식이 아니라 역사와 삶
의 흐름을 바꿔 놓는 큰 소식을 의미했다.

예를 들어, 예수님과 마가 당시의 고대 로마 비문에는 이런 글
이 새겨져 있다. "가이사 아구스도 복음의 시작." 이 비문은 로마 황
제 가이사 아구스도의 탄생과 즉위 과정을 기록하고 있다. 이처럼 복
음은 큰 변화를 일으킨 사건에 관한 소식이었다. 이를테면 대관식이
나 승리에 관한 소식이 복음이었다. 그리스는 마라톤 평원과 솔누스

(Solnus) 전투에서 페르시아 침략군을 상대로 대승을 거둔 뒤 도시마다 사자(혹은 복음 전도자)를 보내 이 복음을 전했다. "우리가 여러분을 위해 싸워 승리를 거두었소. 이제 여러분은 노예가 아니라 자유인이오." 복음은 역사 속에서 발생한 사건을 선언하는 것이다. 당신의 신분을 영원히 변화시키는 역사적 사건이 발생했음을 당신에게 알리는 선언이다.

바로 이 부분에서 우리는 기독교와 (무종교를 비롯한) 여타 종교의 결정적인 차이점을 발견할 수 있다. 여타 종교의 본질은 조언(advice)이지만 기독교의 본질은 소식(news)이다. 여타 종교들은 이렇게 조언한다. "신과 영원한 교제를 나누기 위해서는 이렇게 해야 한다. 이렇게 살아야 신 앞에 설 자격을 얻는다." 복음의 메시지는 전혀 다르다. "이 사건이 역사 가운데 일어났다. 이것이 예수님의 삶이며 죽음이며 이로써 당신이 하나님께 갈 수 있는 길이 열렸다." 기독교는 완전히 다르다. 기독교는 기쁨이 넘치는 소식이다.

인생살이에 관한 좋은 조언을 얻으면 어떤 기분이 드는가? "자, 이렇게 사시오." 누군가가 그렇게 말하면서 누구보다도 탁월한 정신을 가지고 살았던 위대한 영웅들의 이야기를 들려준다. 이런 조언을 들으면 앞으로는 잘 살아야겠다는 동기부여가 생긴다. 하지만 승전 소식을 들은 그리스 사람들처럼 기쁨이 샘솟는가? 무거운 짐을 벗어버리는 기분이 드는가? 지긋지긋한 노예 신세에서 벗어난 기분이 드는가? 그렇지 않다. 중압감이 더 생긴다. 인생을 이렇게 살아야만 하는구나 하는 짐이 생긴다. 이것은 복음이 아니다. 복음은 하나님이 우리에게 연결되시되, 우리가 무엇을 했는지 (또는 안했는지)에 근거해서가 아니라, 예수님이 우리를 위해 역사 속에서 이루어 주신 것에 대한 소식이다. 바로 이 점이 기독교가 다른 종교나 철학과 결정적으로 다른 점이다.

"하나님의 나라가 가까이 왔으니 회개하고 복음을 믿으라." 이 말씀에 나오는 하나님 나라의 복음이란 무엇인가? 창세기 1-2장을 보면 인간은 모든 관계가 온전한 세상에서 살도록 창조되었다. 하나님이 왕이셨기 때문에 인간은 심리적으로나 사회적으로나 완벽한 관계를 누렸다. 그런데 창세기 3장에서 안타까운 상황이 발생한다. 인간이 스스로 왕이 되기로 결심한 것이다. 우리는 그만 자기중심의 길로 들어서고 말았다. 이 자기중심주의는 관계를 파괴한다. 자기중심주의만큼 우리를 불행하게(혹은 재미없게) 만드는 것도 없다. 내 기분이 좋은가? 남들이 나를 잘 대접하고 있는가? 내가 성공했는가? 이처럼 나 자신만 생각하면 정적인 삶으로 흐른다. 자기중심주의보다 더 파괴적인 것도 없다.

전쟁이 왜 벌어지는가? 계급 투쟁은? 가정 파괴는? 왜 인간관계가 끊임없이 깨지는가? 모두가 자기중심주의라는 어두운 힘 때문이다. 스스로 중심이요 왕이 되려고 하는 순간 육체적, 사회적, 영적, 심리적으로 모조리 무너져 내린다. 춤에서 멀어진다. 하지만 우리 모두는 다시 춤추기를 갈망하고 있다. 민족마다 이런 갈망을 전설로 표현하고 있다. 이야기는 달라도 주제는 모두 똑같다. 진정한 왕이 돌아와 용을 죽인 뒤 입맞춤으로 우리를 죽음의 잠에서 깨우고 속박의

탑에서 꺼내 다시 춤 속으로 이끈다. 진정한 왕이 돌아와 모든 혼란을 바로잡고 온 세상을 회복시킬 것이다. 바로 예수님이 진정한 왕이시다. 이것이 하나님 나라의 복음이다.

J. R. R. 톨킨의 「반지의 제왕」에는 이런 대사가 나온다. "왕의 손은 치유하는 손이라네. 그래서 손을 보면 진짜 왕인지 알아볼 수 있지."[14] 아이는 좋은 부모의 권위 아래서 쑥쑥 자라고 팀은 뛰어난 코치의 지도 아래서 빛을 발한다. 마찬가지로, 진정한 왕이신 예수님께로 가면 그분의 손길이 삶의 모든 상처를 치유하신다. 예수님이 만지시면 슬픔이 기쁨으로 변하고 두려움과 고통과 죽음이 끝이 난다.

여기서 다시 기독교와 여타 종교의 차이점을 발견할 수 있다. 어떤 종교는 언젠가 이 물질세계가 끝나고, 의롭거나 깨인 사람들은 구원을 받아, 물질이 없는 천상의 영적 낙원에 들어간다고 말한다. 이 물질세계가 환상일 뿐이라고 말하는 종교도 있다. 결국 죽음의 태양이 이 땅과 그 안의 만물을 불태워 없애 버린다고 믿는 무리도 있다. 하지만 하나님 나라의 복음은 하나님이 창조하신 물질세계가 새롭게 회복되어 영원히 지속된다는 것이다. 그때 우리는 「나니아 연대기」의 유니콘 주얼처럼 말하게 되리라. "마침내 집에 왔어! 여기가 내 진정한 조국이야. 여기가 내가 평생 찾아 헤맸던 땅이야."[15]

왕을 따라오라는 부름

예수님은 하나님 나라에 관한 선포를 시작하자마자 열두 제자를 선택하셨다. 예수님과 이 제자들의 첫 만남에 관한 마가의 기록을 보자.

> 갈릴리 해변으로 지나가시다가 시몬과 그 형제 안드레가 바다에 그물 던지는 것을 보시니 그들은 어부라. 예수께서 이르시되 나를 따라오라 내가 너희로 사람을 낚는 어부가 되게 하리라 하시니 곧 그물을 버려두고 따르니라. 조금 더 가시다가 세베대의 아들 야고보와 그 형제 요한을 보시니 그들도 배에 있어 그물을 깁는데 곧 부르시니 그 아버지 세베대를 품꾼들과 함께 배에 버려두고 예수를 따라가니라(막 1:16-20).

예수님은 제자들을 불러 모으셨다. 그런데 유대 문화에서는 선생이 제자를 부르는 경우가 매우 드물었다. 대개는 제자가 랍비를 선택했다. 배움을 원하는 사람이 랍비를 찾아가 가르침을 청하는 것이 일반적이었다. 하지만 마가복음에 따르면 예수님의 권위는 보통 랍비와는 매우 달랐다. 예수님이 먼저 부르시지 않으면 그 누구도 그분의 제자가 될 수 없다.

"나를 따라오라." 예수님의 말씀 한마디에 시몬과 안드레는 당장 어부의 직업을 버리고 그분을 따랐다. 야고보와 요한도 그 자리에서 아버지와 친구를 버리고 예수님을 따라갔다. 물론 복음서의 뒷부분을 읽어 보면 그들은 다시 고기를 잡았고 부모와의 관계도 이어갔다. 그럼에도 예수님의 말씀은 보통 파격적인 게 아니다. 전통적인 사회에서는 개인의 정체성이 가족에게서 출발한다. 따라서 "가족보다 나를 더 생각하라"는 말씀은 충격 그 자체다. "나를 알고 사랑하고 닮아 가고 섬기는 일을 인생의 최우선 사항으로 삼아야 한다. 나머지는 모두 부차적일 뿐이다."

왠지 너무 극단적이라고 느껴지지 않는가? 요즘 사람들은 극단을 무서워하는데 충분히 그럴 만하다. 종교적인 사람들이 저지르는 폭력이 얼마나 끔찍한가. 극단주의는 아니더라도 상당히 문제있는 종교인들을 개인적으로나 소문으로 알고 있을 것이다. 오늘날 사람들은 종교의 다양한 스펙트럼 속에 있다. 스펙트럼의 한쪽 끝에는 종교는 믿는다고 하면서 그 종교의 교리는 실천하지 않는 사람들이 있다. 반대쪽 끝에는 광신도들이 있다. 너무 종교적인 사람들, 지나치게 믿는 사람들, 신앙을 지나치게 실천하는 사람들…. 그렇다면 극단에 대한 해법은 무엇일까? 많은 사람이 중도를 해법으로 제시한다. "뭐든 적당한 게 좋지. 너무 열성적이어도 문제고, 너무 게을러도 문제야. 중도가 최선이야."

과연 기독교가 중도인가? 예수님은 "뭐든 적당한 게 좋지"라고 말씀하시는가? 누가복음에서 예수님은 많은 무리에게 말씀하셨다. "무릇 내게 오는 자가 자기 부모와 처자와 형제와 자매와 더욱이 자기 목숨까지 미워하지 아니하면 능히 내 제자가 되지 못하고"(눅 14:26). 어떤가? 중도처럼 들리는가? 예수님은 말씀하신다. "다들 적당하게 살려면 살아라. 나는 제자가 되기 위해 자신의 전부를 내어놓을 수 있는 사람들을 원한다." 예수님은 애매한 태도를 원하지 않으신다. "나와 함께 일을 하려면 아버지, 어머니, 처자식, 형제자매, 심지어 자신의 생명까지도 미워해야 한다. 그렇지 않으면 내 제자가 될 수 없다." 이것이 진정한 제자의 길이다.

왜 예수님이 미워하라고 하시는 것일까? 원수도 미워하지 말라고 수차례 말씀하셨던 분이 아니던가. 그런데 왜 아버지와 어머니는 미워하라고 하시는 것일까? 이는 적극적인 미움이 아니라 상대적인 미움을 말씀하시는 것이다. "인생의 다른 모든 관계를 미워하는 것처럼 보일 만큼 정열을 다해 나를 따르라."

"예수님, 만약 일에서 성공하면, 건강이 좋으면, 가정이 평안하면 당신을 따르겠습니다." 이렇게 말하는 것은 예수님이 아닌 일과 건강과 가정을 진짜 주인이요 진짜 목표로 삼는 것이다. 하지만 예수님은 다른 목적을 위한 수단으로 삼을 수 없는 분이다. 예수님을 따르려면 그분을 목표로 삼아야 한다.

이런 것을 극단이라 생각한다면 그것은 종교와 복음의 차이를 몰라서 그렇다. 종교가 무엇인지 기억나는가? 종교는 하나님 앞에 설 자격을 얻기 위해 어떻게 살아야 하는지에 관한 조언이다. 종교에서 사람이 할 일은 조언을 따르는 것이다. 이 조언을 따르되 지나치게 하지 않는 것을 중도라고 한다. 그런데 사람이 충성되고 완전하게 따르고 있다고 생각할 때는 문제다. 자신이 바른 삶을 살고 바른 신앙을 가지고 있기 때문에 하나님과 연결되어 있다고 믿고, 그래서 잘못된 삶을 살고 잘못된 신앙을 가진 사람에 대해선 우월감을 느낀다.

그때부터 문제가 꼬리에 꼬리를 문다. 우월감을 느끼면 사람들과 거리를 두게 된다. 그리고 사람들과 거리를 두면 그들을 배제하고, 그들을 미워하게 되며, 결국에는 그들을 억압한다. 실제로 이런 크리스천이 꽤 있다. 예수님께 너무 헌신해서가 아니라 오히려 덜 헌신해서 그런 것이다. 그들은 예수님만큼 급격하게 겸손하거나 배려적이거나, 급격하게 이해심이 있거나 관대하지 않다. 왜 그럴까? 아직도 기독교를 충고라고 여기기 때문이다.

복음은 조언과 다르다. 복음은 우리 스스로 하나님 앞에 나아갈 길을 우리가 획득할 필요가 없다는 소식이다. 예수님이 우리를 위해 이미 획득해 주셨다. 그 길은 우리가 순전히 은혜로 받는 선물이며, 자격을 따지지 않고 주시는 하나님의 사랑을 통해 주어진다. 이 선물을 받아 굳게 붙잡는다면 예수님의 부르심은 당신을 극단이나 중도로 몰지 않는다. 그저 예수님을 절대적인 목적으로 삼아 그분을 섬기기를 원한다. 우선순위가 다른 사람을 만나도 깔보지 않는다. 그를 억압하기보다는 섬기려고 애쓴다. 왜일까? 복음은 조언이 아니라 왕을 따르라는 부름이기 때문이다. 우리의 왕은 해야 할 일을 지시만 하는 분이 아니다. 그분은 해야 할 일을 대신 하신 뒤에 우리에게 선물로 주시는 분이다.

이런 종류의 권위가 어디서 나타나는가? 예수님이 세례를 받으신 현장에서 이런 신의 권위를 보여 주는 초자연적인 징조들이 나타났다. 베드로, 안드레, 야고보, 요한이 지체 없이 예수님을 따르는 장면에서도 그분의 부름 자체에 서린 권위를 엿볼 수 있다. 마가는 계속해서 이 주제에 관해 다음과 같이 말한다.

> 그들이 가버나움에 들어가니라. 예수께서 곧 안식일에 회당에 들어가
> 가르치시매 뭇 사람이 그의 교훈에 놀라니 이는 그가 가르치시는 것이
> 권위 있는 자와 같고 서기관들과 같지 아니함일러라(막 1:21-22).

여기서 마가는 "권위(authority)"라는 표현을 처음 사용한다. 이 단어의 문자적 의미는 '오리지널에서 나온'이다. 이 단어는 '저자(author)'와 같은 어원을 갖고 있다. 마가의 표현에 따르면 예수님은 다른 근원에서 파생된 권위가 아니라 오리지널 권위로 말씀하셨다. 예수님은 남들이 이미 아는 것을 풀이해 주거나 서기관들처럼 성경을 해석하신 것이 아니다. 청중은 예수님이 저자로서 그들의 인생 이야기를 설명하고 계신다는 사실을 알았다. 이것이 그들이 놀란 이유다. 이어서 마가는 권위라는 주제를 더 깊이 파고든다.

> 회당에서 나와 곧 야고보와 요한과 함께 시몬과 안드레의 집에 들어가
> 시니 시몬의 장모가 열병으로 누워 있는지라. 사람들이 곧 그 여자에
> 대하여 예수께 여짜온대 나아가사 그 손을 잡아 일으키시니 열병이 떠
> 나고 여자가 그들에게 수종드니라(막 1:29-31).

이 치유 사건은 예수님이 영의 세계만이 아니라 물질세계에도 관심을 갖고 친히 그 세계까지 다스리신다는 사실을 보여 준다. 예수님은

(제자를 부르시고 권위 있는 가르침을 펴실 때처럼) 권위를 '주장'만 하시는 것이 아니라 실질적으로 권위를 발휘하셨다. 예수님은 질병까지도 다스리는 능력을 보여 주셨다. 그분의 손이 닿기만 했는데도 열병이 씻은 듯이 나았다. 치유의 기적은 여기서 끝이 아니었다. 세 구절 뒤에서 마가는 예수님이 무리 전체를 치유하셨다고 말한다. 또 며칠 뒤에는 문둥병자를 고치셨다. 마가복음 2장의 중간쯤에서 모든 사람이 놀라 이렇게 말했다. "우리가 이런 일을 도무지 보지 못하였다." 귀머거리가 듣고 눈먼 자가 보고 절름발이가 걸었다. 마가복음에는 질병에 대한 예수님의 권위를 보여 주는 치유 사건이 30번이나 나타난다. 마가복음은 처음 몇 장에 걸쳐 물질세계의 구석구석까지 뻗어 가는 예수님의 권위를 보여 주는 증거를 드러낸다.

"나를 따라오너라. 네가 그토록 찾던 왕이 바로 나다. 그러니 나를 따라오너라. 나는 만물의 저자이나 너를 위해 낮아졌다. 그러니 나를 따라오너라. 네 믿음과 행동이 엉망일 때 내가 너를 위해 십자가에서 죽었다. 나는 네게 조언이 아니라 소식을 가져다 주었다. 내가 너의 진정한 사랑이요 생명이다. 그러니 나를 따라오너라." 예수님은 그렇게 말씀하고 계신다.

하나님의 실을 따라가신 예수님

약 150년 전 조지 맥도널드(George MacDonald)는 「공주와 고블린」(*The*

Princess and the Goblin)이라는 아동 서적을 썼다. 주인공 아이린(Irene)은 여덟 살이다. 아이린은 집에서 다락방을 발견했는데 가끔씩 그곳에 요정 할머니가 나타난다. 그런데 아이린이 일부러 찾아가면 요정 할머니는 없을 때가 많다. 그래서 하루는 할머니가 아이린에게 작은 실타래에 연결된 반지 하나를 준다. 아이린은 이 실타래를 늘 지니고 다니겠다고 약속한다.

"하지만 실이 보이질 않아요." 아이린이 말한다.

"실이 너무 가늘어서 보이지 않는 거란다. 그래서 느낄 수만 있단다." 할머니의 말에 아이린은 실을 시험해 본다.

"잘 들으렴. 위기가 닥치면 반지를 빼서 네 베개 밑에 두고 집게손가락을 실에 대봐. 그러고 나서 실이 이끄는 대로만 따라가면 돼."

"와, 신난다! 실이 할머니한테 데려다 주는 거죠?"

"맞아. 하지만 많이 돌아가는 것 같을 거야. 그래도 실을 의심하면 안 돼. 네가 이 실을 잡고 있는 동안 나도 이 실을 잡고 있다는 것을 잊지 마라." 며칠 뒤 아이린이 침대에 누워 있는데 도깨비들이 집 안으로 들이닥친다. 도깨비들이 복도에서 으르렁거리는 소리가 들린다. 그 와중에도 아이린은 정신을 차리고 반지를 빼서 베개 밑에 둔다. 그때부터 실이 느껴지기 시작한다. 이 실이 할머니의 품으로 안내해 주리라 생각하니 마음이 편안해진다. 그런데 뜻밖에도 실이 아이린을 집 밖으로 안내한다. 그 방향으로 계속해서 가면 도깨비 소굴이다.

도깨비 소굴 안에서 실은 거대한 돌무더기 앞에 이른다. 막다른 골목이다. "실을 따라 거꾸로 가야 밖으로 나갈 수 있다는 생각이 들었다. 하지만 거꾸로 가려고 하는 순간, 실의 느낌이 사라졌다." 할머니의 실은 앞으로만 이어졌다. 하지만 앞에는 돌무더기뿐이다. 아이린은 "엉엉 울음을 터뜨렸다." 그러나 울음도 잠시 뿐, 실을 따라갈 수 있는 유일한 방법은 돌무더기를 치우는 것밖에 없다는 사실을 깨닫는다. 아이린은 돌을 하나씩 치우기 시작한다. 어느새 손가락에서 피가 흐르기 시작하지만 멈추지 않는다.

갑자기 목소리가 들린다. 도깨비 소굴에 갇혀 있던 소년 커디 (Curdie)의 목소리다. 커디가 깜짝 놀라 묻는다. "여기를 어떻게 왔어?"

아이린은 할머니가 보내서 왔다고 대답한다. "이제 이유를 알 것 같아."

아이린이 실을 따라와 돌무더기에 구멍을 낸 덕분에 커디는 소굴 밖으로 기어오르기 시작한다. 하지만 아이린은 소굴 안으로 점점 더 깊이 들어간다. 커디가 이상해서 묻는다. "어디를 가는 거야? 거기는 밖으로 나가는 길이 아니야. 그곳에는 출구가 없어."

"알아. 하지만 실이 이리로 안내하고 있어. 나는 실을 따라가야 해."[16] 결국 실은 아이린의 믿음을 저버리지 않는다. 반지와 실을 준 할머니가 믿을 만하기 때문이다.

"이제 여행을 하자. 나를 따라오너라." 하지만 제자들은 예수님이 어디로 가시는지 전혀 알지 못했다. 뭔가 대단한 일을 벌이실 것은 분명했지만 무엇인지는 알 수 없었다.

일곱 살배기 소녀에게 나름대로 사랑과 결혼에 대해 글을 쓰게

해 보라. 십중팔구 그 글은 현실과 한참 동떨어져 있을 것이다. 일곱 살배기가 사랑과 결혼의 느낌을 알 리가 없다. 예수님을 처음 따르는 사람은 일곱 살배기와도 같다. 어디까지 가게 될지 전혀 알 수 없다. 예수님은 이렇게 말씀하신다. "나를 따라오너라. 나와 함께 여행을 하자. 샛길로 빠지지 말아야 한다. 나를 가장 중시하고 나만 믿으라. 내 뒤에 딱 붙어 따라오너라. 되돌아가지 말라. 포기하지 말라. 실패하고 불의를 겪을 때마다 나를 의지해라. '도대체 왜 나를 이리로 데려가시는 거야?' 그런 생각이 들 때조차 나를 믿으라."

예수님이 이끄시는 길이 막다른 골목의 연속처럼 보일 수도 있다. 그렇다 해도 실은 거꾸로는 이어지지 않는다. 예수님께 순종하여 앞으로만 가야 실의 덕을 볼 수 있다.

「공주와 고블린」의 저자 맥도널드는 다른 작품에서 이런 표현을 썼다. "인생과 발전의 비결 중 하나는 계획하는 것이 아니다. 매순간의 의무를 제대로 하고 의지가 아니라 자연스럽게 발현되도록 하라. 우리 각자를 향한 영원한 생각이 처음부터 계획했던 대로 이루어지게 놔두라."[17] 그는 이런 말도 했다. "죽지 않으려고 애쓰면 반드시 죽는다."[18] 자기 자신에 대해 죽지 않으면 반드시 죽는다는 뜻이다. 실을 따라가라. "말처럼 쉽지가 않아." 맞는 말이다.

그렇다면 어떻게 해야 실을 따라갈 수 있을까? 그 방법은 단순하면서도 심오하다. 예수님은 우리에게 시키신 일을 하나도 빠짐없이 몸소 행하셨다. 예수님은 야고보와 요한에게 아버지를 배에 남겨두고 떠나라고 말씀하시기 전에 스스로 아버지의 보좌를 떠나셨다.

"그분은 아버지의 하늘 보좌를 떠나셨다."[19] 그리고 나중에 십자가 위에서는 아버지의 품에서 떨어지는 아픔까지 겪으셨다.

실이 우리를 막다른 골목으로 이끄는 것처럼 보일 때, 실이 우리를 피 흘리게 만들 때, 실을 계속 따라가다간 만신창이가 될 것만 같을 때, 그럴 때도 되돌아가려고 하지 말아야 한다. 샛길로 빠지지 말아야 한다. 예수 그리스도를 왕으로 삼으면 절대 망하지 않는다. 오히려 그분이 우리를 위해 만신창이가 되셨다. 예수님은 실을 따라 십자가로 가셨다. 그래야 우리가 실을 따라가 그분의 품에 안길 수 있기 때문이다.

예수님은 치유자다

영혼의 속살까지
그분께 맡기라

3

예수님은 공공연히 설교하고 가르치기 시작하셨다. 그분의 말씀은 위엄이 있고 그분의 명령은 너무도 매력적이었다. 그분의 소식이 산불처럼 삽시간에 퍼져 나가자 순식간에 사람들이 그분을 보기 위해 몰려들었다. 그때 예수님은 어떻게 반응하셨을까? 마가복음의 기록을 보자.

> 새벽 아직도 밝기 전에 예수께서 일어나 나가 한적한 곳으로 가사 거기서 기도하시더니 시몬과 및 그와 함께 있는 자들이 예수의 뒤를 따라가 만나서 이르되 모든 사람이 주를 찾나이다. 이르시되 우리가 다른 가까운 마을들로 가자 거기서도 전도하리니 내가 이를 위하여 왔노라 하시고(막 1:35-38).

예수님은 일찍 일어나 혼자만의 장소에서 기도를 하셨다. 분위기로 봐서 이 기도는 짧고 형식적인 기도가 아니었다. 예수님은 몇 시간에 걸쳐 기도하셨다. 시몬이 모시러 올 때까지 기도하고 계셨으니 말이다.

시몬이 많은 무리가 찾아왔다고 말하자 예수님은 속히 그곳을 떠나자고 말씀하셨다. 예수님은 밀려오는 인기의 물결을 뿌리치셨다. 왜일까? 모여든 사람들의 숫자보다는 사람들이 보이는 반응에 더 관심이 많으셨기 때문이다. 그럼에도 사람들은 계속해서 찾아왔다. 가르침이나 치유를 원해서 찾아오는 사람들, 그저 호기심에 기웃거리는 사람들, 이런저런 이유로 찾아오는 사람들이 한 부대를 이루었다.

> 수일 후에 예수께서 다시 가버나움에 들어가시니 집에 계시다는 소문이 들린지라. 많은 사람이 모여서 문 앞까지도 들어설 자리가 없게 되었는데 예수께서 그들에게 도를 말씀하시더니 사람들이 한 중풍병자를 네 사람에게 메워 가지고 예수께로 올새 무리들 때문에 예수께 데려갈 수 없으므로 그 계신 곳의 지붕을 뜯어 구멍을 내고 중풍병자가 누운 상을 달아 내리니 예수께서 그들의 믿음을 보시고 중풍병자에게 이르시되 작은 자야 네 죄 사함을 받았느니라 하시니(막 2:1-5).

이 얼마나 극적인 장면인가! 내가 한창 설교하는 중에 갑자기 지붕에서 사람이 내려오면 말문이 막힐 것이다. 도대체 무슨 사연이기에 그들은 예수님께 다가가기 위해 지붕까지 뜯어냈을까?

그런데 예수님은 그들의 마음을 전혀 몰라주시는 듯하다. '치유가 되었으니 일어나라.' 이렇게 말씀하실 줄 알았는데 중풍병자를 보며 뜻밖의 말씀을 하신다. "너의 죄가 용서받았다." 이 중풍병자가 우리 시대와 장소의 사람이었다면 이렇게 대꾸하지 않았을까? "예수님, 지금 당장은 중풍병을 고쳐 주세요. 이것이 제게 급선무예요."

하지만 예수님은 이 사람이 모르는 것을 알고 계신다. 이 남자에게는 육체적 질병보다 훨씬 더 큰 문제가 있다. 그래서 예수님은 먼저 이 문제부터 지적하신다. "네 고통을 처음부터 지켜봐서 다 안다. 걱정하지 마라. 내가 고쳐 주마. 하지만 인생의 가장 큰 문제는 육체의 고통이 아니라는 것을 알아야 한다. 근본 문제는 죄란다."

성경의 죄는 나쁜 행동만을 말하지 않는다. 거짓말이나 음욕 같은 것만이 아니다. 무엇보다도 하나님을 무시하는 것이 가장 큰 죄다. 하나님과 상관없이 살아가는 것은 곧 그분에 대한 반역이요 죄다. "내 인생이니 내 맘대로 살겠어." 예수님은 이런 태도가 우리의 가장 큰 문제라고 말씀하신다.

예수님은 중풍병자의 가장 큰 문제를 밝힘으로써 그의 내면 깊은 곳으로 들어가신다. "내게 몸만 고쳐 달라는 것은 깊이 들어가지 않은 탓이다. 네 마음의 바람이 얼마나 깊은지를 모르고 있다." 몸이 마비된 사람이라면 신경 세포 하나하나가 되살아나 걷기를 갈망하는 것이 지극히 정상이다. 하지만 다시 걷는 것 자체에만 희망을 두는 것은 문제다. "걷기만 하면 살맛이 날 텐데. 더 이상 불행하지 않을 텐데. 더는 불평하지 않을 텐데. 걸을 수만 있다면 더는 소원이 없겠어." 하지만 예수님은 그것이 착각이라고 말씀하신다. 그 말씀이 귀에 거슬릴지 모르지만 사실이 그렇다. 예수님은 이렇게 말씀하신다. "내가 몸만 고쳐 주면 평생 행복할 것 같지? 하지만 두어 달만 지나 봐라. 그런 행복은 오래가지 않아. 불만족의 원인은 더 깊은 곳에 있다."

뉴욕 일간지 「빌리지 보이스」(*Village Voice*) 지에 글을 기고했던 신시아 하이멜(Cynthia Heimel) 불만족의 폐해를 정확히 꼬집어 냈다. 하이멜이 쓴 글 한 편의 감동이 지금까지도 내 안에 생생히 남아 있다.

하이멜은 식당 일과 영화관 매표소 직원으로 먹고살면서 배우의 꿈을 키우다가 유명해진 배우들을 많이 알고 지냈다. 무명 배우 시절의 그들은 유명해지기만 하면 영원히 행복할 줄 알았다. 하지만 그토록 원하던 명성을 얻고 나자 오히려 짜증과 불안감과 우울증이 찾아왔다. 오히려 전보다 더 불행해졌다. 하이멜의 글을 보자.

(인기 연예인들이) 불쌍하다. 정말 불쌍하다. (인기 연예인들은) 한때 더없이 유쾌한 사람들이었다. 하지만 지금 그들이 느끼는 분노는 엄청나다. 그들은 우리 누구보다도 인기를 갈망했다. 그리고 그 명성을 얻기 위해 일했고 밀어부쳤다. 유명해진 다음날 아침 그들 모두는 더 높은 인기를 원했다. 그들이 추구하던 거대한 것, 모든 문제를 해결해 줄 인기, 살맛이 나게 할 무엇, 성취감과 행복을 안겨 줄 어떤 일이 일어났다. 그러나 변한 것은 아무것도 없었다. 환상이 깨졌으므로 마음은 쓸쓸하고 견딜 수 없게 되었다.

하이멜은 그들이 안타까웠다. 그들은 그토록 원하던 바를 이루었지만 행복은 찾아오지 않았다. 하이멜의 다음 말에 나는 숨을 죽였다. "내 생각에, 하나님은 사람에게 심한 장난을 치고 싶을 때는 그의 커다란 소원을 이뤄 주시는 것 같다."[20] 여기서 예수님은 중풍병자에게 뭐라고 말씀하고 계신가? "나는 너에게 그런 장난을 칠 마음이 없다. 네 몸만 고쳐 줄 생각은 없다. 너의 가장 깊은 소원은 따로 있다."

더 깊이 들어가라

진정한 문제는 우리 각자가 예수님 외에 다른 것에서 우리의 정체성을 찾는 것이라고 성경은 말한다. 자신의 분야에서 성공하는 것이든, 어떤 사람과의 특별한 관계를 이루는 것이든, 심지어 일어나 걷는 것이든, "이것만 가질 수 있다면, 소원만 성취된다면, 그러면 모든 것이 괜찮아질텐데" 라고 말한다.

이렇게 말하는 사람은 자신을 불행과 환멸에서 구원해 줄 것을 찾고 있다. 이 소원을 구세주로 삼은 것이다. 물론 실제로 구세주라는 표현을 쓰지는 않는다. 하지만 행동으로 그렇게 말하고 있다. 이 소원을 이루지 못하면 짜증과 불만족과 공허함이 찾아온다. 하지만 이 소원을 이루면 더더욱 공허하고 불만족스러워진다. 우리는 이 소원을 구세주로 왜곡시켰다. 그리고 마침내 이 소원을 이루자 그 소원이 뒤통수를 친다.

예수님은 이렇게 말씀하신다. "나를 만나면 진정한 만족이 찾아올 것이다. 나는 너의 진정한 구세주다." 하지만 사람들은 이것을 이해하지 못한다. 많은 사람이 처음에는 문제가 있어서 교회에 나간다. 하나님이 어려운 고비만 살짝 넘기게 하시면 나머지는 스스로 해결할 수 있다고 생각한다. 사람들은 여전히 예수님이 아닌 것에서 만족을 구하고 있다. 그래서 우리가 예수님께 큰 소원을 아뢸 때마다 그분은 훨씬 더 깊이 들어가라고 말씀하신다.

C. S. 루이스는 「새벽 출정호의 항해」(*The Voyage of the Dawn Treader*)

에서 이 주제를 매우 시적으로 풀어냈다. 유스터스(Eustace)라는 소년이 있는데 다들 그를 미워하고 그도 모든 사람을 미워한다. 그는 이기적이고 비열한 소년이다. 그래서 아무도 그와 어울리지 않으려 한다.

한편, 그는 마법의 힘에 이끌려 새벽 출정호를 타고 위대한 모험을 시작한다. 어느 순간 배는 한 섬에 다다르고 그는 섬을 헤매다가 동굴을 발견한다. 뜻밖에도 동굴 안에는 다이아몬드며 루비와 황금이 가득하다. "이제 나는 부자야!" 이기적이고 비열한 사람답게 유스터스는 그 즉시 복수할 꿈부터 꾼다. 자신을 조롱하고 푸대접하고 무시한 모든 사람에게 인과응보를 내리리라 마음을 먹는다. 그렇게 복수의 단꿈을 꾸다가 그만 보물 더미 위에서 잠이 든다.

그가 모르는 사실이 있었으니 그곳은 바로 용의 창고였다. 그런데 그가 잠에서 깨어 보니 자신이 용으로 변해 있다. 거대하고 끔찍하고 추악한 용. 그가 용처럼 사악하고 탐욕스러운 생각을 하다가 잠이 든 탓이다. 곧 이어 그는 세상으로 나갈 수 없다는 것을 깨닫는다. 배에 탈 수가 없기 때문에 섬에 홀로 남을 수밖에 없다. 평생 혐오스러운 모습으로 살아가야 한다. 생각할수록 절망스럽다.

그러던 어느 날, 위대한 사자 아슬란(Aslan)이 나타나 유스터스를 깨끗한 연못으로 데려간다. 그러고는 옷을 벗고 연못으로 뛰어들라고 말한다. 순간, 유스터스는 옷을 벗으라는 말이 용의 가죽을 벗으라는 뜻임을 깨닫는다. 그는 이빨과 발톱으로 비늘을 뜯어내기 시작한다. 정말로 가죽이 벗겨진다. 그런데 가죽을 다 벗기고 보니 놀랍게도 가죽 속에 또 다른 용의 가죽이 덮여 있다. 두 번이고 세 번이고 벗겨 보지만 소용이 없다. 벗길 때마다 또 다른 가죽이 나타난다. 결국 사자가 말한다. "내가 나서서 더 깊이 들어가야 해." 이제 유스터스의 입을 통해 나머지 이야기를 들어보자.

> 솔직히 아슬란의 발톱이 무서웠다. 하지만 이제 이것저것 가릴 처지가 아니었다. 그가 처음 찢을 때는 너무 깊이 찢어 심장이 찢어지는 줄 알았다. 그가 가죽을 뜯어내기 시작하자 난생 처음 느끼는 고통이 밀려왔다. 내 스스로 세 번이나 시도했지만 아프기만 하고 뜯어내지 못한 짐승의 가죽을 그는 단번에 벗겨 냈다. 풀 위에 놓인 가죽을 보니 내가 벗겨 낸 세 가죽보다 훨씬 더 두껍고 시꺼멓고 울퉁불퉁했다. 그가 나를 붙잡더니 물속으로 던졌다. 꽤 오래 쓰라리더니 이내 보니 내가 다시 소년으로 변해 있었다.[21]

위의 글을 읽으면서 눈물을 흘리지 않을 수 없다. 우리 역시 유스터스처럼 스스로를 구원할 수 있을 줄 알았기 때문이다. 하지만 알고 보니 예수님은 우리를 더 깊은 곳으로 데려가길 원하셨다. 그분께 맡겼더니 그분이 발톱으로 우리 마음까지 파고들어 마음의 진정한 소원을 이루어 주셨다. 사실, 문제는 소원 자체가 아니다. 중풍병자가 걷고 무명 배우가 성공하고 유스터스가 사랑과 존중을 받기 원하는 것 자체는 잘못이 아니다. 다만 이 소원만 이루면 치유와 구원이 찾아오리라는 생각이 문제다. 다른 것이 아닌 예수님을 구원자로 삼아야 한다. 그렇다. 우리의 진정한 소원은 오직 예수님만이 이루어 주실 수 있다.

마음 깊이 숨겨진 참된 갈망을 직시하라

"작은 자야 네 죄 사함을 받았느니라." 예수님의 말씀은 뜻밖이었다. 너무도 뜻밖이어서, 그날 예수님은 종교 지도자들과 처음으로 충돌하신다.

> 예수께서 그들의 믿음을 보시고 중풍병자에게 이르시되 작은 자야 네 죄 사함을 받았느니라 하시니 어떤 서기관들이 거기 앉아서 마음에 생각하기를 이 사람이 어찌 이렇게 말하는가? 신성 모독이로다. 오직 하나님 한 분 외에는 누가 능히 죄를 사하겠느냐? 그들이 속으로 이렇게 생각하는 줄을 예수께서 곧 중심에 아시고 이르시되 어찌하여 이것을 마음에 생각하느냐(막 2:5-8).

예수님은 종교 지도자들은 물론이고 모든 사람의 속마음을 꿰뚫어 보신다. "작은 자야 네 죄 사함을 받았느니라." 예수님의 이 말씀에 종교 지도자들은 경악하고 분노했다. 오직 하나님만이 하실 수 있는 일을 할 수 있다고 주장하니 이는 엄연히 하나님을 모독하는 불경죄였다. "하나님 외에 누가 죄를 용서할 수 있는가?" 지극히 맞는 말이다.

톰(Tom)과 딕(Dick)과 해리(Harry)가 대화를 나누고 있다고 하자.

갑자기 톰이 딕의 입을 강타하자 선혈이 낭자한다. 이때 해리가 톰에게 다가가 말한다. "딕을 때린 것을 내가 용서하겠습니다. 이 문제에 대해서는 더 이상 왈가왈부하지 맙시다." 이윽고 정신을 차린 딕이 뭐라고 말하겠는가? "이봐, 해리! 당신이 뭔데 용서하겠다는 겁니까? 용서를 하려면 내가 해야지. 당신이 당한 게 아니지 않습니까. 내가 당한 거지."

우리는 당한 일에 대해서만 용서할 수 있다. 그래서 예수님은 중풍병자에게 "네 죄 사함을 받았느니라"라고 말씀하신 것이다. 중풍병자가 예수님께 죄를 지었다는 뜻이다. 인간에게 그렇게 말할 수 있는 분은 오직 창조주뿐이다. 예수님은 중풍병자를 용서한다는 말씀을 통해 스스로 전능의 하나님이라고 주장하신 셈이다. 종교 지도자들은 이 점을 분명히 간파했다. "이 남자는 단순히 기적을 일으킬 수 있다고 주장하는 게 아니라 우주의 주인이라고 주장하고 있는 것이다." 그래서 분노할 수밖에 없었다. 예수님은 그들의 생각에 어떻게 반응하셨을까?

그들이 속으로 이렇게 생각하는 줄을 예수께서 곧 중심에 아시고 이르시되 어찌하여 이것을 마음에 생각하느냐? 중풍병자에게 네 죄 사함을 받았느니라 하는 말과 일어나 네 상을 가지고 걸어가라 하는 말 중에서 어느 것이 쉽겠느냐? 그러나 인자가 땅에서 죄를 사하는 권세가 있는 줄을 너희로 알게 하려 하노라 하시고 중풍병자에게 말씀하시되 내가 네게 이르노니 일어나 네 상을 가지고 집으로 가라 하시니 그가 일어나

곧 상을 가지고 모든 사람 앞에서 나가거늘 그들이 다 놀라 하나님께
영광을 돌리며 이르되 우리가 이런 일을 도무지 보지 못하였다 하더라
(막 2:8-12).

"중풍병자에게 네 죄 사함을 받았느니라 하는 말과 일어나 네 상을
가지고 걸어가라 하는 말 중에서 어느 것이 쉽겠느냐?" 이 날카로운
질문은 20세기 동안 수많은 사람의 고개를 갸웃거리게 만들었다. 한
번은 이 본문으로 설교 준비를 하다가 내 책장에서 「앵커 바이블 주
석」(Anchor Bible Commentary)을 꺼냈다. 주석자는 마가복음의 이 대목
에서 이런 주석을 달았다. "이 질문에 관한 글이 수없이 많이 쓰였건
만 아직도 속 시원히 답을 내리기 힘들다. 무엇이 더 쉬운가? 답하기
어렵다."

얼핏 예수님의 말씀은 이렇게 들린다. "네 죄 사함을 받았다는
말은 아무나 할 수 있다. 하지만 고치는 것은 아무나 할 수 없다. 그
래서 내게 죄를 용서할 권위가 있다는 증거로 네게 말한다. '네 상을
가지고 걸어가라.'" 그렇다면 사람을 용서하는 것보다 고치는 것이 훨
씬 어려운 셈이다. 예수님은 치유의 능력으로 용서의 능력을 증명하
신 것이다. 하지만 과연 그럴까? 아니다. 오히려 예수님은 반대로 말
씀하신 것이다. "친구여, 죄가 실제로 용서되는 것은 네 생각보다 훨
씬 어렵다. 나는 기적만 일으키는 사람이 아니다. 나는 구세주다. 기
적을 일으키는 사람이라면 누구나 상을 가지고 걸어가라고 말할 수
있다. 하지만 죄를 사했다는 말은 세상의 구주만 할 수 있다."

많은 성경학자들은 마가복음 2장의 이 대목부터 예수님의 길에 십자가의 그림자가 드리우기 시작했다고 말한다. 예수님은 종교 지도자들의 생각을 훤히 읽고 계셨기 때문에, 단순한 기적을 행하는 자가 아닌 세상의 구주로 나서면 그들에게 죽임을 당할 줄 이미 아셨다. 하지만 중풍병만 치유하지 않고 죄까지 용서함으로써 예수님은 죽음을 향해 성큼 나아가셨다. 이 사건을 통해 예수님은 만인의 용서 작업을 위한 '계약금'을 치르셨다.

예수님은 중풍병자의 몸을 치유할 능력이 있으셨다. 마찬가지로 그분은 지금 우리가 원하는 성공과 배우자, 명성을 얼마든지 주실 수 있다. 우리가 구하는 것을 즉각 주실 수 있는 능력과 권위가 있으신 분이다.

하지만 예수님은 그것이 피상적인 해법임을 아신다. 침상 위에 누워 있는 중풍병자든, 근근이 먹고사는 무명 배우든, 이제는 고생 끝에 성공한 유명인이든 간에 우리에게는 단지 소원을 들어줄 분이 필요한 것이 아니다. 그보다 더 깊이 들어갈 수 있는 분이 필요하다. 자기중심주의와 죄는 우리를 노예로 삼고 심지어 아름다운 소원조차도 왜곡시킨다. 우리에게는 발톱으로 이 자기중심주의를 뚫고 이 죄를 벗겨 줄 분이 필요하다. 요컨대 우리는 용서를 받아야 한다. 그래야만 불만족이 마침내 치유될 수 있다. 그러려면 기적을 행하는 자나 소원을 들어주는 요정만으로는 부족하다. 구세주가 필요하다. 그래서 예수님은 죽음을 통해 우리의 구주가 되셨다.

예수님은 우리가 생각하는 소원의 껍데기를 걷어 내고 그 밑에

숨은 진정한 갈망을 끄집어 내셨다. 바로 예수님 자신을 향한 갈망이
다. 예수님이 바로 이 진정한 소원을 이루어 주셨다. 예수님은 우리
의 깊은 갈망을 들어주시기에 앞서 먼저 그분 자신이 그 갈망의 대상
임을 밝히셨다.

그리스도 안에서
참된 평안을 누리라

4

예수님이 죄 용서의 권위를 주장하시자 종교 지도자들은 신성모독이라며 펄쩍 뛰었다. 하지만 예수님은 아랑곳없이 다시 한 번 대담한 주장으로 종교 지도자들로 하여금 할 말을 잃게 만드셨다. 예수님이 종교를 개혁하러 오신 게 아니라 종교를 끝내고 종교를 대신하기 위해 오셨다고 하셨으니 종교 지도자들이 당황할 만도 했다.

안식일에 예수께서 밀밭 사이로 지나가실새 그의 제자들이 길을 열며 이삭을 자르니 바리새인들이 예수께 말하되 보시오 저들이 어찌하여 안식일에 하지 못할 일을 하나이까? 예수께서 이르시되 다윗이 자기와 및 함께 한 자들이 먹을 것이 없어 시장할 때에 한 일을 읽지 못하였느냐? 그가 아비아달 대제사장 때에 하나님의 전에 들어가서 제사장 외에는 먹어서는 안 되는 진설병을 먹고 함께 한 자들에게도 주지 아니하였느냐? 또 이르시되 안식일이 사람을 위하여 있는 것이요 사람이 안식일을 위하여 있는 것이 아니니 이러므로 인자는 안식일에도 주인이니라(막 2:23-28, 예수님은 자신을 주로 '인자'라고 부르셨다).

하나님은 일주일에 하루는 쉬라고 명령하셨다. 이는 정말 좋은 법이지만 예수님 당시의 종교 지도자들은 이 법에 온갖 구체적인 조항을 덧붙였다. 그러다 보니 안식일에 하지 말아야 활동이 39가지나 되었다. 바리새인들이 제자들을 비난한 것은 이삭을 자르는 행위가 이 39가지 조항에 포함되었기 때문이다. 계속해서 마가는 그 안식일에 일어난 두 번째 사건을 묘사한다.

> 예수께서 다시 회당에 들어가시니 한쪽 손 마른 사람이 거기 있는지라. 사람들이 예수를 고발하려 하여 안식일에 그 사람을 고치시는가 주시하고 있거늘 예수께서 손 마른 사람에게 이르시되 한 가운데에 일어서라 하시고 그들에게 이르시되 안식일에 선을 행하는 것과 악을 행하는 것, 생명을 구하는 것과 죽이는 것, 어느 것이 옳으냐 하시니 그들이 잠잠하거늘 그들의 마음이 완악함을 탄식하사 노하심으로 그들을 둘러보시고 그 사람에게 이르시되 네 손을 내밀라 하시니 내밀매 그 손이 회복되었더라. 바리새인들이 나가서 곧 헤롯당과 함께 어떻게 하여 예수를 죽일까 의논하니라(막 3:1-6).

왜 예수님은 종교 지도자들에게 분노하셨을까? 안식일은 상한 것을 회복시키는 날이다. 안식일은 마른 땅을 소생시키고 망가진 것을 고치는 날이다. 따라서 사람의 마른 손을 고치는 것은 안식일에 꼭 해야만 하는 일이다. 하지만 안식일의 규정에만 얽매었던 종교 지도자들은 예수님이 손 마른 사람을 치유하는 것이 영 못마땅했다. 그들은 숲은 보지 못하고 나무만 보는 사람들이었다. 이 병자는 손만 말라 있었지만 그들은 마음이 말라 있었다. 그들은 사소한 규정으로 비판만 일삼았다. 왜일까? 바로 종교 때문이다.

종교 VS. 복음

두 사건에서 예수님은 두 가지 완전히 다른 영적 패러다임을 보여 주셨다. 둘 다 하나님의 법에 순종하려고 하지만 서로 완전히 다른 패러다임을 따르는 두 사람을 상상해 보자. 둘 다 안식일을 잘 지키려고 하는데 한 사람에게는 순종이 짐이요 속박이지만 다른 사람에게는 기쁨이요 선물이다. 한 가지 패러다임은 바로 종교다. 앞서 말했듯이 종교의 본질은 충고이다. 다른 패러다임은 소식으로 전해지는 예수 그리스도의 복음이다. 이 둘은 완전히 다른 패러다임이다.

사람들은 하나님이 계시다면 착하게 살아야 그분께 다가갈 수 있다고 믿는다. 세부 사항은 천차만별이라도 대부분의 종교가 이런 원칙을 바탕으로 한다. 민족주의라는 종교에서는 민족의 구성원답게 행동하라고 말한다. 영성주의적인 종교에서는 의식의 변화를 통해 신에게 이를 수 있다고 말한다. 율법주의적인 종교에서는 행동 강령을 따르면 신에게 은총을 입을 수 있다고 말한다. 이 모든 종교의 이면에는 공통된 논리가 있다. 내가 잘해야 비로소 받아들여질 수 있다는 것이다. 예수님의 복음은 이 논리와 완전히 정반대 입장을 취한다. 먼저 예수님이 나를 온전히 받아 주셨기 때문에 내가 순종하는 것이다.

나는 9년간 목회해 온 버지니아 주의 작은 마을 호프웰에서 이 차이를 처음으로 실감했다. 1977년이었을 것이다. "네 이웃을 네 자신과 같이 사랑하라"라는 본문으로 다음과 같이 설교를 했다. "절박한 마음과 열심, 기쁨, 진정성, 창의적인 정신으로, 자신의 필요만큼이나 다른 사람들의 필요를 채워 주는 것이 하나님의 뜻이라고 생각합니다. 이것이 우리의 지향점입니다. 여러분이 이렇게 사시기를 바랍니다." 설교가 끝나고 한 여학생이 나를 찾아와, 절친한 친구와 함께 학교 미인대회에 참여했는데 자신은 꼴찌를 하고 친구는 입상했다고 말했다. "제가 입상한 것처럼 친구를 위해 기뻐해 주라는 말씀인가요?"

"설교를 참 잘 이해했구나."

그러자 여학생이 나를 똑바로 쳐다보며 이렇게 말했다. "기독교는 정말 이상해요. 누가 그러고 싶겠어요?"

여학생과 잠시 앉아 토론하다가 예수님의 말씀을 다시 상기시켰다. "예수님은 네가 네 이웃을 네 자신과 같이 사랑하기를 원하신단다."

그러자 여학생이 이렇게 대답했다. "무엇보다도 제 이웃이 정확히 누구인지를 알고 싶어요. 세상 사람이 다 제 이웃은 아닐 거 아니에요. 세상 모든 사람을 그렇게 사랑할 수는 없어요. 우리 집 주변으로 몇 블록까지 이웃으로 쳐야 할까요? 그리고 제가 정확히 무엇을 해야 하는지 알고 싶어요. 제 이웃에게 뭘 해 줘야 하죠?"

질문에서 불안감이 느껴지지 않는가? 이 여학생은 독선과 도덕적 교만에 빠진 친구는 아니었다. 하지만 예수 그리스도를 통한 하나님의 사랑과 포용을 충분히 경험하지 못했다. 그래서 이 여학생에게 율법은 하나님과 남들에게 좋은 사람으로 보이고 처우받기 위한 수

단일 뿐이었다. 이 여학생은 사랑과 순종으로서의 율법의 역할을 이해할 수 있을 만큼 정서적 안정감이 있지 않았다. 그저 자신의 선을 증명해 보이기 위해 구체적인 행동 규범들을 찾아 지킬 생각뿐이었다. 누구라도 이런 불안감에 빠질 수 있다. 단지 이 불안감을 남들보다 잘 숨기는 사람들이 있을 뿐이다.

종교에서 율법을 지키는 목적은 자신이 하나님 앞에 설 수 있는 사람임을 증명해 보이는 것이다. 그래서 종교는 율법의 세부 항목에 연연한다. 종교에서는 정확히 뭘 해야 하는지를 알아야 한다. 그래야 사소한 실수도 하지 않을 수 있다. 율법의 의도는 뒷전이다. 율법의 세부 사항을 다 찾아내 율법을 정확히 지키고 있다는 확신이 가장 중요하다.

하지만 크리스천의 삶에서 하나님의 법은 비록 구속력이 있지만 전혀 다른 방식으로 작용한다. 율법은 우리에게 많은 은혜를 주신 하나님 앞에서 우리가 살아야 할 사랑의 삶을 보여 준다. 하나님의 법은 우리 자신에게서 벗어나도록 도와준다. 우리 자신에게 매몰되는 대신에, 하나님과 사람들을 어떻게 섬길 수 있는지를 가르쳐 준다. 하나님의 법을 공부하고 순종하는 것은 우리를 창조하시고 죄의 결과로부터 구속해 주신 분을 기쁘시게 하고 닮아 가기 위해서이다. 지키기 편하도록 인위적인 세부 사항을 덧붙이는 것은 율법의 정신을 깎아내리는 행위이다.

자신의 가치를 증명하는 일

예수님은 종교에 집착하는 무리에게 이렇게 말씀하셨다. "안식일이 사람을 위하여 있는 것이요 사람이 안식일을 위하여 있는 것이 아니니 이러므로 인자는 안식일에도 주인이니라." 이는 안식일의 본래 정신을 일깨워 주는 말씀이다. 안식일이 무슨 날인가? 바로 쉬는 날이다. 아울러 예수님은 안식일의 준수를 둘러싼 율법주의를 철저히 깨부수신다. 예수님은 종교적 패러다임을 송두리째 바꾸신다.

"나는 안식일을 '지배하는' 주인이다." 예수님은 이렇게 안식일에 대한 권리만 주장하실 수도 있었다. 하지만 우리 예수님은 이보다 훨씬 더 멋진 말씀을 하셨다.

안식일(sabbath)은 깊은 쉼이요 깊은 평안을 의미한다. 이는 '샬롬(shalom)'의 유의어다. "나는 안식일의 주인이다." 이 말씀은 예수님이 곧 안식의 근원이라는 뜻이다. 예수님은 우리에게 필요한 깊은 안식의 근원이시다. 그분은 쉬는 방식을 완전히 바꾸기 위해 오셨다. 일주일에 하루를 쉬는 것은 우리에게 필요한 깊고도 신성한 쉼의 맛보기에 지나지 않는다. 예수님은 바로 그런 쉼의 근원이시다.

예수님은 사실상 이렇게 말씀하신 것이다. "나는 안식일의 주인이니 너에게 쉼을 줄 수 있다." 이것이 무슨 뜻일까?

예수님이 쉬라고 하시는 것은 정기적으로 일을 멈추라는 뜻이다. 하지만 더 깊은 차원의 쉼이 있다. 하나님의 세상 창조 사역을 설명한 창세기 1장의 끝부분을 보면 하나님이 쉬셨다고 나온다. 무슨 뜻일까? 하나님이 피곤하셨던 것일까? 그럴 리는 없다. 그렇다면 하나님은 어떻게 쉬셨을까? 쉼에는 다른 이유가 있다. 작품이 아주 만족스럽게 완성되었을 때 우리는 마침내 연장을 내려놓고 쉰다. "정말 마음에 들어. 다 이루었어!" 하나님도 세상 창조를 마치고 "좋다"라며 흡족해한 뒤 마침내 쉬셨다.

영화 「불의 전차」는 1924년 파리 올림픽에서 뛴 두 선수의 실화를 그린 작품이다. 두 선수 중 에릭 리델(Eric Liddell)은 크리스천이었기 때문에 안식일에 경기에 뛰지 않기로 결심했다. 그래서 우승이 유력한 종목에서 금메달을 따지 못했다. 어떤 의미에서 쉼은 이와 같다. 하지만 이 영화는 에릭 리델과 해럴드 에이브러햄스(Harold Abrahams)를 비교하면서 새로운 차원의 쉼을 보여 준다.

리델과 에이브러햄스는 모두 금메달을 향해 최선을 다해 달려갔다. 하지만 에이브러햄스의 목적은 자신의 능력을 증명해 보이는 것이었다. 영화의 한 장면에서 에이브러햄스는 자신이 뛸 경기에 관해 이렇게 말했다. "내 존재 가치를 증명할 시간은 10초 안에 있다." 반면 리델은 이미 자신의 가치를 인정하고 받아 주신 하나님을 기쁘시게 할 마음뿐이었다. 그래서 여동생에게 이렇게 말한다. "하나님이 나를 빠르게 만드셨어. 달릴 때마다 그분이 기뻐하시는 게 느껴져."

에릭 리델은 뛸 때도 쉬는 기분이었지만 해럴드 에이브러햄스는 쉴 때조차 힘들어했다. 이유가 무엇일까? 표면적인 일 아래에 있는 또 다른 일로부터 쉬어야 하기 때문이다. 그것은 바로 자기의 가치를 증명하는 일이다. 이 일에 바쁜 사람은 주로 종교에서 안식처를 찾는다.

우리 대부분은 하나님과 자신, 그리고 남들에게 자신의 가치를 증명해 보이기 위해 일하고 또 일한다. 이 일은 복음 안에서 쉼을 얻기 전까지 절대 끝이 나지 않는다. 하나님은 위대한 창조 사역을 마치고 "다 이루었다"라고 하신 뒤에 쉬셨다. 예수님도 십자가 위에서 위대한 구속 사역을 마치고 "다 이루었다"라고 하셨다. 덕분에 우리가 쉴 수 있게 되었다. 십자가 위에서 예수님은 표면적인 일 이면의 일을 말씀하신 것이다. 우리를 정말로 지치게 만드는 일, 우리의 인격과 행실이 완벽하지 못하기에 어떻게든 자신의 의를 증명해 보이려고 발버둥치는 일. 바로 예수님은 이 일을 다 이루었다고 말씀하셨다. 예수님은 우리가 살아야 할 삶을 사셨고 우리가 당해야 할 죽음을 당하셨다. 우리가 예수님이 이루신 일에 의지하면 하나님은 우리를 있는 그대로 흡족해 하신다. 우리도 현재의 삶에 만족할 수 있다.

의사들은 쪽잠이 아니라 깊은 수면이 중요하다고 말한다. 세상에서 가장 멋진 휴양지에 가도 예수님이 십자가에서 이루신 일 안에서 영혼의 깊은 쉼을 얻지 못하면 진정으로 쉬는 게 아니다. 예수님은 십자가 위에서 하나님으로부터 분리되어 고통을 겪으셨다. 덕분에 우리는 그분이 우리를 사랑하시고 우리 죄를 용서하셨다는 사실을 알고 거기서 오는 깊은 쉼을 누릴 수 있다.

스스로 있는 분

예수님은 스스로 안식일의 주인이라고 말씀하셨다. 이는 경악할 만한 선언이었다. 그 전까지 그 어떤 인간도 그런 주장을 펼친 적이 없었다. "나는 신성한 존재이다(I'm the divine consciousness)." 이런 주장을 편 사람은 많았다. 그들은 인간은 물론이고 나무와 바위까지 만물 속에 신성이 깃들어 있다고 믿었다. 그와 달리 예수님은 전능하신 하나님의 존재를 알고 계셨다. 이 하나님은 영원 전부터 자존하셨으며 무한히 초월적인 분이다. 하나님은 세상을 창조하셨으며 우주를 운행하신다. 모든 분자와 별, 태양계들이 이 하나님의 권능으로 유지되고 있다. 예수님은 자신이 바로 그 하나님이라고 말씀하신 것이다.

사실, 예수님은 늘 자신을 하나님으로 부르셨다. "나는 생명의 떡이다." "나는 세상의 빛이다." "나는 길이요 진리요 생명이다." "나는 참된 포도나무다." "나는 선한 목자다." 여기서 "나는…이다(I Am)"란 표현이 중요하다. 이는 하나님이 스스로를 부르신 이름인 '스스로 있는 자(I Am)'와 같기 때문이다. 이 이름은 너무도 신성하여 이스라엘 백성들은 감히 입에 담지도 못했다. 그런데 예수님이 그 이름으로 스스로를 부르신 것이다.

예수님이 중풍병자를 고치면서 뭐라고 말씀하셨는지 기억나는가? "네 죄 사함을 받았느니라." 본질적으로 이는 모든 죄가 그분에게 지은 죄라는 주장이다. 용서란 자신이 당한 일에 대해서만 할 수 있다. 따라서 죄는 바로 하나님이 당하신 일이며 이로써 예수님은 자신이 하나님이라고 주장하신 것이다.

모든 선지자와 종교 지도자, 현자들은 "여호와께서 그리 말씀하셨다"라는 말로 자신의 주장을 뒷받침했다. 하지만 예수님은 누군가를 의지해서 말씀하신 적이 없다. 그저 "내가 진실로 진실로 이르노니"라고 말씀하셨다. 그 뒤에 이어진 모든 말씀의 이면에는 그분이 스스로 존재하는 창조자라는 전제가 깔려 있다.

"예수가 위대한 선생이라는 것은 믿는다. 하지만 예수가 하나님이라는 말은 못 믿겠어." 이는 앞뒤가 맞지 않는 말이다. 예수님의 가르침은 그분의 정체성에 관한 주장을 근거로 하고 있기 때문이다. 안식일에 관한 예수님의 가르침을 믿는가? 그런데 그 가르침은 그분이 안식일의 주인이라는 사실을 근거로 한다. 그분은 안식일의 근원이시다. 그분은 세상을 창조한 뒤 일곱째 날에 쉬신 분이다.

역사가 N. T. 라이트(Wright)는 이렇게 말했다. "허리케인이 사람이 되고 불이 육신이 되고 생명 자체가 생명이 되어 우리 가운데 걸어다녔다는 주장은 받아들이기에는 너무 엄청난 주장이다. 하지만 이 주장이 아니면 기독교는 아무것도 아니다. 이는 세상의 가장 깊은 현실을 더없이 분명하게 밝혀 준 주장이거나 얼토당토않은 거짓이거나 둘 중 하나다. 우리 대부분은 감히 이렇다 저렇다 확실히 말하지 못하고 안타깝게도 그 중간의 얄팍한 세상에서 살고 있다."[22]

맞는 말이다. 예수님 같은 주장을 펼치는 사람을 단순히 좋아할 수는 없다. 미워하든가 전심으로 따르든가 둘 중 하나만 가능하다. 사악한 거짓말쟁이요 미치광이로 여겨 거들떠보지도 않던가, 그분을 정말로 하나님으로 여겨 그분 앞에 엎드려 "무슨 명령이든 내리세요"라고 말할 수밖에 없다.

N. T. 라이트가 말한 "그 중간의 얄팍한 세상"에서 사는 것은 자신을 속이는 행위이다. 예수님은 하나님이 아니라서 우리의 기도를 들을 수 없는 분이거나 정말로 하나님이거나 둘 중 하나다. 만약 그분이 말씀하신 대로 하나님이라면 그분을 우리 삶의 중심에 두어야 할 것이다.

종교의 끝

마가는 이 안식일 사건에 관한 이야기의 끝부분에 이런 문장을 덧붙인다. "바리새인들이 나가서 곧 헤롯당과 함께 어떻게 하여 예수를 죽일까 의논하니라." 바로 이 문장 하나에 신약의 중심 주제 중 하나가 고스란히 녹아들어 있다.

헤롯당은 정복자 로마의 하수인이자 비열한 왕인 헤롯을 지지하는 무리다. 로마는 정복하는 국가마다 통치자를 세우고 그리스 문화를 주입시켰다. 하지만 이스라엘은 이런 부도덕한 이방 문화의 침투를 극도로 경계했다. 그리하여 이스라엘에서 일어난 문화적 저항 운동이 바리새파다. 바리새인들은 구약 성경의 가르침을 강조했으며 이방 문화에 오염되지 않도록 철저히 조심했다. 헤롯당은 시류에 편승한 반면, 바리새파는 전통적인 미덕을 수호했다. 바리새파는 다원

주의와 이방 종교를 철저히 경계하며 전통적인 도덕 가치로의 회귀를 촉구했다. 그래서 이 두 집단은 오랜 숙적일 수밖에 없었다. 그런데 이제 이 두 집단이 예수님이라는 공적 앞에서 손을 잡게 되었다. 늘 서로 으르렁대던 두 집단이 하나로 뭉쳤고, 특히 종교인들인 바리새파가 앞장을 섰다.

바로 이 점이 신약의 중심 주제 중 하나를 암시한다. 바로 예수 그리스도의 복음이 종교와 비종교 모두에 대한 공격이라는 것이다. 이 복음은 도덕주의와도 섞일 수 없고 상대주의와도 융화될 수 없다.

바리새파가 채택한 '전통적인 가치' 방식은 도덕의 준수를 강조한다. 이 방식에 따르면 완벽에 가깝게 살아야 한다. 헤롯당은 시대의 흐름을 따르는 것을 중시한다. 그런데 성경에 따르면 이 두 방식 모두 스스로 구세주요 주인이 되려는 태도다. 둘 다 예수님의 메시지와 정면으로 대치한다. 뿐만 아니라 둘 다 자기 의로 이어진다. 도덕주의 진영은 이렇게 말한다. "착한 사람은 복을 받고 나쁜 사람은 벌을 받는다. 물론 우리는 좋은 사람들이다." 그런가 하면 시대를 따르는 진영은 이렇게 말한다. "그렇지 않다. 생각이 트인 사람은 복을 받고 비판적인 고집쟁이는 벌을 받는다. 물론 우리는 생각이 열린 사람들이다."

복음은 그렇게 말하지 않는다. 복음에 따르면 겸손한 사람은 용납되고 교만한 사람은 배제된다. 자신이 남보다 낫지도 생각이 트이지도 도덕적이지도 않다는 사실을 인정하는 사람에게는 소망이 있고, 자신이 옳은 편에 있다고 생각하는 사람은 위험천만하다.

예수님이 바리새인들에게 하신 말씀에서 이런 복음의 논리가 드러난다. "건강한 자에게는 의사가 쓸 데 없고 병든 자에게라야 쓸 데 있느니라. 나는 의인을 부르러 온 것이 아니요 죄인을 부르러 왔노라"(막 2:15-17). 예수님이 "의인"을 위해 오신 게 아니라는 말씀은 "의인"에게는 그분이 필요하지 않다는 뜻이 아니다. 이 말씀을 이해하기 위한 단서 중 하나는 예수님이 자신을 의사로 부르셨다는 사실이다. 스스로 치유할 수 없는 병이 있을 때 의사를 찾아간다. 의사에게 무엇을 원하는가? 조언만이 아니라 개입을 원한다. "정말로 아프군요!" 이런 말만 할 줄 아는 의사는 필요 없다. 우리에게는 약이나 치료가 필요하다.

예수님은 영적인 의사를 찾아가지 않는 사람을 의인이라 부르신다. 의인은 착하거나 도덕적인 행실로 스스로를 치유하여 하나님 앞에 떳떳이 설 수 있다고 믿는 사람이다. 그는 영적 의사의 필요성을 느끼지 않는다. 다른 사람이 개입하지 않아도 스스로 치유할 수 있다고 믿는다. 그래서 예수님은 죄인을 부르러 오셨다고 말씀하신다. 죄인은 어떤 사람인가? 도덕적으로나 영적으로나 스스로를 구원할 수 없다고 겸손히 인정하는 사람이 죄인이다. 안식일의 주인이 "다 이루었다"라고 말씀하셨으니 이제 우리는 종교로부터 영원히 쉴 수 있다.

한번은 영국의 유명한 목사 딕 루카스(Dick Lucas)가 설교 중에, 초대교회 성도와 이웃 로마인 사이에 다음과 같은 대화가 오갔을지 모른다고 말했다.

이웃 로마인이 말한다. "듣자 하니 종교인이라면서요? 종교는 좋은 것이지요. 당신 종교의 성전과 성지는 어디에 있나요?"

크리스천이 대답한다. "성전은 따로 없어요. 예수님이 우리의 성전이시지요."

"성전이 없다고요? 그러면 제사장은 어디서 제사를 지내나요?"

"하나님과 우리 사이를 중재하는 제사장은 따로 없어요. 예수님이 우리의 제사장이시지요."

"제사장이 없다고요? 그러면 희생 제물은 어디서 드리나요? 희생 제물을 드려야 하나님의 은혜를 입을 수 있잖아요."

"희생 제물은 필요 없어요. 예수님이 우리의 희생 제물이시죠."

"뭐 이런 종교가 다 있어?" 이웃 로마인이 툴툴거리며 간다.

맞는 말이다. 기독교는 종교가 아니다.

인생의 배가 침몰해도
두려워하지 말라

5

마가가 이야기보따리를 하나씩 풀어 놓을 때마다 예수님의 정체성과 능력과 목적이 조금씩 드러난다. 마가는 이야기꾼처럼 예수님의 실체를 조금씩 풀어헤친다. 하지만 동시에 그는 충실한 기록자이기도 하다.

우리가 다음으로 살펴볼 이야기의 도입부는 매우 상세하다. 성경학자 리처드 보캄은 저서 「예수와 그 목격자들」에서 목격자 진술의 특징을 파헤친다. 목격자 진술의 특징 중 하나는 "자질구레한 상세함"이다.[23] 지어낸 이야기는 스토리 진행이나 메시지 전달에 필요한 만큼만 상세하다. 하지만 목격자는 불필요한 내용이라도 기억나는 대로 진술하기 마련이다. 물론 요즘 소설가들은 이야기를 실화처럼 보이게 하기 위해 자질구레한 내용들을 덧붙이곤 한다. 하지만 옛날이야기 중에는 그런 경우가 없다.

보캄에 따르면, 마가복음을 허구로 보는 학자들도 우리가 곧이어 읽을 이야기에서 마가가 별로 의미 없는 내용까지 포함시킨 이유를 설명하지 못한다. 예수님을 태운 배가 다른 배들과 함께 갈릴리 바다를 건넜다는 사실이나 예수님이 배에서 베개를 베고 주무신 사실을 왜 굳이 언급한 것일까? 이런 내용은 이야기 전개나 인물 소개와 아무런 관련이 없다. 20세기 저명한 성경학자 빈센트 테일러 (Vincent Taylor)는 이런 내용이 "이야기에 너무도 자질구레하기" 때문

에 "진정한 회상"의 증거라고 지적한다.[24]

다음 이야기에서 마가는 베드로의 목격자 진술을 그대로 싣고 있다. 앞서 설명했듯이 예수님의 능력을 보여 주는 이 이야기는 철저히 실화다. 배에 올라 예수님의 제자들 곁에서 놀라운 능력의 현장을 직접 확인해 보라.

> 그날 저물 때에 제자들에게 이르시되 우리가 저편으로 건너가자 하시니 그들이 무리를 떠나 예수를 배에 계신 그대로 모시고 가매 다른 배들도 함께 하더니 큰 광풍이 일어나며 물결이 배에 부딪쳐 들어와 배에 가득하게 되었더라. 예수께서는 고물에서 베개를 베고 주무시더니 제자들이 깨우며 이르되 선생님이여 우리가 죽게 된 것을 돌보지 아니하시나이까 하니(막 4:35-38).

갈릴리 바다는 해면에서 200미터 아래에 있고 그 북쪽으로 약 60킬로미터 지점에는 3킬로미터 높이의 헤르몬 산이 솟아 있다. 이 산에서 내려오는 차가운 공기가 갈릴리 바다의 따뜻한 공기와 충돌하면서 폭풍우와 돌풍이 끊이지 않는다. 그래서 (예수님의 제자들 같은) 갈릴리의 직업 어부들은 풍랑에 익숙하다. 따라서 이번 풍랑은 유례없는 규모였던 게 틀림없다. 노련한 어부들조차 죽는다고 호들갑을 떨었으니 말이다. 놀란 제자들은 예수님께 부르짖었다. "선생님이여 우리가 죽게 된 것을 돌보지 아니하시나이까?" 예수님은 어떻게 반응하셨을까? 마가의 기록을 보자.

예수께서 깨어 바람을 꾸짖으시며 바다더러 이르시되 잠잠하라 고요하
라 하시니 바람이 그치고 아주 잔잔하여지더라. 이에 제자들에게 이르
시되 어찌하여 이렇게 무서워하느냐. 너희가 어찌 믿음이 없느냐 하시
니 그들이 심히 두려워하여 서로 말하되 그가 누구이기에 바람과 바다
도 순종하는가 하였더라(막 4:39-41).

예수님이 잠에서 깨시자 두 가지 놀라운 상황이 벌어졌다. 첫째는 예
수님의 말씀 자체다. 그분의 명령이 너무도 단순하다. "잠잠하라! 고
요하라!" 예수님은 마치 말썽쟁이 아이에게 하듯 폭풍을 꾸짖으신
다. "잠잠하라! 고요하라!"

놀라운 사실은 그 사나운 폭풍우가 착한 아이처럼 곧바로 순종
했다는 것이다. "바람이 그치고 아주 잔잔하여지더라." 얼핏 '그치
다'라는 표현과 '잔잔하여졌다'는 표현이 중복된 것처럼 보이지만 잔
잔하여진 것은 바람이 아니라 바다다. 그리고 '아주 잔잔하다'는 '죽
은 듯이 잔잔하다'라는 뜻이다. 바다가 흔들림 없는 유리잔처럼 고요
한 광경을 본 적이 있는가? 바다 표면에 비친 자신의 얼굴을 본 적이
있는가? 예수님이 바람을 꾸짖으시자 바다가 그 정도로 잔잔해졌다.
사실 보통은 풍랑이 그쳐도 파도는 아주 오랫동안 계속해서 출렁인
다. 하지만 예수님이 말씀하시자 바람이 그칠 뿐 아니라 바다까지 죽
은 듯이 고요해졌다.

고대 문화들의 공통점 중 하나는 바다를 하나님 외에는 그 누구
도 통제할 수 없는 힘으로 본다는 것이다. 고대 전설들을 보면 바다는

무시무시한 파괴의 상징이었다. 기세등등한 바다는 무지막지하고 무정한 힘이었다. 오직 신만이 사나운 바다를 통제하실 수 있다. 11세기 덴마크 왕 카누트(Canute)의 이야기를 들어 본 적이 있는가? 신하들이 입만 벌리면 아첨을 하자 카누트 대왕은 신하들에게 "내가 신이냐?"고 묻고는 해변으로 나가 외쳤다. "멈춰라." 물론 파도는 아무 말도 못 들은 듯 계속해서 출렁거렸다. 이윽고 카누트 대왕이 입을 열었다. "오직 신만이 파도를 멈추게 할 수 있다. 하지만 나는 그럴 수 없다. 그러므로 나는 신이 아니다." 하지만 예수님은 오직 신만이 하실 수 있는 기적을 행하셨다. 게다가 예수님은 더 높은 능력자에게서 힘을 빌리신 것도 아니었다. 옛날이야기를 보면 대개 주술사는 악마의 힘을 소환한다. "…의 이름으로 명하노니…." 하지만 예수님은 그냥 "잠잠하라"고만 말씀하셨다.

안식일에 예수님은 바리새인들 앞에서 말씀하셨다. "나는 단순히 너희에게 쉬는 법을 가르쳐 줄 수 있는 선생이 아니다. 나는 쉼 자체다." 이제 예수님은 행동을 통해 똑같은 말씀을 하신다. "나는 단순히 능력을 지닌 사람이 아니다. 나는 능력 자체다. 우주에서 나타나는 모든 능력은 바로 내게서 비롯된 것이다."

얼마나 대담한 주장인가. 이 주장이 사실이라면 그것은 우리에게 무슨 의미가 있는가? 두 가지 선택사항이 있다. 첫째, 이 세상이 단순히 거대한 '풍랑'의 결과라고 주장할 수 있다. 그러니까 우리는 우연, 맹목적이고 광포한 자연의 힘, 빅뱅을 통해 존재하게 되었다. 죽으면 우리는 먼지로 돌아간다. 못되게 살든 착하게 살든 어차피 죽으면 그만이다. 하지만 예수님이 스스로 말씀하신 그분이 맞다면 삶의 의미가 완전히 달라진다. 정말로 예수님이 풍랑의 주인이시라면 세상과 삶이 어떠하든 그분 안에서 필요한 모든 치유와 쉼, 그리고 능력을 얻을 수 있다.

지혜와 사랑이 무한하신 예수님

다음 구절에서 제자들의 감정 상태를 보라.

> 제자들이 깨우며 이르되 선생님이여 우리가 죽게 된 것을 돌보지 아니하시나이까 하니 예수께서 깨어 바람을 꾸짖으시며 바다더러 이르시되 잠잠하라 고요하라 하시니 바람이 그치고 아주 잔잔하여지더라. 이에 제자들에게 이르시되 어찌하여 이렇게 무서워하느냐 너희가 어찌 믿음이 없느냐 하시니 그들이 심히 두려워하여 서로 말하되 그가 누구이기에 바람과 바다도 순종하는가 하였더라(막 4:38-41).

예수님이 풍랑을 잠잠하게 하시기 전 제자들은 두려워했다. 하지만 예수님이 풍랑을 잠재우고 나자 제자들은 심히 두려워했다. 왜일까? 마가는 예수님이 깨시기 전에 배가 거의 침몰 직전이었다고 말한다. 배에 물이 꽉 차고도 계속해서 차올라서 제자들이 아무리 퍼내도 소용이 없었다. 잠시 후면 배에 물이 꽉 차 다 죽게 생겼다. 다급해진 제자들은 예수님을 깨워 말했다. "우리가 죽게 된 것을 돌보지 아니하시나이까?" 왠지 낯익은 장면이지 않은가?

살다 보면 누구나 이런 상황을 맞을 때가 있다. 인생의 배는 침몰해 가는데 하나님은 주무시고 계신 것만 같다. 도대체 하나님은 어디 계신지 모르겠다. 제자들은 투정을 부렸다. 저희를 사랑하신다면 이런 일이 일어나지 않게 미리 막으셨어야죠. 저희를 사랑하신다면 배가 가라앉지 않게 해 주셔야죠. 저희를 사랑하신다면 애초에 저희를 이런 위험에 빠뜨리지 마셨어야죠. 풍랑을 잠재운 뒤 예수님이 "아이고, 많이 놀랐겠구나!"라며 제자들의 등을 다독거리셨는가? 그렇지 않다. 오히려 예수님은 "어찌하여 이렇게 무서워하느냐?"라고 꾸짖으셨다. 제자들의 벙벙한 얼굴이 눈에 선하다. '왜냐고요? 왜 무서워했느냐고요? 배가 가라앉아 죽게 생겼는데 무서워하지 않을 수 있나요? 예수님이 저희를 사랑하시지 않는 것 같아 두려웠어요. 저희를 사랑하신다면 상황이 이렇게 되도록 놔두실 리가 없잖아요.' 그런데 예수님은 이에 대해서는 답하지 않으셨다.

하지만 예수님의 질문 이면에는 이런 생각이 있었다. "너희의 전제가 틀렸다. 너희가 더 잘 알았으면 좋았을 것이다. 나는 사랑하는 자들이 폭풍을 통과하도록 허용한다. 너희는 두려워할 이유가 없었다."

풍랑의 한복판에서 두려워할 필요가 없었다면 풍랑이 잠잠해진 후에는 더더욱 두려워할 이유가 없다. 그런데 그들은 예수님이 풍랑을 잠재우고 나서도 매우 두려워했다. "그들이 심히 두려워하여 서로 말하되 그가 누구이기에 바람과 바다도 순종하는가 하였더라.”

　왜 제자들은 풍랑이 몰아칠 때보다 잠잠해졌을 때 더 두려워했을까? 예수님이 풍랑보다도 더 어마어마한 분이었기 때문이다. 풍랑의 힘은 인간이 통제할 수 없을 만큼 막대했다. 예수님의 힘은 풍랑을 통제할 수 있을 만큼 막강했기 때문이다. 그들은 예수님을 새롭게 인식했다. 하지만 중요한 차이점이 있다. 풍랑은 우리를 사랑하지 않는다. 자연은 우리를 마모시키고 파괴할 뿐이다. 오래 살면 누구나 몸이 쇠하여 죽고 만다. 지진이나 산불 같은 재난이 닥치면 더 빨리 죽을 수도 있다. 자연은 맹렬하고 압도적이다. 인간의 힘으로는 도무지 자연을 통제할 수 없다. 이 무시무시한 자연의 힘이 언제 우리를 덮칠지 모른다. 그런데 예수님도 통제할 수 없는 분이다. 그분은 우리가 이해할 수 없는 일을 허락하신다. 그분은 우리의 계획이나 논리에 따라 역사하시지 않는다. 하지만 예수님이 하나님이시라면 우리가 이해할 수 없는 일을 허락하시는 데는 그럴 만한 이유가 있을 것이다. 예수님은 힘만 무한한 게 아니라 지혜와 사랑도 무한한 분이다.

　자연은 우리에게 무관심하지만 예수님은 우리를 향해 주체 못할 사랑을 품고 계신다. 제자들이 예수님의 권능과 아울러 사랑을 제대로 알았다면 결코 두려워하지 않았을 것이다. 제자들은 예수님이 자신들을 사랑한다면 위험한 상황에 빠뜨리지 않았을 것이라 생각했다. 하지만 그들만의 생각이었다. 예수님은 사랑하는 사람에게도 나쁜 일을 허락하신다. 왜냐하면 예수님은 하나님이시기에, 모든 상황을 꿰뚫어보는 하나님이시기 때문이다.

위대하고 강력한 하나님이 우리의 고난을 멈추지 않으시는 것은 우리가 이해할 수 없는 이유가 있기 때문이다. 나를 가르쳤던 엘리자베스 엘리엇(Elisabeth Elliot)은 이 진리를 다음과 같이 간략하고도 명쾌하게 정리했다. "하나님은 하나님이시다. 이 사실만으로도 그분은 내 예배와 섬김을 받으실 만하다. 오직 그분의 뜻 안에만 쉼이 있다. 그분의 뜻은 무한하고 측량할 수 없다. 내가 아무리 머리를 짜내도 그분의 뜻을 가늠조차 할 수 없다."[25]

풍랑의 한복판에 서 있는가? 풍랑은 힘이 막강하며 우리를 사랑하지 않는다. 우리가 안전하게 있을 수 있는 유일한 곳은 하나님의 뜻 안에 거하는 것이다. 그러나 그분은 하나님이시고 우리는 아니기에, 하나님의 뜻은 측정할 수 없고 형언할 수 없다. 그분에 대해 우리가 생각하는 최대치를 뛰어넘으신다. 하나님은 안전한가? "물론, 그분은 우리의 안전지대를 벗어난다. 그 누가 안전함에 대해서 말할 수 있겠는가? 그러나 그분은 선하시다. 그분은 우주의 왕이시다."[26]

우리 대신 죄의 풍랑에 몸을 던지시다

예수님은 제자들을 책망하셨다. "너희가 어찌 믿음이 없느냐?" 하지만 항상 다 믿을 수 있는 것은 아니다. 나는 이 물음을 "너희는 무엇에 믿음을 두느냐?"로 해석하고 싶다. 이 물음은 믿음의 강도가 아니라 믿음의 대상이 중요하다는 뜻이다.

당신이 절벽에서 떨어지고 있다고 하자. 그런데 절벽 중간쯤에 가지가 하나 뻗어 나와 있다. 이 가지가 얼마나 강한지는 알 수 없다. 이 가지를 잡고 살아남기 위해서는 얼마나 많은 믿음이 필요할까? 이 가지를 잡기만 하면 목숨을 건질 수 있다고 절대적으로 확신할 수 있는가? 물론, 그럴 수 없다. 믿음은, 이 가지를 잡을 만큼만 있으면 충분하다. 당신을 구해 주는 것은 믿음의 질이 아니라 믿음의 대상이다. 중요한 것은 가지에 대한 믿음의 강도가 아니다. 중요한 것은 가지의 강도다. 그리고 바로 예수님이 우리의 가지시다.

조지 맥도널드의 「공주와 고블린」 이야기로 돌아가 보자. 다부진 체격의 소년 광부 커디는 도깨비에게 붙잡혀 동굴에 갇혀 있었다. 어느 날 밤 아이린이 집에서 도깨비의 소리를 듣고 요정 할머니가 준 마법의 실을 따라갔다. 실은 죽어도 들어가기 싫은 어둠 속으로 곧장 이어졌다. 하지만 아이린은 믿음으로 실을 따라가 커디를 구해 냈다. 하지만 커디에게는 실이 보이지도 느껴지지도 않았다. "내 목숨을 구해 줘서 고맙지만 요정 할머니나 실 애기는 못 믿겠어." 커디의 말에 화가 난 아이린이 얼굴을 붉히며 말했다. "실이 없으면 내가 너를 어떻게 구해 냈겠어?" 나중에 요정 할머니가 나타나 아이린에게 말했다. "커디는 착한 소년이란다. 용감하기도 하지. 커디를 구해서 기쁘지 않니?"

"기쁘긴 해요. 하지만 내가 진실을 말하는데도 믿지 않아서 기분이 살짝 나빴어요." 그러자 할머니는 이렇게 대답했다. "사람들은 자기가 믿을 수 있는 것만 믿는단다. 그러니 많이 믿는 사람이 덜 믿는 사람을 너무 몰아쳐서는 안 돼. 너도 직접 보지 않았으면 믿지 못했을지도 몰라."[27]

맥도널드의 말은 지극히 성경적이고도 중요한 말이다. 많이 믿는 사람은 덜 믿는 사람을 너무 몰아쳐서는 안 된다. 왜냐하면 궁극적으로 믿음은 자질이 아니라 선물이기 때문이다.

믿고 싶어도 믿어지지 않을 때는 안을 보지 말고 예수님을 찾아가야 한다. "믿을 수 있게 도와주세요." 예수님께 가서 아뢰라. "당신이 믿음을 주시는 분인 줄 압니다. 여태껏 믿음을 얻기 위해 고민하고 묵상하고 교회에서 설교도 많이 들었습니다. 스스로 믿음을 얻으려고 많이 노력했습니다. 하지만 이제 당신이 믿음의 근원임을 깨달았습니다. 제게 믿음을 주세요." 그럴 때 예전부터 당신의 마음 문을 두드리고 계셨던 예수님을 발견할 것이다. 예수님은 믿음의 원천이요 공급자이시며 믿음의 대상이시다.

풍랑에 관한 이 구절을 읽으면 여느 구절과는 다른 반응을 보이게 된다. 제자들은 늘 실패해서 비웃음을 자아낸다. "도무지 깨닫지를 못하는군!" 하지만 이 구절에서는 코웃음이 나오지 않는다. 오히려 공감이 가는 점이 있다. 사나운 바람과 파도, 주무시고 계신 예수님, 가라앉기 직전의 배. 예수님은 우리를 사랑하시지 않는 게 분명하다! 그때 예수님이 잠에서 깨어 말씀하셨다. "어찌하여 이렇게 무서워하느냐. 너희가 어찌 믿음이 없느냐." 하지만 말처럼 쉽지가 않다. 거친 풍랑 앞에서 침착할 사람이 몇이나 되겠는가?

하지만 제자들에게는 아직 없었던 것이 지금 우리에게는 있다.

밖에서 어떤 풍랑이 몰아쳐도 우리 안은 더없이 고요할 수 있다. 왜 그럴까? 힌트를 주겠다. 마가는 이 이야기를 의도적으로 구약의 요나 이야기와 거의 똑같은 방식으로 풀어 나갔다. 예수님과 요나는 둘 다 배 안에 있었고 두 배는 모두 풍랑에 휩싸였다. 두 이야기에서 모두 선원들이 잠자는 사람을 깨워 말했다. "우리가 죽게 생겼소." 두 경우 모두 기적적인 개입으로 바다가 잠잠해졌다. 게다가 두 경우 모두 선원들은 풍랑이 잠잠해진 뒤에 오히려 더 두려워했다.

이렇게 거의 똑같은 두 이야기에 딱 하나 차이점이 있다. 풍랑의 한복판에서 요나는 선원들에게 이렇게 말했다. "방법은 하나뿐이오. 내가 죽어야 여러분이 살 수 있소"(욘 1:12 참조). 그래서 선원들은 요나를 바다에 집어던졌다. 하지만 마가의 이야기에서는 그런 일이 일어나지 않았다. 아니, 그런 일이 일어났나? 조금만 뒤로 물러나 나머지 이야기 전체를 보면 결국 이 두 이야기는 거의가 아니라 완전히 똑같다.

마태복음에서 예수님은 "요나보다 더 큰 이가 여기 있느니라"라고 말씀하셨는데 이는 바로 그분 자신을 지칭하신 것이었다. "내가 진짜 요나다." 이 말씀을 풀이하자면 이렇다. "언젠가 내가 모든 풍랑을 잠재우고 모든 파도를 고요하게 할 것이다. 내가 파괴를 파괴하고 죽음을 죽일 것이다." 그래서 예수님은 어떤 방법을 사용하셨는가? 바로 요나처럼 궁극의 풍랑이요 죄와 죽음의 파도인 십자가를 향해 몸을 던지셨다. 예수님은 우리를 진정으로 죽게 만들 수 있는 형벌의 풍랑 곧 십자가를 향해 우리 대신 몸을 던지셨다. 이 풍랑은 예수님이 몸을 던지신 후에야 비로소 잠잠해졌다.

"어찌 저를 돌보지 아니하시나이까?" 예수님의 몸이 궁극의 풍랑에 빠지는 장면이 존재 깊은 곳에 각인된 사람은 결코 그런 말을 내뱉지 않는다. 궁극의 풍랑에도 불구하고 우리를 버리지 않으신 분이 현재의 시시한 풍랑 속에서 우리를 버리시겠는가? 게다가 언젠가는 그분이 돌아오셔서 모든 풍랑을 영원히 잠재우실 것이다.

이 사실을 존재 깊은 곳에 새긴다면 예수님의 사랑에 가슴이 벅차오를 것이다. 예수님이 돌봐주실 줄 알게 될 것이다. 그때, 인생의 어떤 상황도 침착하게 다룰 수 있는 능력을 얻을 것이다.

> 내가 가라고 하는 깊은 물을 지날 때
> 비통의 강은 넘치지 않으리라.
> 내가 너와 함께하리라. 네 고난을 축복하리라.
> 네 깊은 고통을 씻어 주리라.
>
> 예수님께 기대어 쉬었던 영혼
> 내가 원수에게 넘기지 않으리라.
> 온 지옥이 그 영혼을 흔들려고 애써도
> 내가 절대, 절대 버리지 않으리라. [28]

주님의 타이밍에는 반드시 이유가 있다

6

"예수님의 인내의 본을 따르기를 원합니다." 이는 첫 공도문 (Book of Common Prayer)의 저자 토머스 크랜머(Thomas Cranmer)가 부활절 전 종려주일에 사용하려고 쓴 기도문이다. 인내가 뭔가? 인내는 어려운 상황에서도 포기하지 않고 끝까지 참아 내는 것이다. 인내는 당장 결과가 나타나지 않아도 계속해서 열심을 다하는 것이다. 인내는 인생의 어떤 상황에서도 분노하지 않고 고통까지도 기꺼이 받아들이는 것이다. 하지만 힘들고 답답하고 다급할 때마다 우리의 인내심은 바닥을 드러낸다. 그러다가 급기야는 참지 못하고 폭발하고 만다.

크랜머의 기도는 부활절 전주에 예수님의 희생적인 십자가 죽음을 기억하며 드리는 기도라는 점에서 특히 마음에 와닿는다. 예수님은 적들과 십자가 처형 앞에서만 인내를 발휘하시지 않았다. 예수님은 제자들(풍랑 속에서 그들을 얼마나 참아 주셨는지 생각해 보라), 그리고 이 땅에서 만난 사람들에게 말할 수 없는 인내를 보여 주셨다.

마가는 예수님과 회당장 야이로라는 종교 지도자와의 만남을 기록하고 있다. 야이로는 부와 명성만 높은 것이 아니라 신앙심과 도덕심도 깊은 사람이었다. 마가의 기록을 보자.

예수께서 배를 타시고 다시 맞은편으로 건너가시니 큰 무리가 그에게로 모이거늘 이에 바닷가에 계시더니 회당장 중의 하나인 야이로라 하는 이가 와서 예수를 보고 발아래 엎드리어(막 5:21-22).

지체 높은 양반이 한낱 갈릴리의 목수 앞에 엎드려 있다. 정말 보기 드문 광경이지 않은가? 도대체 얼마나 절박했으면. 무슨 문제가 있었을까? 마가의 말을 계속해서 들어보자.

간곡히 구하여 이르되 내 어린 딸이 죽게 되었사오니 오셔서 그 위에 손을 얹으사 그로 구원을 받아 살게 하소서 하거늘 이에 그와 함께 가실새(막 5:22-24).

야이로의 어린 딸이 죽기 직전이다. 예수님이 빨리 가시지 않으면 어떻게 될지 모른다. 야이로의 절박한 심정이 상상이 가는가? 죽어 가는 딸을 살릴 수 있다는 희망이 생겼지만 한편으론 너무 늦었을지 모른다는 두려움에 속이 새까맣게 타들어 가고 있다. 예수님과 야이로, 제자들은 서둘러 야이로의 집으로 향한다. 그리고 그 뒤로는 새로운 기적을 구경하려는 무리가 따라온다.

큰 무리가 따라가며 에워싸 밀더라. 열두 해를 혈루증으로 앓아 온 한 여자가 있어 많은 의사에게 많은 괴로움을 받았고 가진 것도 다 허비하였으되 아무 효험이 없고 도리어 더 중하여졌던 차에(막 5:24-26).

"많은 의사에게 많은 괴로움을 받았고…도리어 더 중하여졌던 차에"라는 구절이 흥미롭지 않은가? 다시 말해, 병뿐 아니라 치료 과정도 그에 못지않게 괴로웠다. 치료비로 가산을 다 탕진했고 더 이상 시도할 치료법도 없다.

> 예수의 소문을 듣고 무리 가운데 끼어 뒤로 와서 그의 옷에 손을 대니 이는 내가 그의 옷에만 손을 대어도 구원을 받으리라 생각함일러라. 이에 그의 혈루 근원이 곧 마르매 병이 나은 줄을 몸에 깨달으니라. 예수께서 그 능력이 자기에게서 나간 줄을 곧 스스로 아시고(막 5:27-30).

이 여자는 무리 사이로 끼어들어 가 예수님을 만져 치유를 받았다. 그리고 예수님은 자신에게서 능력이 나간 줄 아셨다. 마가복음에서는 '다이너마이트'의 어원이자 '능력'을 뜻하는 헬라어 '두나미스(dunamis)'가 이 구절에서 처음 사용되었다. 예수님은 능력이 빠지는 느낌을 받고 치유가 이루어진 줄 아셨다. 예수님이 힘을 잃은 덕분에 여자가 힘을 얻었다. 이에 예수님이 주위를 돌아보신다. "누가 나를 만졌는지 알아야겠다."

> 무리 가운데서 돌이켜 말씀하시되 누가 내 옷에 손을 대었느냐 하시니 제자들이 여짜오되 무리가 에워싸 미는 것을 보시며 누가 내게 손을 대었느냐 물으시나이까 하되 예수께서 이 일 행한 여자를 보려고 둘러보시니 여자가 자기에게 이루어진 일을 알고 두려워하여 떨며 와서 그 앞에 엎드려 모든 사실을 여쭈니(막 5:30-33).

예수님은 자신의 힘을 빌려 치유를 얻은 사람을 발견하고 "모든 사실"을 고하라고 하셨다. 자초지종을 고하라!

이즈음 야이로의 속이 얼마나 탔을지 상상해 보라. 예수님은 느긋하기만 하다. 촌각을 다투는 환자도 아니고 만성 질병에 걸린 여자에게 관심을 기울이고 계신다. 게다가 치료가 끝난 여자를 붙잡고 대화까지 나누신다. 해도 너무하다. 완전히 불합리하다. 아니, 그 정도가 아니다. 명백한 의료 과실이다. 만약 같은 응급실에 이 두 환자가 실려 왔을 때 의사가 여자부터 치료하고 소녀를 죽게 만든다면 고소를 당해 마땅하다. 그런데 예수님이 이런 어리석은 의사처럼 굴고 계신다. 야이로와 제자들의 머릿속에 어떤 생각이 흘렀을지는 안 봐도 훤하다. "예수님 서두르지 않으면 늦어요. 여자아이가 숨이 넘어가기 직전이라고요. 예수님, 서두르세요. 제발, 서두르세요."

하지만 예수님은 서두르지 않으신다. 그러는 사이에 결국 야이로가 우려하던 일이 벌어지고야 만다.

아직 예수께서 말씀하실 때에 회당장의 집에서 사람들이 와서 회당장에게 이르되 당신의 딸이 죽었나이다. 어찌하여 선생을 더 괴롭게 하나이까(막 5:35).

그 순간 야이로는 예수님이 얼마나 원망스러웠을까? 하지만 예수님은 차분한 눈빛으로 야이로를 바라보며 안심시키신다.

예수께서 그 하는 말을 곁에서 들으시고 회당장에게 이르시되 두려워
하지 말고 믿기만 하라 하시고(막 5:36).

예수님은 야이로에게 사실상 이렇게 말씀하신 것이다. "나를 믿어
라. 인내해라. 서두를 필요가 전혀 없다." 문화마다 시간관념이 다르
다. 문화권이 다른 사람들이 만나면 그 차이점이 극명하게 드러난다.
30분 정도 늦어도 괜찮은 문화에서 자란 신랑과, 1분만 늦어도 눈살
을 찌푸리는 문화에서 자란 신부의 결혼식을 상상해 보라. 신부와 들
러리는 벌써 결혼식장에 도착했는데 신랑은 결혼식이 15분이 지나도
록 모습을 드러내지 않는다. 결혼식장의 왼쪽 편에는 헛기침과 초조
한 눈빛이 가득하다. 하지만 오른쪽 편은 마냥 들뜬 분위기다. 시간
은 상대적이다.

그런데 하나님의 시간관념은 문화와 상관없이 우리 모두를 당
황스럽게 만든다. 그분의 은혜는 우리의 시간표대로 진행되는 법이
좀처럼 없다. "나를 믿어라. 인내해라." 예수님의 이 말씀은 야이로
만이 아니라 우리 모두에게 주시는 말씀이다. "내가 풍랑을 잠재운
사건을 통해 풍랑 가운데에도 내 은혜와 사랑이 충만하다는 사실을
보여 주지 않았느냐? 그런데 이해할 수 없는 기다림 속에도 내 은혜
와 사랑은 여전하다는 사실을 왜 모르느냐?" 예수님은 우리를 사랑
하는 데에 지체하시는 게 아니다. 그분은 우리를 사랑하기에 지체하
신 것이다. "내가 다 알아서 하마. 내 시간표를 너의 시간표에 맞추려
고 하면 내 사랑을 의심할 수밖에 없다." 예수님은 서두르는 법이 없

다. 그래서 우리는 야이로와 같이 발을 동동 구를 때가 많다. 우리 눈에 예수님의 지체는 불합리하고 터무니없고 황당해 보인다.

우리에게 정말로 필요한 것

하지만 예수님이 지체하신 덕분에 야이로와 여자는 둘 다 원하던 것보다 훨씬 더 큰 것을 받았다. 예수님께 도움을 요청하면 생각했던 것보다 훨씬 더 큰 것을 받게 된다. 예수님께 구해도 우리 예상대로 진행되지 않을 때는 참고 기다리는 편이 현명하다. 야이로를 보라. 야이로는 죽어 가는 딸을 살리고자 예수님을 찾아갔으나 그보다 더 큰 것을 받았다. 이 이야기의 클라이맥스로 가 보자. 이야기가 다시 흥미진진해진다. 소녀가 죽었는데도 예수님은 소녀의 아비에게 "내가 지금 가고 있다"고 말씀하시고 발걸음을 옮기신다.

> 베드로와 야고보와 야고보의 형제 요한 외에 아무도 따라옴을 허락하지 아니하시고 회당장의 집에 함께 가사 떠드는 것과 사람들이 울며 심히 통곡함을 보시고 들어가서 그들에게 이르시되 너희가 어찌하여 떠들며 우느냐 이 아이가 죽은 것이 아니라 잔다 하시니 그들이 비웃더라 (막 5:37-40).

예수님의 일행이 마침내 야이로의 집에 도착했을 때는 온 집 안에 곡

소리가 가득했다. 예수님이 소녀가 잠들었다고 하시자 다들 코웃음을 친다. 뻔히 죽은 사람을 보고 잠을 잔다니 황당했을 것이다. 이야기는 계속된다.

> 예수께서 그들을 다 내보내신 후에 아이의 부모와 또 자기와 함께 한 자들을 데리시고 아이 있는 곳에 들어가사 그 아이의 손을 잡고 이르시되 달리다굼 하시니 번역하면 곧 내가 네게 말하노니 소녀야 일어나라 하심이라. 소녀가 곧 일어나서 걸으니 나이가 열두 살이라. 사람들이 곧 크게 놀라고 놀라거늘(막 5:40-42).

당연히 사람들은 놀랄 수밖에 없었다. 야이로는 딸의 소생이 아니라 열병을 치료하기 위해 예수님을 모셔 온 것이었다. 하지만 예수님께 도움을 요청하면 생각했던 것보다 훨씬 큰 것을 받게 된다.

하지만 동시에 예수님께 도움을 요청하면 생각했던 것보다 훨씬 큰 것을 내드려야 한다. 야이로는 예수님이 오셔서 딸아이를 치료하실 수 있다는 믿음만 있으면 되는 줄 알았다. 그런데 예수님은 더 큰 믿음을 요구하셨다. 딸이 죽은 상황에서도 예수님은 야이로의 눈을 똑바로 쳐다보며 "믿으라"라고 말씀하셨다. 이는 예상했던 것보다 훨씬 더 큰 믿음의 시험이었다.

이번에는 병든 여자를 보라. 여자는 고침을 받고자 예수님을 찾아왔다. 여자는 그저 예수님을 만지고 나서 서둘러 사라질 생각이었다. 하지만 예수님은 여자를 그냥 놔두지 않고 사람들 앞에 서게 하였다. 여자에게는 굉장히 곤혹스러운 상황이었다는 것을 기억할 필요가 있다. 여자가 앓던 혈루는 종교의식상 부정하게 취급을 받던 병이었다. 따라서 혈루 환자가 공공장소에서 랍비를 만지는 것은 금기를 깨뜨리는 행위였다. 그러니 누구인지 찾으시는 예수님의 요구는 아주 무섭게 들렸을 것이다.

왜 예수님은 그녀를 사람들 앞에 서게 했을까? 그럴 필요가 있었기 때문이다. 여자는 예수님의 능력을 믿고 있었지만 다소 미신적으로 이해하고 있었다. 여자는 예수님을 만지기만 하면 나을 줄로 생각했다. 그래서 예수님은 여자가 자신을 밝히게 한 다음 "아니다. 너를 구한 것은 믿음이다"라며 오해를 바로잡아 주셨다. 이제 이 이야기의 절정 부분으로 가 보자.

여자가 자기에게 이루어진 일을 알고 두려워하여 떨며 와서 그 앞에 엎드려 모든 사실을 여쭈니 예수께서 이르시되 딸아 네 믿음이 너를 구원하였으니 평안히 가라. 네 병에서 놓여 건강할지어다(막 5:33-34).

예수님은 사실상 이렇게 말씀하신 것이다. "네 믿음이 너를 치료한 것이다. 이제 네 삶을 변화시키는 나와의 만남이 시작된 것이다." 육체가 치유받은 미신적인 사람과 인생이 바뀌어 영원히 예수님을 따르는 제자는 모든 점에서 차이가 있다.

예수님께 가면, 애초에 드리려고 생각했던 것보다 훨씬 큰 것을 말씀하실 것이다. 하지만 당신이 요구하거나 생각하는 것보다 무한히 많은 것을 주실 것이다.

우리가 꼭 알아야 하는 것

야이로와 제자들이 볼 때 예수님이 만성 질병 환자를 고치느라 여자아이를 죽게 만드신 것은 엄연한 의료 과실이었다. 하지만 이야기를 끝까지 읽은 우리는 야이로와 제자들이 모르는 뭔가를 알고 있다. 예수님에게는 죽은 여자아이를 살리는 것이나 열병을 치료하는 것이 다르지가 않다. 예수님은 죽음 위의 권세를 가지신 분이다. 또 예수님은 미신적인 요소를 가진 여자의 몸만 고치는 것이 아니라 영혼까지 고쳐 그분의 제자로 삼기 원하셨다. 하지만 야이로와 제자들은 이 두 가지 사실을 전혀 몰랐다.

야이로와 제자들이 보기에 예수님은 아무런 이유도 없이 지체하셨다. 하지만 그들이 모든 사실을 몰랐기 때문에 그렇게 보인 것뿐이다. 때때로 하나님이 은혜를 보류하고 우리 인생에서 잘못 행하는 것 같을 때는, 우리가 아직 갖지 못한 중요한 정보가 거기에 있는 것이다. 우리가 아직 모르는 필수적인 변수가 있기 때문이다. 일대일로 앉아서 인생 이야기를 듣는다면, 아마 이렇게 맞장구를 칠 것이다. "왜 하나님이 상황을 빨리 바꿔 주시지 않는지 잘 이해가 안 돼요. 왜 지체하시는지 잘 모르겠어요." 맞다. 나도 공감한다. 그러나 내 인생에서 하나님이 지체하셨던 때를 돌이켜보면 나의 교만 때문에 경악한다. "맞아요. 당신은 영원한 하나님의 아들이세요. 당신은 영원 전부터 살아 계셨죠. 우주도 창조하셨고요. 그렇지만, 제 인생이 어떻게 되어야 하는지는 제가 더 잘 알아요."

자끄 엘룰(Jacques Ellul)의 명저 「기술의 역사」(*The Technological Society*)에 따르면, 현대 서구 사회는 인생의 모든 것이 우리 자신을 위해 존재한다고 가르친다.[29] 물론 예로부터 모든 사회의 인간들이 그렇게 살아왔지만 현대에 이르러 그 정도가 더욱 심각해졌다. 우리는 하나님이 아닌데도 위대함의 망상들을 가지고 있다. 따라서 우리의 자기 의와 교만은 하나님의 지체하심을 통해 우리 마음에서 빠져나가야만 한다.

바로 지금 당신의 인생 속에서 하나님이 무엇인가를 지체하고 계신가? 이젠 포기하고 싶은가? 도저히 못 기다리겠는가? 당신이 알지 못하는 중요한 요인들이 있는 것이다. 답은, 야이로가 그랬던 것처럼, 예수님을 신뢰하는 것이다.

그것을 알 수 있는 방법

예수님은 야이로의 집에 오셔서 그의 딸이 단지 자고 있는 것이라고 말씀하셨다. 이상하지 않은가? 이 이야기에 해당하는 마태복음과 누가복음의 기록을 보면 분명 예수님은 야이로의 딸이 죽었다는 사실을 인지하셨다. 야이로의 딸은 죽어 가고 있는 것이 아니라 완전히 죽었다. 그런데 왜 예수님은 그 상태를 잠이라고 칭하신 걸까?

답은 예수님의 다음 행동에서 찾을 수 있다. 예수님이 소녀 곁에 앉아 손을 잡고 두 마디 말씀을 하신다. 첫 번째 마디는 '소녀'란 뜻의 "달리다(talitha)"다. 하지만 '달리다'를 '소녀'로만 해석하면 분위기가 살지 않는다. '달리다'는 정이 듬뿍 담긴 애칭이다. 엄마가 딸을 부르는 애칭이기 때문에 '애야'로 번역하는 것이 더 맞다. 두 번째 마디는 '일어나라'를 뜻하는 "굼(koum)"이다. "다시 살아나라"가 아니라 "일어나라." 마치 부모가 밝은 아침에 딸을 깨우는 분위기다. 예수님이 침대 맡에 앉아 소녀의 손을 잡고 말씀하신다. "애야, 이제 일어나야지." 그러자 소녀가 기지개를 펴며 일어난다. 예수님은 인류의 가장 거칠고 가장 가혹한 적인 죽음을 이렇게 대하셨다. 예수님은 권능의 손으로 아이의 손을 잡고 천천히 일으키셨다. "애야, 일어나렴." 그리고 말이 아닌 행동으로 말씀하셨다. "내가 네 손을 잡고 있으니 죽음은 그저 잠일 뿐이다."

예수님의 말씀과 행동은 강력하기만 한 것이 아니라 사랑으로 충만하다. 어릴 적에는 부모의 손을 잡고 나가기만 하면 거칠 것이 없었다. 하지만 나쁜 부모도 있고, 좋은 부모라도 완벽하지는 못하다. 심지어 최고의 부모도 실수하고 잘못된 선택을 내릴 수 있다. 하지만 예수님은 우리의 완벽한 부모시다. 그분이 우리의 손을 잡고 칠흑 같이 어두운 밤길을 함께 걸어 주신다. 하늘에 별을 다신 우주의 주인이 우리 손을 잡고 말씀하신다. "애야, 이제 일어나야지." 왜 우리는 이토록 자상하고도 강하신 분을 재촉하는가? 왜 우리는 이런 분을 믿지 못하고 조급해하는가? 예수님은 우리의 손을 잡고 칠흑 같은 밤길을 함께 걸어 주신다. 사도 바울은 고린도 교회에 보내는 두 번째 편지의 13장 4절에서 그리스도께서 약한 가운데 십자가에 못 박히셨으나 하나님의 능력으로 살아 나신 덕분에 우리 역시 약하나 하나님의 능력으로 살 수 있다고 말한다. 그리스도께서는 우리를 강하게 하시려고 약해지셨다. 어린아이에게는 넓은 곳이나 어두운 곳에서 부모의 손을 놓치는 것만큼 두려운 것도 없다. 하지만 예수님을 놓친 것에 비하면 아무것도 아니다. 예수님은 십자가 위에서 아버지의 손을 놓치셨다. 그분은 우리를 살리기 위해 무덤 속으로 들어가셨다. 그분이 아버지의 손을 놓치신 덕분에 우리는 그분이 우리를 한 번 잡은 손을 절대 놓지 않으신다는 사실을 알게 되었다.

이것이 토머스 크랜머가 종려주일 기도문을 쓴 이유다. 사실, 기도문의 전문은 이렇다. "예수님의 인내의 본을 따르고 그분의 부활에 참여하기를 원합니다." 예수님은 면류관으로 가는 길이 반드시 십자가를 지난다는 사실을 알고 계셨다. 부활로 가기 위해서는 반드시 죽음을 지나야 했다. 따라서 예수님이 병든 여인을 치유하신 사건은 십자가 사건의 또 다른 그림자다. 예수님은 여자에게 힘을 주기 위해 힘을 잃으셨다. 하지만 십자가 위에서는 우리에게 영생의 선물을 주기 위해 단순히 힘이 아니라 목숨 자체를 잃으셨다. 우리에게 능력과 생명을 주시기 위한 길은 약함과 죽음을 지나는 길밖에 없었다.

지금 당신은 예수님을 재촉하고 있는가? 기다림에 조바심을 내고 있는가? 그러지 말고, 예수님의 손을 잡고 그분이 이끄시는 대로 믿고 따라가는 게 어떤가? 예수님이 당신을 온전히 사랑하신다. 예수님은 무엇을 하실지 알고 계신다. 곧 일어나야 할 때가 올 것이다. 예수님처럼 인내하며 기다렸다가 부활에 참여하자.

날마다 보혈로
속사람을 깨끗케 하라

7

예수님과 당시 종교 지도자들의 갈등은 점점 커져만 갔다. 마가는 형식적인 순결과 관련된 정결법과 음식물 금기에 대해 예수님과 종교 지도자들의 의견이 달랐다고 말한다. 이런 법은 오랜 옛날의 법일 뿐 오늘날의 삶과는 아무런 상관이 없다고 생각하기 쉽다. 하지만 사실 이 법은 시대와 장소를 초월한 문제를 다루고 있다. 어떤 일이 벌어졌는지 마가의 기록을 보자.

> 바리새인들과 또 서기관 중 몇이 예루살렘에서 와서 예수께 모여들었다가 그의 제자 중 몇 사람이 부정한 손 곧 씻지 아니한 손으로 떡 먹는 것을 보았더라. (바리새인들과 모든 유대인들은 장로들의 전통을 지키어 손을 잘 씻지 않고서는 음식을 먹지 아니하며 또 시장에서 돌아와서도 물을 뿌리지 않고서는 먹지 아니하며 그 외에도 여러 가지를 지키어 오는 것이 있으니 잔과 주발과 놋그릇을 씻음이러라.) 이에 바리새인들과 서기관들이 예수께 묻되 어찌하여 당신의 제자들은 장로들의 전통을 준행하지 아니하고 부정한 손으로 떡을 먹나이까(막 7:1-5).

정결법에서는 죽은 동물이나 사람을 만진 사람, 종기 같은 전염성 피부병에 걸린 사람, (옷이나 가구나 집에 생긴) 곰팡이와 접촉한 사람, 고름이 생긴 사람, 부정한 짐승의 고기를 먹은 사람을 부정하게 여겼다. 이렇게 더러워진 사람은 성전에 들어가 하나님을 예배할 수 없었다. 너무 가혹하게 보이는가? 하지만 곰곰이 생각해 보면 꽤 유용한 법이다. 예로부터 사람들은 기도 기간에 금식을 했다. 왜일까? 배 속이 비면 하나님을 향한 영적 굶주림이 생기기 때문이다. 무릎을 꿇고 기도하면 꽤 불편하다. 하지만 그런 자세는 영적 겸손을 기르는 데 좋다. 마찬가지로, 예수님 당시 종교인들이 늘 깨끗이 씻고 더러운 것과 질병을 피했던 것은 자신들이 영적, 도덕적으로 불결해서 어떤 영적 정화 없이는 하나님의 품에 안길 수 없다는 사실을 상기하는 데 도움이 되었다.

중요한 면접이나 일생일대의 데이트를 앞두고 있다면 씻고 양치하고 머리를 빗는다. 왜 그럴까? 물론 불결한 것을 없애기 위해서이다. 때나 얼룩을 지우기 위해서이다. 고약한 냄새를 없애기 위해서다. 정결법의 이유도 똑같다. 영적 도덕적으로 깨끗하지 않으면 완벽하고 거룩하신 하나님의 존전에 나아갈 수 없다.

우리가 하나님 앞에서 부정하다는 사실에 대해서는 예수님도 당시 종교 지도자들과 생각이 완전히 같으셨다. 하지만 예수님은 부정의 이유에 대해서는 그들과 의견이 다르셨다. 마가의 기록을 보자.

무리를 다시 불러 이르시되 너희는 다 내 말을 듣고 깨달으라. 무엇이든지 밖에서 사람에게로 들어가는 것은 능히 사람을 더럽게 하지 못하되 사람 안에서 나오는 것이 사람을 더럽게 하는 것이니라 하시고(막 7:14-16).

예수님은 우리가 자연적인 상태에서는 하나님의 존전에 합당하지 않다고 말씀하신다. 하지만 대부분의 현대인들은 이 말씀을 쉽게 받아들이지 못하고 이런 식으로 말한다. "고대인들이 세상을 두려워한 것은 자연의 이치를 알지 못해서다. 그래서 세상을 나름대로 설명하기 위해 신화를 지어냈다. 그들은 스스로 운명을 통제하는 느낌을 원했다. 그래서 달래야 할 포악한 신들과 절대적인 도덕 기준들을 상상해 냈다. 뭐든 잘못되면 신들이 화가 났기 때문이라고 생각했다. 따라서 늘 죄책감에 시달릴 수밖에 없었다. 하지만 우리는 절대적인 도덕 기준들의 틀에서 벗어났다. 뭐가 옳고 그른지를 확실히 아는 사람은 아무도 없다. 하나님에 관해 정확히 아는 사람은 아무도 없다. 옳고 그름은 각자 알아서 판단할 문제다. 남의 기준에 얽매일 필요는 없다. 게다가 우리는 인권과 개인의 존엄성을 신봉한다. 개인을 불결하거나 악한 존재로 보지 않는다. 인간은 본래 선한 존재다."

사람들은 하나님이 존재하더라도 절대적으로 거룩한 분은 아니라고 생각한다. 그래서 그분 앞에서 죄책감을 느낄 필요는 없다고 생각한다. 하지만 그와 동시에 내면 깊은 곳에서는 심각한 죄책감과 수치심을 느낀다. 이런 감정은 어디서 오는 건가?

21세기의 위대한 작가 중 한 명인 천재 프란츠 카프카(Franz Kafka)는 저서 「소송」(*The Trial*)에서 이 문제를 다루었다. 이야기의 도입부에서 조셉 K는 평범하게 살다가 갑자기 체포되어 구금된다. 그런데 아무도 그에게 죄목을 이야기해 주지 않는다. 그는 감방을 옮겨 다니며 끝없는 심문을 받는다. 아무도 설명해 주지 않고 다들 무자비하고 매정하게만 군다. "나한테 그러지 말고 상관에게 물어봐. 나는 명령대로만 할 뿐이야." 심문은 날마다 계속된다. 그렇게 조셉 K는 평생 혼란 속에서 산다. "이것 때문일지도 몰라. 그것 때문에 체포되었나? 체포될 만한 일은 아니었던 것 같은데…." 아무리 고민을 해도 이유를 알 수가 없다. 그러다 결국 교도소장에게 찔려 아쉬운 생을 마감하고 만다.

카프카는 한 일기에서 「소송」의 주제라고 할 만한 말을 했다. "죄책감이 있든 없든 오늘날 우리 모두의 상태는 악하다."[30] 카프카처럼 우리는 심판과 죄는 믿지 않지만 내심 자신에게 뭔가 문제가 있다고 생각한다. 고대의 도덕 기준은 버렸지만 누구라도 우리의 실체를 알면 멀리할 것이라는 열등감에 시달린다. 그래서 진짜 모습을 숨기고 조작된 모습만 보여 주려고 애를 쓴다. 자신이 괜찮은 사람이라는 사실을 자신과 남들에게 증명해 보이려고 애를 쓴다.

"이 수준에 이르면 자신감을 가질 수 있을까?" 우리는 그 수준에 이르기 위해 애를 쓴다. 하지만 그 수준에 이른 뒤에도 안심하지 못한다. 도대체 왜 그럴까? 왜 남들에게 잘 보이려고 애를 쓰는 걸까? 남들에게 조그만 틈만 보여도 견디질 못하는 걸까? 이 모든 열등감은 어디서 오는 건가? 왜 '구금'을 두려워하는 걸까? 카프카는 이렇게 말한다. "우리는 죄라는 것은 없다고 생각한다. 심판 따위는 없다고 생각한다. 하지만 내심 자신이 불결하다는 것을 안다."

어떤 이들은 이런 감정을 심리학적인 콤플렉스로 해석한다. 예를 들어, 부모의 사랑을 충분히 받지 못해 자존감이 낮고 스스로를 희생자로 여긴다는 것이다. 어쨌든 내심 스스로를 불결하게 여기고 있는 것만큼은 사실이다.

외적 해법으로는 영혼을 다룰 수 없다

예수님은 스스로 불결하다는 생각을 떨치지 못하는 이유를 알려 주셨다. 계속해서 이야기를 보자.

> (예수께서) 무리를 떠나 집으로 들어가시니 제자들이 그 비유를 묻자온대 예수께서 이르시되 너희도 이렇게 깨달음이 없느냐. 무엇이든지 밖에서 들어가는 것이 능히 사람을 더럽게 하지 못함을 알지 못하느냐. 이는 마음으로 들어가지 아니하고 배로 들어가 뒤로 나감이라. 이러므로 모든 음식물을 깨끗하다 하시니라(막 7:17-19).

여기서 예수님의 언어는 매우 시각적이다. 깨끗한 음식을 먹든 더러운 음식을 먹든 입으로 들어가 위를 거쳐 화장실로 나간다. 그 어떤 음식도 마음으로 들어가지 않는다. 밖에서 안으로 들어온 것이 우리를 더럽게 하는 법은 결코 없다.

> 또 이르시되 사람에게서 나오는 그것이 사람을 더럽게 하느니라. 속에서 곧 사람의 마음에서 나오는 것은 악한 생각 곧 음란과 도둑질과 살

인과 간음과 탐욕과 악독과 속임과 음탕과 질투와 비방과 교만과 우매
함이니 이 모든 악한 것이 다 속에서 나와서 사람을 더럽게 하느니라
(막 7:20-23).

이 세상은 실제로 무엇이 문제인가? 왜 세상은 그토록 불행한 곳인
가? 왜 나라와 민족, 부족, 계급간의 갈등이 끊이질 않는가? 왜 관계
들은 마찰하고 종종 산산이 깨지는가? 예수님은 바로 우리가 문제라
고 말씀하신다. 우리 안에서 나오는 것이 문제다. 인간 마음속의 자
기중심주의가 문제다. 죄가 문제인 것이다. 마음에서 나오는 악들이
우리를 지독히 불결하게 만든다. 그래서 나중에 예수님은 제자들에
게 이렇게 말씀하셨다.

> 만일 네 손이 너를 범죄하게 하거든 찍어 버리라. 장애인으로 영생에
> 들어가는 것이 두 손을 가지고 지옥 곧 꺼지지 않는 불에 들어가는 것
> 보다 나으니라. 만일 네 발이 너를 범죄하게 하거든 찍어 버리라. 다리
> 저는 자로 영생에 들어가는 것이 두 발을 가지고 지옥에 던져지는 것보
> 다 나으니라. 만일 네 눈이 너를 범죄하게 하거든 빼 버리라. 한 눈으로
> 하나님의 나라에 들어가는 것이 두 눈을 가지고 지옥에 던져지는 것보
> 다 나으니라. 거기에서는 구더기도 죽지 않고 불도 꺼지지 아니하느니
> 라(막 9:43-48).

악한 행위(손과 발이 의미하는 것)와 악한 욕망(눈이 의미하는 것)은 마치

거실에서 발화한 불과도 같다. 소파의 쿠션에 불이 붙었다고 하자. 그런데도 가만히 앉아서 "괜찮아. 쿠션에만 불이 붙었을 뿐이야"라고 말할 사람은 없다. 화마가 집 전체를 집어삼키기 전에 재빨리 쿠션의 불을 꺼야 정상이다. 불은 만족할 줄 모른다. 연기조차도 피어오르게 놔두지 말아야 한다. 한쪽 구석에만 불이 났다고 방심해서는 곤란하다. 가만히 두면 집안 전체가 잿더미로 변해 버린다. 죄도 마찬가지다. 한 곳에만 머물지 않는다. 반드시 하나님과의 분리로 이어져 결국에는 막대한 고통을 낳는다. 먼저 이생이 힘들어지고 종국에는 내세를 망친다. 성경은 내세의 고통을 지옥이라 부른다. 그래서 예수님은 굳이 사지절단이라는 끔찍한 표현을 쓰신 것이다. 타협은 있을 수 없다. 죄는 무슨 수를 써서라도 피해야 한다. 발이 죄를 짓게 만들면 잘라 버리고, 눈이 죄를 향하면 뽑아 버려야 한다.

하지만 예수님은 결정적으로 우리를 가장 부정하게 만드는 요인은 발이나 눈이 아니라고 말씀하셨다. 바로 마음이 문제다. 발이나 눈이 골칫거리라면 고통스럽긴 해도 잘라 버리면 그만이다. 하지만 마음은 잘라 버릴 수가 없다. 아무리 애를 써도 외적인 해법으로는 영혼을 다룰 수 없다. 바깥만 청소해서는 소용이 없다. 문제의 대부분은 안에서 비롯한다. 외양을 아무리 그럴싸하게 치장해도 자신이 불결하다는 생각을 떨쳐 버릴 수 없다.

알렉산드르 솔제니친(Aleksandr Solzhenitsyn)은 이런 말을 했다. "선과 악을 가르는 선은 국가나 계급, 정당이 아니라, 모든 인간의 마음 정중앙을 통과한다."[31] 성경은 세상이 착한 사람과 못된 사람으로 나뉘지 않다고 누차 말한다. '더 착한 사람'과 '더 못된 사람'은 있을지 몰라도 우리가 선하거나 악하다고 딱 잘라 말할 수는 없다. 정도의 차이야 있겠지만 모든 사람의 속에 죄와 자기중심주의가 있다. 이것이 세상이 그토록 불행하고 타락한 이유다.

우리는 온갖 외적인 방법으로 내면의 죄책감을 떨쳐 내려고 한다. 하지만 예수님은 그런 방법이 결코 통하지 않는다고 단언하셨다. 몇 가지 예를 들어보자. 한 가지 예는 종교다. 저질 영화와 불경한 행동, 나쁜 사람들을 멀리하고 기도와 성경 읽기에만 매진하면 하나님이 나를 의인으로 보시고 내 마음을 치유해 주실까? 예수님은 그런 방법이 통하지 않는다고 잘라 말씀하신다. 우리가 착해지려고 아무리 발버둥을 쳐도 우리 마음은 변하지 않는다. 그런 방법으로는 결코 우리 안에 사랑과 기쁨, 자존감을 채울 수 없다. 오히려 시름만 더 깊어질 뿐이다. 아무리 노력해도 원하는 기준에 미치지 못하니 말이다. 종교에 의지하는 사람은 조금만 문제가 생겨도 곧바로 의심에 빠진다. "정말 착하게 살려고 최선을 다했건만 하나님은 왜 이런 상황을 주시는 걸까?" 종교는 자기 의와 자기중심주의, 자기애를 전혀 제거하지 못한다. 전혀 마음을 강하게 변화시키지 못한다. 종교는 겉만 청소할 뿐이다.

정치도 자주 애용되는 외적 해법이다. 제2차 세계대전 당시 영국 정치인들의 세계관은 철저히 깨졌다. 본래 무신론자이자 사회주의 철학자였던 C. M. 조드(Joad)는 1952년에 펴낸 책 「믿음의 회복」(*The Recovery of Belief*)에서 하나님에 대한 믿음으로 돌아오라고 촉구했다. "우리 좌파가 합리적이기를 거부하는 사람들에게…국가와 정치인들의 행위에…무엇보다도 끊임없는 전쟁의 순환에 항상 그토록 실망했던 것은 원죄의 교리를 거부했기 때문이다."[32] 조드에 따르면, 좌파 지식인들이 국민과 지도자들의 행위를 이해할 수 없었던 것은 죄를 고려하지 않았기 때문이다. 로드 데이비드 세실(Lord David Cecil)은 홀로코스트 이후에 이렇게 말했다. "진보 철학은 인간이 야만적이고 원시적인 상태에서 벗어났다고 가르쳐 왔다.…하지만 야만성은 여전히 우리 안에 있다."[33]

세실과 동시대를 살았던 영국의 작가이자 시인 도로시 세이어스(Dorothy Sayers)는 제2차 세계대전이 "발전과 계몽의 영향을 낙관적으로 바라보던" 영국 지식인들의 관념을 무참히 깨뜨렸다고 말한다. 영국 지식인들에게 "전체주의 국가들의 짐승 같은 흉포함, 자본주의 사회의 못 말리는 이기주의와 어리석은 탐욕은…더없이 충격적이었다. 현실은 그들이 믿어 왔던 바와 정반대였다. 그들의 우주가 완전히 뒤집어진 것만 같았다."[34]

저서 「신조 혹은 혼란」(*Creed or Chaos*)에서 세이어스는 이전 세기의 정치가들이 인간의 마음이 아닌 사회 구조나 교육에서 사회적 문제의 원인을 찾았다고 말했다. 이 정치가들에 따르면, 사회 구조나 교육을 바로잡으면 인간 사회가 나아질 수 있다. 하지만 과연 자본주의나 사회주의를 통해 인간이 더 나아졌는가? 사회 구조가 바뀌어도 인간의 악한 마음은 상관없이 겉으로 드러났다. 정치도 역시 외적 해법이다. 정치로는 인간의 마음을 바꿀 수 없다.

또 다른 외적 해법은 대중문화다. 크리스티나 켈리(Christina Kelly)는 「엘르 걸」(Elle Girl), 「YM」, 「제인」(Jane), 「새시」(Sassy) 같은 여성 잡지의 편집자로 이름을 날렸다. 그런데 몇 년 전 그녀는 다음과 같은 고백의 글을 발표했다.

> 왜 우리는 유명인들에게 열광하는가? 내 생각은 이렇다. 인간은 누구나 열등감을 안고 살아간다. 그래서 우리는 유명인들을 숭배하고 그들처럼 보이려고 애쓴다. 우리는 자신의 초라한 삶을 탈출하기 위해 유명인들에게서 대리 만족을 얻으려 한다. 이 얼마나 어리석은가. 완벽한 화장과 성형수술, 지방흡입술로 만들어진 스타들 앞에서 절대적인 자존감이 없는 사람들은 말할 수 없는 열등감만 느낄 뿐이다. 열등감으로 인해 스타들을 숭배하지만 그래 봐야 열등감만 더 심해질 뿐이다. 우리가 스타들을 만들면 스타들은 우리를 초라하게 만든다. 나는 편집자로서 이 모든 과정에 참여하고 있다. 그래서 하루 일과가 끝나면 나 자신이 그렇게 초라하게 느껴질 수가 없다.[35]

인간은 누구나 열등감을 안고 살아간다고 한다. 왠지 카프카의 말처럼 들리지 않는가? 이 열등감 때문에 어떻게든 자신의 가치를 증명하려고 애를 쓴다. 대중문화는 이렇게 속삭인다. "깨끗해질 방법이 있어. 예뻐지면 돼. 잡티 하나 없는 피부를 만들어 봐. 외모를 바꿔 봐. 날씬해져. 유명인들처럼 꾸며 봐." 하지만 크리스티나 켈리는 정작 유명인들도 열등감에 시달린다고 말한다. 그런데도 우리는 그 열등감 덩어리들을 보며 자신의 열등감을 한층 더 키운다. 어리석기 짝이 없다. 외적 해법은 통하지 않는다.

종교나 정치, 대중문화만이 외적 해법이 아니다. 사실, 우리는 모두 외적인 해법으로 자신을 깨끗하게 하려고 애쓴다. 기독교 목회마저도 외적 해법으로 전락했으니 그야말로 누구도 예외가 없다. 사람들이 왜 목회의 길로 들어서는가? 거룩한 열정? 맞는가?

몇 해 전에 찰스 스펄전(Charles Spurgeon)이 신학생들을 위해 쓴 책에서 다음과 같은 글귀를 발견했다. "자신의 영혼을 구원하기 위해 설교하지 말라." 당시 이십대였던 나는 그 글을 보고 이런 생각을 했다. '자신의 영혼을 구원하려고 설교하는 바보가 어디 있어?' 하지만 목회를 몇 해만 하면 고개를 끄덕이게 된다. 교회의 몸집이 커지고 성도들이 나를 좋아하면 우쭐해진다. 반대로 교회가 성장하지 않고 성도들이 나를 별로 좋아하지 않으면 초라해진다. 한마디로 우리는 외적인 해법을 추구하고 있다. "사람들이 은혜를 많이 받았다며 나를 좋아해 주면 하나님도 나를 좋아해 주실 거야. 그러면 자신감이 솟고 나 자신이 불결하다는 생각이 사라지겠지." 하지만 전혀 그렇지 않다. "오직 의인은 믿음으로 말미암아 살리라." 오래전 로마서 1장 17절의 이 말씀을 읽다가 다음과 같은 주님의 음성을 생생하게 느꼈던 기억이 있다. "그렇다. 설교로 의로워지려는 자는 주일마다 죽을 것이다."[36]

그렇다. 우리는 모두 착한 행실로 자신을 조금이라도 씻어 내려고 한다. 하지만 그래 봐야 아무런 소용이 없다. 예레미야 선지자는 우리 스스로 깨끗해질 수 없다고 못 박아 말했다. "네가 잿물로 스스로 씻으며 네가 많은 비누를 쓸지라도 네 죄악이 내 앞에 그대로 있으리니"(렘 2:22). 외적인 해법으로는 인간 마음의 문제를 해결할 수 없다.

오직 보혈만이 우리를 깨끗케 한다

마태와 누가, 요한과 달리 마가는 주석을 거의 달지 않았다. 따라서 마가가 주석을 달았다는 것은 그만큼 중요하다는 뜻이다. 바로 이 이야기에 마가의 주석이 달려 있다. "이러므로 모든 음식물을 깨끗하다 하시니라."

마가는 "모든 음식물이 깨끗하다고 말씀하셨다"라고 기록하지 않았다. 혹시 마가가 그렇게 기록했다면 이런 뜻일 것이다. "예수님은 음식에 대해 전혀 신경 쓰지 말라고 말씀하셨다. 그러니까 뭐든 먹어도 괜찮다." 이는 정결법이 구시대의 유물이니 이제 그 법에서 초월하자는 뜻이다. 한마디로, 예수님이 음식 문제에 대한 새로운 의견을 내놓으신 것이다.

하지만 마가는 "이러므로 모든 음식물을 깨끗하다 (선포)하시니라"라고 기록했다. 예수님은 '선언'하셨다. 이 의미에 대해 헬라어 전문가와 학자들의 의견은 일치한다. 예수님은 "오늘부터 내가 이 음식들을 깨끗하게 만들었다"라고 말씀하신 것이다. "나는 말씀으로 세상을 창조했다. 나는 말씀으로 풍랑을 멈추게 만들었고, 말씀으로 소녀를 되살렸다. 이제 내가 말씀으로 모든 음식을 깨끗하게 하노라." 이 선포의 의미를 제대로 이해하려면 예수님이 하나님의 말씀을 지극히 존중하셨다는 사실을 알아야 한다.

예수님은 스스로도 하나님의 말씀을 철저히 준행하셨다. 마태복음에서 예수님은 하나님 말씀의 일점일획도 결코 없어지지 않고 다 이루어질 것이라 말씀하셨다.[37] 그런데 정결법은 바로 하나님 말씀의 일부다. 따라서 예수님이 정결법을 함부로 폐지하실 리가 없다. 예수님은 정결법이 완성되었다고 말씀하신 것이다. 영적 정화라는 정결법의 목적이 이제 이루어진 것이다. 이제 우리는 예전처럼 정결법을 따를 필요가 없다. 이 얼마나 놀라운 선포인가.

이런 선포가 어떻게 가능한가?

몇 해 전 아내 캐시(Kathy)와 함께 지금은 고인이 된 웨스트민스터 신학교 구약 교수 레이 딜러드(Ray Dillard)의 설교를 들은 적이 있다. 딜러드는 스가랴서 3장을 본문으로 설교를 하는 내내 눈물을 훔쳤다. 구약의 예언서 중 하나인 스가랴서 3장의 첫머리에서 스가랴는 환상 중에 성전 한복판으로 이동된다. "대제사장 여호수아는 여호와의 천사 앞에 섰고."

성전은 바깥뜰과 안뜰, 지성소의 세 부분으로 이루어졌다. 지성소는 두꺼운 휘장에 완전히 둘러싸여 있었다. 지성소 안에는 언약궤가 있고, 언약궤 위에는 속죄소가 놓여 있었다. 하나님의 '쉐키나(shekinah)' 곧 하나님의 임재와 얼굴이 이 속죄소 위에 나타났다. 속죄소는 위험한 장소였다. 레위기 16장에 이런 구절이 있다. "여호와 앞에서 분향하여 향연으로 증거궤 위 속죄소를 가리게 할지니 그리하면 그가 죽지 아니할 것이며." 오직 한 해 중 하루에 한 사람만 지성소에 들어갈 수 있었으니 바로 이스라엘의 대제사장만 속죄일(Yom Kippur)에 지성소에 들어갈 수 있었다. 당시 스가랴는 환상 중에 성전 중앙의 지성소에서 속죄일에 여호와 앞에 선 대제사장 여호수아를 보았다.

레이 딜러드는 이 설교를 하면서 속죄일의 상황을 매우 구체적으로 묘사했다. 속죄일 일주일 전 대제사장은 집을 떠나 혼자만의 장소로 들어갔다. 부지불식간에라도 부정한 것을 만지거나 먹지 않기 위함이었다. 대제사장은 깨끗한 음식만 먹으며 몸과 마음을 정결하게 유지했다. 속죄일 전날 밤에는 침소에 들지 않고 밤새 기도하며 하나님 말씀을 읽었다. 그렇게 영혼이 정결해지면 속죄일 당일에 머리부터 발끝까지 목욕재계를 한 뒤 흠 없이 순결한 백색 세마포 예복을 입었다. 그러고 나서 지성소로 들어가 자신의 죄를 대속하기 위해 하나님께 짐승으로 희생 제물을 드렸다. 그런 다음에는 지성소를 나와 다시 목욕을 하고 백색 세마포 예복을 새로 입은 뒤 다시 들어가 이번에는 제사장들의 죄에 대한 대속의 제물을 바쳤다. 거기서 끝이 아니었다. 대제사장은 세 번째로 목욕을 하고 옷을 갈아입은 뒤 다시 지성소로 들어가 온 백성의 죄를 대속했다.

이 모든 과정이 공개적으로 진행되었다. 많은 사람이 성전으로 몰려와 전체 과정을 눈앞에서 지켜보았다. 물론 두꺼운 휘장이 있었고 대제사장은 그 뒤에서 목욕을 했다. 하지만 사람들은 그가 목욕하고 옷을 갈아입고 지성소에 들락날락하는 과정은 훤히 볼 수 있었다. 그는 사람들의 대표로 하나님 앞에 서는 것이었다. 그래서 사람들은 그가 모든 과정을 완벽하고 정결하게 해내기를 노심초사 바라보며 격려했다. 그는 때 한 점 없이 순결한 몸으로 하나님 앞에 섰다. 이것이 스가랴의 환상 중 다음 대목이 그토록 충격적인 이유다.

스가랴가 보니 대제사장 여호수아가 배설물에 뒤덮인 채로 지성소 안에 서 있었다. 더러워도 그렇게 더러울 수가 없었다. 스가랴는 자신의 두 눈을 믿을 수가 없었다. 여기서 딜러드는 중요한 질문을 던졌다. 도대체 무슨 일이 일어난 건가? 대제사장이 그런 꼴로 하나님 앞에 서는 것을 이스라엘 백성들이 보고만 있을 리는 없었다. 딜러드의 답은 이러했다. 하나님은 스가랴에게 그분의 시각을 보여 주신 것이다. 아무리 착하고 도덕적이고 순결해지려고 애를 써도 하나님은 우리의 겉모습을 지나 속을 보신다. 우리의 속마음은 어떠한가? 배설물로 가득하다.

모든 도덕과 선행은 마음까지 뻗어 가지 못한다. 스가랴는 우리가 아무리 애를 써도 하나님의 존전에 서기에는 턱없이 역부족이라는 사실을 깨달았다. 하지만 스가랴는 좌절하기 직전에 이런 음성을 들었다. "그 더러운 옷을 벗기라.…내가 네 죄악을 제거하여 버렸으니 네게 아름다운 옷을 입히리라.…내가 내 종 싹을 나게 하리라.…이 땅의 죄악을 하루에 제거하리라"(슥 3:4, 8-9). 분명 스가랴는 심히 어리둥절했을 것이다. 하지만 하나님은 스가랴에게 이렇게 말씀하신 것이다. "스가랴야, 이것은 예언이다. 언젠가 희생 제물이 완성될 것이다. 정결법이 완벽히 이루어질 것이다."

어떻게 그럴 수 있을까? 딜러드는 다음과 같이 설교를 마무리했다. 수세기 뒤에 또 다른 여호수아, 또 다른 예수아가 나타났다. 예수, 예수아, 여호수아, 이 셋은 같은 이름의 아람어와 헬라어, 히브리어다. 또 다른 여호수아가 나타나 자신의 속죄일을 준비했다. 일주일 전 예수님은 준비를 시작하셨다. 그리고 전날 밤에 잠드시지 않았다. 하지만 예수님께 일어난 일은 대제사장 여호수아에게 일어난 일과 정반대였다. 사람들은 예수님을 격려하지 않았다. 사랑했던 사람들이 거의 다 그분을 배신하거나 버리거나 부인했다. 그리고 하나님 앞에 서자 아버지는 격려의 말을 건네기는커녕 가차 없이 그분을 버리셨다. 깨끗한 옷을 입기는커녕 입고 있는 옷마저 찢기고 두들겨 맞다가 벌거벗은 채로 죽임을 당하셨다. 딜러드에 따르면 그분도 목욕을 하셨다. 단, 깨끗한 물이 아닌 인간의 침으로 뒤범벅이 되셨다.

왜일까? "하나님이 죄를 알지도 못하신 이를 우리를 대신하여 죄로 삼으신 것은 우리로 하여금 그 안에서 하나님의 의가 되게 하려 하심이라"(고후 5:21). 하나님은 예수님께 죄의 옷을 입히셨다. 예수님은 우리의 벌을 대신 받으셨다. 덕분에 우리는 대제사장 여호수아처럼 요한계시록 19장 7-8절에 기록된 것을 받을 수 있게 되었다. "우리가 즐거워하고 크게 기뻐하며…빛나고 깨끗한 세마포 옷을 입도록 허락하셨으니." 히브리서 13장은 예수님이 성문 밖 시체를 태우는 장소에서 십자가에 달리셨다고 말한다. 쓰레기 더미라니, 더없이 더러운 곳이 아닌가. 덕분에 우리는 깨끗해질 수 있다. 예수 그리스도께서 무한한 대가를 치르신 덕분에 하나님은 우리에게 무한히 깨끗하고 값진 옷을 입혀 주셨다. 그 대가는 바로 그분의 피였다. 우리 마음의 문제를 해결할 수 있는 유일한 열쇠는 보혈뿐이다.

과거에 저지른 실수 하나 때문에 말할 수 없는 죄책감에 시달리며 살고 있는가? 평생 그 실수를 만회하기 위해 발버둥을 쳤는가? 카프카처럼 특별히 악하지도 않으면서 열등감과 싸우고 있는가? 종교나 정치, 아름다운 외모로 이 열등감을 치유하려고 애쓰고 있는가? 심지어 기독교 목회를 통해 존재의 의미를 찾으려는가? 하지만 외적인 노력은 아무리 해도 소용이 없다.

> 당신의 치명적인 '행위'를
> 예수님의 발치에 내려놓으라.
> 그분 안에, 오직 그분 안에만
> 영광스럽고 온전히 서 있으라.[38]

열정을 갖고 자비로운 분께
과감히 나아가라

8

당신은 하나님께 어떻게 다가가는가? 하나님과 어떤 관계를 맺고 있는가? 대부분 두 가지 접근법 중 하나를 선택한다. 먼저, 옛사람들에게 하나님은 피에 굶주린 독재자였다. 노골적인 희생은 아니더라도 선행으로 끊임없이 하나님을 달래야 했다. 반면 현대인들에게 하나님은 뭐든 요청하면 아무 말 없이 들어주는 영적 힘이다. 하지만 마가의 이야기를 들어 보면 우리는 하나님께 다른 방식으로 접근해야 한다.

> 예수께서 일어나사 거기를 떠나 두로 지방으로 가서 한 집에 들어가 아무도 모르게 하시려 하나 숨길 수 없더라. 이에 더러운 귀신 들린 어린 딸을 둔 한 여자가 예수의 소문을 듣고 곧 와서 그 발아래에 엎드리니 그 여자는 헬라인이요 수로보니게 족속이라. 자기 딸에게서 귀신 쫓아 내 주시기를 간구하거늘(막 7:24-26).

이야기는 예수님이 남몰래 두로 근처로 가셨다는 이상한 내용으로 시작된다. 도대체 무슨 일인가? 예수님은 늘 유대 지방에서 활동하셨는데 무수히 많은 사람이 몰려들자 결국은 녹초가 되셨다. 그래서 쉬기 위해 유대 지방을 떠나 갈릴리 지방의 두로로 가셨다.

하지만 그곳에서도 쉼은 허락되지 않았다. 그분이 오신다는 소식을 듣고 한 여인이 과감히 찾아온 것이다. 여인은 수로보니게 사람이었다. 두로가 유대와 가까웠기 때문에 여인은 유대의 관습을 잘 알았던 게 분명하다. 여인은 자신이 유대 랍비에게 다가갈 종교적, 도덕적, 문화적 자격이 없다는 사실을 잘 알았다. 이방 민족이었고 딸은 더러운 귀신에 들려 있었다. 당시의 어떤 기준으로 봐도 랍비는커녕 일개 유대인에게조차 다가갈 수 없는 부정한 사람이었다. 하지만 상관하지 않았다. 그녀는 초대도 받지 않고 집에 들어가 예수님 앞에 엎드렸다. 그러고는 딸에게서 귀신을 쫓아 달라고 간청하기 시작했다. 여기서 "간구하거늘"은 현재진행형이다. 다시 말해, 여인은 '끊임없이' 간구했다. 아무도 말리지 못했다. 마태복음 15장의 같은 이야기를 보면 제자들은 예수님께 그녀를 쫓아 버리라고 간언했다. 하지만 그녀는 예수님의 다리를 붙잡고 놓지 않았다. 그녀는 응답을 받지 않고는 결코 돌아갈 생각이 없었다.

여인은 왜 이토록 대담하게 굴었을까? 세상에는 겁쟁이와 평범한 사람과 영웅이 있다. 이 세 부류 외에도 부모가 있다. 겁이 많은 부모든 용기가 많은 부모든 한 가지 공통점이 있는데, 위험에 빠진 자녀를 위해서라면 물불을 가리지 않는다는 것이다. 본래 성격은 상관없다. 자녀의 위험을 보면 모든 부모는 눈이 뒤집힌다. 절박해진 어머니를 막을 힘은 세상에 없다.

예수님은 엎드려 졸라 대는 이 여인을 어떻게 대하셨을까? 이야기는 계속된다.

자기 딸에게서 귀신 쫓아내 주시기를 간구하거늘 예수께서 이르시되 자녀로 먼저 배불리 먹게 할지니 자녀의 떡을 취하여 개들에게 던짐이 마땅치 아니하니라(막 7:26-27).

얼핏 모욕처럼 들린다. 요즘에는 많은 사람이 개를 사랑하지만 신약 시대의 개는 대부분 천덕꾸러기 신세였다. 당시에는 아무도 개를 사랑하지 않았기 때문에 개라는 말은 지독한 모욕이었다. 특히 예수님 당시 유대인들은 이방인들을 더럽게 여겨 개라 불렀다. 그렇다면 예수님이 일부러 여인을 모욕하신 것일까? 그렇지 않다. 예수님의 말씀은 비유였다. 그 증거 중 하나는 예수님이 여기서 '개'에 대해 매우 특별한 단어를 사용하셨다는 점이다. 예수님은 개의 애칭, 실제적으로는 '강아지'에 해당하는 단어를 사용하셨다. 예수님이 수로보니게 여인에게 '강아지(puppies)'에 해당하는 표현을 쓰셨으니 이렇게 해석할 수 있다. "너도 가족의 식사 예절을 알 것이다. 먼저 자녀가 먹고 나서 강아지가 먹지 않느냐? 이 순서를 어기는 것은 옳지 않다. 강아지가 자녀보다 먼저 먹는 것은 안 된다."

이 사건에 대한 마태의 기록을 보면 예수님은 그 말씀의 의미까지 설명해 주셨다. "나는 이스라엘 집의 잃어버린 양 외에는 다른 데로 보내심을 받지 아니하였노라." 예수님은 특별한 이유로 이스라엘 목회에만 집중하셨다. 예수님은 자신이 모든 약속의 성취요 모든 선지자와 제사장과 왕의 완성이며 성전의 완성임을 이스라엘 백성들에게 보여 주기 위해 오셨다. 하지만 부활하신 뒤에는 곧바로 제자들에게 만국으로 가라고 명령하셨다. 그러므로 예수님의 말씀은 보기와 달리 모욕이 아니었다. "마땅한 순서가 있으니 이해해라. 나는 먼저 이스라엘로 갔다가 이방 국가들로 갈 것이다." 하지만 수로보니게 여인은 재치 있는 대답으로 예수님을 놀라게 했다.

> 여자가 대답하여 이르되 주여 옳소이다마는 상 아래 개들도 아이들이 먹던 부스러기를 먹나이다. 예수께서 이르시되 이 말을 하였으니 돌아가라 귀신이 네 딸에게서 나갔느니라 하시매 여자가 집에 돌아가 본즉 아이가 침상에 누웠고 귀신이 나갔더라(막 7:28-30).

여자의 말을 달리 표현하자면 이렇다. "예, 압니다, 주님. 하지만 개도 그 상에서 먹지 않습니까? 저도 그러기 위해 여기 왔습니다." 돌이켜보면 예수님은 여인에게 직언과 제안이 결합된 비유를 주셨고 여인은 그 둘을 모두 받아들인 것이다. 여인은 예수님의 직언에 이렇게 반응했다. "예, 맞습니다. 저는 이스라엘 사람이 아닙니다. 저는 이스라엘 사람처럼 하나님을 섬기지 않습니다. 그래서 상에 제 자리는 없습니다. 이 점을 인정합니다."

놀랍지 않은가? 여인은 기분 나빠하지 않는다. 하지만 동시에 권리만을 따지지도 않는다. "맞습니다. 상에 제 자리는 없을지도 모르겠습니다. 하지만 그 상의 음식은 세상 모든 사람이 다 먹고도 남을 만큼 풍성한 줄로 믿습니다. 저도 먹고 싶습니다." 예의바르면서도 대담한 이 여인의 태도가 정말 맘에 든다.

요즘 사람들에게서는 이런 주장을 찾아보기 힘들다. 우리는 오로지 권리만을 주장한다. 권리가 없을 때는 전혀 제 몫을 챙겨 먹지 못한다. "나는 이 정도는 받을 자격이 있어." 하지만 이 여인의 방식은 전혀 다르다. 여인은 권리가 없는데도 몫을 주장할 줄 안다. 여인은 이렇게 말했다. "분에 넘치는 것을 압니다. 그래도 지금 제게 필요합니다."

자신의 실체를 직면하라

이 여인이 예수님 말씀에 숨겨진 직언과 제안을 둘 다 받아들였다는 사실이 얼마나 놀라운지 아는가?

"이 말을 하였으니." 예수님의 이 대답은 사실 "좋은 대답이구나!"로 번역해야 적절하다. 어떤 역본에서는 "놀라운 대답이구나"로 번역했다. 아무튼 여인의 간청대로 딸이 치유를 받았다. 성경학자 제임스 에드워즈(James Edwards)는 마가복음 연구서에서 이 이야기를 다음과 같이 풀이했다.

여인은 이스라엘 메시아의 목적을 이스라엘의 누구보다도 잘 이해하고 있는 듯하다. 여인의 담력과 끈기는 예수님의 족하심과 풍부하심을 굳게 믿는다는 증거다. 여인은 제자들과 이스라엘을 위한 예수님의 공급하심이 자신에게도 돌아올 몫이 있을 만큼 넘친다는 사실을 믿어 의심치 않았다.…이 얼마나 아이러니인가! 예수님은 선별한 제자들을 가르치려고 갖은 애를 쓰셨다. 하지만 그들은 어리석고 우둔하기만 하다. 예수님은 하찮은 이방 여인에게 말도 섞지 않으려 하신다. 하지만 겨우 한 문장 뒤에 이 여인은 예수님의 사명을 이해하고 그분의 확실한 칭찬을 받는다.…이것이 어떻게 가능한가? 답은 이 여인이 마가복음에서 예수님의 비유를 듣고 이해한 첫 번째 인물이라는 것이다.…여인이 예수님과 똑같은 비유로 대답한 것은 그녀가 마가복음에서 예수님의 말씀을 알아들은 첫 번째 인물임을 의미한다.[39]

마르틴 루터(Martin Luther)도 이 여인과 예수님의 만남에서 큰 감명을 받았다. 이 만남에서 복음을 엿보았기 때문이다. 복음이 무엇인가? 이 여인처럼 우리도 생각보다 훨씬 더 악하지만 감히 소망할 수도 없는 사랑과 구원을 받았다는 것이다. 한편으로 이 여인은 자신의 자격 없음을 인정하지 않을 정도로 교만하지 않았다. 예수님의 직언을 겸허히 인정했다. "어찌 인종 차별적 발언을 할 수 있단 말입니까? 참을 수 없어요!" 이렇게 따지고 들지 않았다. 혹시 당신은 예수님께 수없이 따지지 않았는가? 또 한편으로 이 여인은 예수님의 제안을 받아들이지 못할 정도로 낙심하지 않았다.

사람들이 예수님을 구주로 삼지 못하는 이유는 두 가지다. 하나는 너무 교만해서다. 우월감에 사로잡혀서 예수님의 직언을 받아들이지 않는다. 다른 이유는 열등감이다. 자의식에 사로잡혀 "나 같은 죄인을 하나님이 사랑하실 리가 없어!"라고 말한다. 그런 태도로는

예수님의 제안을 받아들일 수 없다. 목사였던 존 뉴턴(John Newton)은
매우 낙심한 사람에게 다음과 같은 편지를 보낸 적이 있다.

> 극심한 죄책감과 열등감에 시달린다고요? 물론 자기 안의 악을 의식하
> 는 건 좋지요. 하지만 아무래도 그 의식에 너무 사로잡혀 있는 것 같군
> 요. 거룩하신 하나님이 당신처럼 형편없는 사람을 받아 주실 리가 없다
> 고 했죠? 그러면서 자신을 하찮게 여겼죠? 물론 우리는 하찮은 존재입
> 니다. 하지만 구속자의 인격과 사역, 약속까지 하찮게 여기는 것은 잘
> 못입니다. 당신은 죄 때문에 불평을 했죠. 하지만 당신의 불평을 가만
> 히 들어보면 자기의와 불신, 교만, 조바심으로 가득 차 있습니다. 그것
> 들은 당신이 불평하는 최악의 악과 별로 다를 바가 없습니다.[40]

자신이 하나님의 용서를 받을 자격이 없다는 말은 자신이 그분의 용
서를 받을 만큼 잘못한 것이 없다는 말만큼이나 큰 잘못이다.

토머스 크랜머가 쓴 성찬에 관한 기도문은 영어 기도문 중에서
짝을 찾아보기 힘들 정도로 뛰어나다. 첫 공도문에 포함된 이 기도문
은 마가복음의 이 이야기를 바탕으로 했으며 수세기 동안 수많은 사
람의 입을 통해 고백되었다.

> 우리 자신의 의가 아닌 자비하신 주님의 크신 자비를 통해 당신의 이
> 상 앞에 나아옵니다. 우리는 당신의 상에서 떨어지는 부스러기를 먹을
> 자격조차 없지만 당신은 늘 자비로운 주님이십니다.

크랜머는 이 기도문을 통해 우리에게 이 여인처럼 자격이 없어도 담대히 예수님께 나아가라고 촉구하고 있다. 무한히 자비로우신 하나님의 직언과 제안을 모두 받아들이라.

지극한 사랑을 받아들이라

수로보니게 여인은 예수님이 부르시지도 않았는데 그분께 과감히 다가갔다. 여인은 분명한 목적과 열정을 갖고 주님을 찾아갔다. 반면, 마치 우연처럼 그분을 만나는 사람도 많다. 하지만 어떤 경우든 그분은 우리의 필요를 알고 채워 주신다. 마가는 예수님이 두로를 떠나시자마자 일어난 사건을 기록하고 있다.

예수께서 다시 두로 지방에서 나와 시돈을 지나고 데가볼리 지방을 통과하여 갈릴리 호수에 이르시매 사람들이 귀 먹고 말 더듬는 자를 데리고 예수께 나아와 안수하여 주시기를 간구하거늘 예수께서 그 사람을 따로 데리고 무리를 떠나사 손가락을 그의 양 귀에 넣고 침을 뱉어 그의 혀에 손을 대시며 하늘을 우러러 탄식하시며 그에게 이르시되 에바다 하시니 이는 열리라는 뜻이라. 그의 귀가 열리고 혀가 맺힌 것이 곧 풀려 말이 분명하여졌더라. 예수께서 그들에게 경고하사 아무에게도 이르지 말라 하시되 경고하실수록 그들이 더욱 널리 전파하니 사람들이 심히 놀라 이르되 그가 모든 것을 잘하였도다 못 듣는 사람도 듣게 하고 말 못하는 사람도 말하게 한다 하니라(막 7:31-37).

예수님은 귀가 먹고 입까지 더듬는 남자를 조용한 곳으로 데려가 귀를 찌르고 나서 자신의 침을 그의 혀에 묻힌 뒤 하늘을 우러러 탄식하며 말씀하셨다. "열려라!" 얼핏 주술사의 의식처럼 보이지 않는가? 하지만 그렇지 않다. 풍랑을 잠재우고 야이로의 딸을 되살리고 수로보니게 여인의 딸을 치유한 사건까지 예수님의 기적에서는 주문을 외우고 몸을 부르르 떠는 모습을 전혀 찾아볼 수 없다. 예수님은 의식 없이도 얼마든지 능력을 발휘할 수 있는 분이다. 예수님이 일련의 행동을 하신 것은 그런 행동이 능력을 발휘하는 데 필요해서가 아니라 그 남자에게 필요했기 때문이다.

여인이 딸을 치료해 달라고 부탁했을 때 예수님의 반응은 아리송하고 신비스러웠다. 맛으로 치자면, 떫다고나 할까. 반면, 귀머거리이자 벙어리인 남자에 대한 예수님의 반응은 입에서 살살 녹을 정도로 달콤했다. 요한복음 11장을 보면 나사로가 죽은 뒤 예수님은 마르다와 마리아 자매에게 가셨다. "주께서 여기 계셨더라면 내 오라버니가 죽지 아니하였겠나이다." 마르다는 그렇게 말했다가 예수님께 꾸지람만 당했다. 그런데 마리아가 똑같은 투정을 부렸을 때는 예수님이 함께 울어 주셨다. 같은 말에 반응은 천양지차로 달랐다. 이유가 뭐였을까? 예수님은 언제나 우리 각자에게 필요한 것을 주시기 때문이다. 그분은 우리에게 필요한 것을 우리 자신보다도 더 잘 아신다. 그야말로 기묘자요 모사시다.

예수님은 귀머거리요 벙어리인 이 남자의 아픔을 그대로 느끼셨다. 예수님이 그의 귀와 입을 만지신 것은 일종의 수화였다. "여기를 치료하자. 두려워하지 마라. 이번에는 여기를 치료해야겠다. 자, 하나님을 보자." 예수님은 이 남자의 세계로 들어가 그가 이해할 수 있는 비언어적 커뮤니케이션을 사용하셨다. 남자를 조용한 곳으로 데려가셨다는 점도 간과하지 말아야 한다. 예수님은 왜 그를 아무도 보지 않는 곳으로 데려가셨을까? 그의 어린 시절을 상상해 보라. 그는 늘 구경거리였다. 귀머거리라서 제대로 말을 할 수 없던 남자. 사람들이 그를 얼마나 놀려 댔을까? 예수님은 이 점을 잘 알기에 이번만큼은 그가 구경거리로 전락하는 것을 원치 않으셨다. 그분은 그의 아픔을 자신의 아픔처럼 뼈저리게 느끼셨다.

하지만 예수님의 공감은 더 깊은 차원까지 들어갔다. '깊은' 탄식. 탄식보다는 신음 소리로 번역해야 더 옳다. 신음은 고통의 표현이다. 왜 예수님은 고통스러워하셨을까? 이 남자의 소외감과 고립감을 깊이 느끼셨기 때문일지도 모르겠다. 하지만 곧 치료하실 참이지 않은가? 왜 예수님은 씩 웃으며 "기대해라!"라고 말씀하시지 않았을까? 한층 더 깊은 차원의 고통이 밀려왔기 때문이다. 이 남자를 치유하기 위한 어마어마한 대가를 떠올리셨기 때문이다.

마가는 "귀 먹고 말 더듬는"이란 부분에 일부러 특이한 단어를 사용하여 이 대가를 암시했다. 여기서 사용된 헬라어 '모글리라로스(moglilalos)'는 이 구절 외에는 성경 전체에서 이사야서 35장 5절에서만 나타난다. 따라서 마가가 이 희귀한 단어를 사용한 것은 일부러 이사야서 35장을 상기시키기 위함이었다. 이사야 선지자는 메시아에 관해 이렇게 말했다. "굳세어라, 두려워하지 말라, 보라 너희 하나님이 오사 보복하시며…너희를 구하시리라.…그때에 맹인의 눈이 밝을 것이며 못 듣는 사람의 귀가 열릴 것이며 그때에 저는 자는 사슴 같이 뛸 것이며 말 못하는 자의 혀는 노래하리니"(사 35:4-6). 마가는 이렇게 말하고 있는 것이다. "맹인의 눈이 밝아지는 것이 보이는가? 귀가 열리는 것이 보이는가? 말 못하는 자의 혀가 노래하는 것이 들리는가? 이사야서 35장에서 약속된 대로 하나님이 오셨다. 하나님이 너희를 구원하러 오셨다. 예수 그리스도가 우리를 구하러 오신 하나님이시다. 예수님이 왕이시다."

마가는 독자들에게 말하고 싶은 것이 또 하나 있다. 이사야는 메시아가 "오사 보복하시며"라고 말한다. 하지만 예수님은 사람들을 죽이지 않으신다. 그분은 검을 빼들지 않으신다. 그분은 권력을 취하기는커녕 오히려 바닥까지 낮아지신다. 그분은 세상을 취하기는커녕 섬기신다. 보복은 다 어디로 갔는가? 답은 빤하다. 그분은 보복하러 오시지 않았다. 오히려 보복을 당하러 오셨다. 십자가 위에서 예수님은 철저히 우리의 처지가 되셨다. 십자가 위에서 하나님의 아들이 부스러기조차 없이 상에서 완전히 내침을 당하셨다. 덕분에 하나님의 자녀가 아닌 우리는 입양을 받아 그 상 앞에 앉게 되었다. 다시 말해, 우리를 아들딸의 자격으로 상에 앉도록 만들기 위해 아들이 개가 되셨다.

예수님이 이처럼 우리의 처지가 되신 덕분에 우리는 얼마든지 그분께로 나아갈 수 있다. 우리 같은 개가 상에 앉을 수 있도록 아들이 개가 되셨다. 우리의 혀가 풀려 그분을 왕이라 부를 수 있도록 그분이 벙어리가 되셨다. 그분의 치유가 미치지 않는 사람은 아무도 없다. 물론 우리는 모두 자격이 없다. 이런 성경의 진리를 받아들이지 못할 만큼 교만해서는 안 된다. 하지만 동시에 하나님의 지극한 사랑을 받아들이지 못할 만큼 의기소침할 필요도 없다.

십자가를 따라
세상과 반대 방향으로 가라

9

마가복음 8장은 제1막의 클라이맥스다. 8장에서 마침내 제자들은 자
신이 따르던 선생의 진정한 실체를 깨닫기 시작한다. 8장에서 예수
님은 기본적으로 두 가지를 말씀하신다. "나는 왕이지만 십자가로 갈
것이다." "나를 따르려면 너희도 십자가로 가야 한다." 마가의 이야
기를 들어보자.

> 예수와 제자들이 빌립보 가이사랴 여러 마을로 나가실새 길에서 제자
> 들에게 물어 이르시되 사람들이 나를 누구라고 하느냐? 제자들이 여짜
> 와 이르되 세례 요한이라 하고 더러는 엘리야, 더러는 선지자 중의 하
> 나라 하나이다. 또 물으시되 너희는 나를 누구라 하느냐? 베드로가 대
> 답하여 이르되 주는 그리스도시니이다 하매 이에 자기의 일을 아무에
> 게도 말하지 말라 경고하시고(막 8:27-30).

"예수님은 누구신가?" 마침내 베드로는 이 거대한 질문에 제대로 답
한다. "당신은 그리스도십니다." 베드로는 문자적으로 '기름부음을
받은 자'라는 뜻의 표현을 사용한다. 전통적으로 왕은 일종의 대관식
으로 기름부음을 받았다. 하지만 '크리스토스(Christos)'는 궁극의 기
름부음을 받은 자, 메시아, 만왕의 왕, 세상만사를 바로잡을 절대적
인 왕을 뜻한다. "당신은 메시아십니다." 예수님은 베드로의 칭호를

기꺼이 받아들이신다. 그러고는 갑자기 분위기를 바꿔 충격적인 말씀을 하신다. "하지만 나는 네가 기대하는 왕은 아니다."

> 인자가 많은 고난을 받고 장로들과 대제사장들과 서기관들에게 버린 바 되어 죽임을 당하고 사흘 만에 살아나야 할 것을 비로소 그들에게 가르치시되 드러내 놓고 이 말씀을 하시니 베드로가 예수를 붙들고 항변하매(막 8:31-32).

예수님의 말씀에서 가장 중요한 구절은 "인자가 많은 고난을 받고"다. '인자'를 인간의 아들로만 생각하기 쉬운데 사실 이 명칭은 더 큰 의미를 내포한다. 다니엘의 예언을 보면 "인자 같은 이"(단 7:13-14)가 등장한다. 이는 천사들과 함께 찾아와 세상만사를 바로잡을 신적, 메시아적 인물을 지칭한다.

하지만 예수님은 "고난을 받고…"라고 말씀하신다. 그 전까지는 메시아와 고난을 연결시킨 사람이 아무도 없었다. 물론 구약을 보면 고난을 받을 신비로운 주의 종에 관한 예언은 많다(예를 들어, 이사야서 43, 44, 53장). 하지만 예수님 이전에는 그런 예언을 메시아의 소망과 연결 지은 사람이 없었다. 메시아가 고난을 받는다는 것은 말이 되질 않았다. 악과 불의를 종식시키고 세상만사를 바로잡아야 할 인물이 고난이라니. 고난을 받다가 죽으면 어찌 악을 이길 수 있겠는가. 아무리 생각해도 얼토당토않은 궤변처럼 보인다.

"고난을 받…아야 할 것을." 또한 이 표현에서 보듯이 예수님은 자진해서 목숨을 내놓을 계획이시다. 분명 이 말씀이 베드로의 심사를 가장 세차게 뒤흔들었을 것이다. 싸우다가 죽는다면 모르되 아예 죽으러 오셨다니 도저히 납득할 수가 없다.

그래서 예수님의 말씀이 끝나자마자 베드로가 항변한다. 여기서 항변에 해당하는 동사는 예수님이 귀신들을 꾸짖는 장면에서도 사용되었다. 그러니까 베드로는 거친 표현을 써 가며 예수님께 대든 것이다. 베드로가 예수님을 메시아로 불러 놓고 곧바로 대들 만큼 흥분한 이유는 뭘까? 베드로는 코흘리개 시절부터 메시아가 강림하여 악과 불의를 끝내고 보좌에 오를 것이라는 이야기를 듣고 자랐다. 그런데 느닷없이 예수님이 황당한 말씀을 하시는 게 아닌가. "그래, 내가 메시아요 왕이다. 하지만 나는 살기 위해서가 아니라 죽기 위해서 왔다. 나는 권좌에 오르기 위해서가 아니라 힘을 잃기 위해서 왔다. 내 목적은 통치하는 것이 아니라 섬기는 것이다. 이것이 내가 악을 무찌르고 세상만사를 바로잡기 위해 사용할 방법이다."

인자가 고난을 받는 것이 아니라 고난을 받아야 한다는 말씀을 보건대, 고난은 선택 사항이 아니라 필수 사항이다. 예수님은 고난을 받아야 한다. 버림을 당해야 한다. 죽임을 당해야 한다. 부활해야 한다. 단순히 "나는 죽으러 왔다"가 아니다. 예수님은 사실상 이렇게 말씀하고 계신다. "나는 죽어야 한다. 내 죽음은 필연적이다. 내가 죽지 않으면 세상과 네 삶이 새로워질 수 없다." 왜 예수님의 죽음은 필연적이어야만 했을까?

우리에게는 진짜 사랑이 필요하다

오래 전 윌리엄 반스톤(William Vanstone)이란 신학자가 책 한 권을 썼다. 지금은 절판된 이 책에는 '사랑의 현상학'이라는 제목의 흥미로운 챕터가 포함되어 있었다.[41] 반스톤에 따르면, 모든 인간 심지어 어릴 적에 사랑을 받지 못하고 자란 사람까지도 진짜 사랑과 가짜 사랑을 구분할 수 있다고 한다.

진짜 사랑과 가짜 사랑의 차이는 이렇다. 가짜 사랑의 목적은 자신의 행복을 위해 남을 이용하는 것이다. 가짜 사랑에는 조건이 붙는다. 자신을 지지하고 자신에게 도움이 되는 사람에게만 사랑을 준다. 가짜 사랑은 언제나 빠져나갈 구멍을 만들어 놓는다. 자신에게 해가 된다 싶으면 즉시 몸을 뺀다. 하지만 진짜 사랑의 목적은 남의 행복을 위해 자신을 내주는 것이다. 상대방의 행복을 내 행복으로 삼는 것이다. 따라서 이 사랑은 무조건적이다. 자신에게 도움이 되지 않아도 상관없이 사랑을 준다. 진짜 사랑은 위험을 무릅쓰는 사랑이다. 아낌없이 전부를 내주는 사랑이다.

그런데 반스톤은 세상에 진짜 사랑을 할 수 있는 사람은 아무도 없다고 말한다. 우리는 진짜 사랑을 절실히 원하지만 서로에게 그런 사랑을 줄 수는 없다. 우리의 사랑은 모두 어느 정도 가짜다. 왜 그럴까? 우리가 공기와 물을 필요로 하듯 사랑을 필요로 하기 때문이다. 우리는 사랑 없이는 살 수 없는 존재다. 그래서 모든 관계에는 어느 정도 이해타산이 개입될 수밖에 없다. 우리의 사랑은 조건적인 사랑일 수밖에 없다. 우리는 상대방을 있는 그대로 사랑하지 않는다.

물론 개중에는 사랑하는 능력이 남보다 뛰어난 사람도 있다. 하지만 본질적으로는 반스톤의 말이 옳다. 우리는 모두 진짜 사랑을 갈망하지만 정작 자신은 그런 사랑을 할 능력이 없다. 조건 없이 파격적으로 사랑해 줄 분, 우리에게 아무것도 바라는 것 없이 순수한 마음으로 사랑해 줄 분. 이런 사랑을 받고 나면 우리 안에 자존감이 충만해져 비로소 우리도 그런 사랑을 나눠 주기 시작할 수 있다. 이렇게 우리를 사랑해 줄 분이 누구인가? 바로 예수님이시다. 삼위일체의 춤이 기억나는가? 아버지와 아들, 성령은 영원 전부터 서로를 완벽히 사랑해 오셨다. 하나님은 모든 사랑을 자체적으로 주고받으실 수 있다. 인간에게는 부족한 사랑이 하나님 안에는 충만하게 존재한다. 그래서 우리는 오직 그분에게서만 온전한 사랑을 받을 수 있다. 다음은 우리 교회의 한 여성이 친구에게 보낸 메모다.

내 인생의 가장 큰 문제점은 사람들의 시선에 연연하는 거였어. 남들이 인정하고 좋아하지 않으면 견디질 못했지. 그러다가 그리스도와 관계를 맺는 것이 얼마나 중요한지를 처음으로 깨달았어. 그분의 사랑 덕분에 남들의 말과 행동 하나하나에 감정이 요동치지 않게 되었지. 그분의 사랑 덕분에 내 친구와 가족을 있는 그대로 사랑하고, 그들에게 많은 것을 바라지 않게 되었어. 뭐든 부족한 것은 그리스도 안에서 찾을 수 있거든. 남들을 있는 그대로 사랑하니 얼마나 좋은지 몰라.

예수님의 사랑을 받으면 다른 사랑에 연연하지 않는다. 진짜 사랑을 하게 된다. 상대방이 사랑해 주지 않아도 상관없이 그를 사랑하게 된다. 이런 사랑은 나눠 줄수록 더욱 커지는 사랑이다.

왜 하나님은 우리를 필요로 하지도 않으면서 굳이 우리를 창조하고서 나중에 비싼 대가를 치르면서까지 우리를 구속하셨을까? 우리를 사랑하셨기 때문이다. 하나님의 사랑은 완벽한 사랑이며 아무 조건 없이 전부를 내주는 사랑이다. 이 사랑을 받으면 우리의 사랑에서 거짓된 요소들이 떨어져 나간다. 이 사랑을 받으면 인내와 자존감을 얻어 남들에게 더욱 진정한 사랑을 나눠 주게 된다.

우리에게는 용서가 필요하다

하지만 예수님의 희생이 개인적으로만 필요한 건 아니다. 법적으로도 필요하다. 무슨 말인가 설명해 보겠다. 누군가가 나에게 잘못을 저지르면 그가 내게 갚아야 할 빚이 생긴 셈이다. 친구가 잘못해서 당신 집의 형광등을 깨뜨렸다고 하자. 그때 당신은 두 가지 태도 중 하나를 취할 수 있다. "100달러만 내." 혹은 "괜찮아. 신경 쓰지 마." 그렇다면 후자의 경우 어떻게 되는 건가? 당신은 그 비용을 지불하든가 어두컴컴한 집에서 지내야 한다. 친구가 비용을 물어내거나 당신이 대가를 치러야 한다. 이 논리는 경제적인 면에만 적용되는 게 아니다. 남에게서 기회나 행복, 평판 같은 것을 빼앗는 것도 빚을 지는 것이다. 정의를 어겨도 빚을 지는 것이다. 이렇게 누군가가 내게 빚을 지면 두 가지 선택 사항밖에 없다.

한 가지 선택 사항은 상대방에게 빚을 갚게 하는 것이다. 예를 들어, 상대방의 기회를 빼앗거나 평판을 떨어뜨리는 것이다. 상대방이 고통받는 모습을 보며 분을 푸는 것이다. 하지만 앙갚음을 하면 상대방과 똑같은 사람으로 전락하고 만다. 점점 냉혹하고 차가운 사람으로 변해 간다. 피해자에서 가해자로 변해 간다. 악이 이기고 만다.

그렇다면 어떻게 해야 할까? 다른 선택 사항은 용서해 주는 것이다. 하지만 진정한 용서는 결코 쉽지 않다. 불같이 일어나는 복수심을 꾹 누르면 속병이 생기기 쉽다. 용서란 고통스러운 결단이다. 내 평판은 땅에 떨어졌는데 상대방의 평판은 승승장구하는 꼴을 봐야 한다. 남이 잘못한 대가를 나 혼자 감당해야 한다. 이처럼 진정한 용서란 고통이 따른다.

이렇듯 잘못의 대가는 사라지지 않는다. 상대방이든 나든 누군가는 대가를 치러야 한다. 여기에 아이러니가 존재한다. 용서를 통해 내가 대가를 치러야 잘못을 바로잡을 여지가 생긴다. 복수심을 가득 품고서 나무라 봐야 참회하며 고개를 끄덕일 가해자는 별로 없다. 복수가 복수를 낳는 악순환이 계속된다.

내가 복수심을 누르고 스스로 용서의 대가를 치러야 그나마 상대방이 내 말을 듣고 잘못을 바로잡을 가능성이 있다. 그가 당장 잘못에서 돌이키지 않더라도 용서는 복수의 악순환을 끊는 효과가 있다. 고통이라는 대가를 치러야 잘못을 바로잡을 수 있으니 하나님이 이렇게 말씀하시는 것은 너무도 당연하다. "내가 인류의 죄를 용서할 수 있는 유일한 길은 고통이라는 대가를 치르는 것이다. 너희 아니면 내가 죄의 형벌을 받아야 한다." 죄에는 언제나 형벌이 따른다. 누군가가 대가를 치르지 않으면 죄는 없어지지 않는다.

하나님이 우리를 심판하지 않고 용서하실 수 있는 길은 스스로 십자가에 달려 죄의 형벌을 받으시는 것이다. 그래서 예수님은 "내가 고난을 받아야만 한다"라고 말씀하셨다.

죽음으로 세상 권력을 이기시다

예수님은 죽으셔야만 했다. 하지만 그냥 절벽 아래로 몸을 던지실 수는 없었는가? 그냥 인간의 몸이 노쇠해서 죽을 때까지 기다리셔도 되는 것 아닌가? 그럴 수는 없었다.

예수님의 죽음은 폭력에 의한 죽음이어야 했다. 히브리서 기자는 "피 흘림이 없은즉 사함이 없느니라"(히 9:22)라고 말한다. 이는 기적에 의한 피 흘림을 말하지 않는다. 성경에서 '피'는 자연적인 죽음 이전에 목숨을 내주거나 취하는 것을 의미한다. 목숨은 이 세상에서 치를 수 있는 가장 비싼 대가다.[42] 예수님이 목숨을 내놓으셔야만 죄의 빚이 청산될 수 있었다. 하지만 예수님의 죽음은 단순한 빚 청산이 아니었다. 일종의 폭로이기도 했다. 성경학자 제임스 에드워즈의 말을 들어보자.

예수님의 수난에 대한 예언은 거대한 아이러니를 숨기고 있다. 사실,
인자의 고난과 죽음은 사람들의 예상처럼 불경하고 악한 사람들의 손
을 통해 이루어지지 않았다.…오히려 "장로와 대제사장, 서기관들"의
손을 통해 이루어졌다.…예수님은 분노한 폭도나 범죄자에게 맞아 돌
아가시지 않았다. 그분은 공식 영장을 통해 체포되고 지도층의 질투 속
에서 심문과 처형을 당하셨다. 다시 말해, 유대의 산헤드린 공회와 로
마 법정(principia iuris Romanorum)이 예수님을 죽였다.[43]

유대 대제사장과 서기관, 로마 통치자들은 겉으로는 정의를 외치면
서 뒤로는 예수님께 죄를 뒤집어씌워 죽이는 불의를 자행했다. 십자
가는 정의와 진리가 아닌 권력과 압제를 추구하고 부패를 일삼는 세
상 체제의 진면목을 폭로한다. 세상의 지배자들은 예수님을 유죄 판
결함으로써 오히려 자신들의 유죄를 드러냈다.

예수님의 죽음은 세상의 추태뿐 아니라 하나님과 그분의 왕국
의 속성도 드러냈다. 예수님의 죽음은 실패가 아니었다. 그분이 죽음
이라는 형벌을 받아들인 덕분에 그분과 우리를 옭아매던 죽음의 마
수가 풀렸다.[44]

예수님이 우리를 위해 십자가에 달려 돌아가신 사건은 지는 것
이 이기는 것임을 보여 준 사건이었다. 예수님은 십자가 위에서 세상
의 가치를 완전히 뒤엎어 용서를 이루셨다. 그분은 맞불 작전을 펼치
지 않으셨다. 부패 정권을 심판하기 위해 군대를 일으키지 않으셨다.
권력을 취하지 않고 오히려 낮아짐으로써 승리하셨다. 십자가 위에

서 세상의 권력 추구와 남용이 적나라하게 드러났다. 그렇게 세상 권력은 패배했다. 세상 체제의 마법이 깨졌다.

세상의 부패 권력은 많은 도구로 사람들을 겁주고 있으며 그 중 가장 무서운 도구는 죽음이다. 언제라도 우리를 죽일 수 있는 대상 앞에서 우리는 겁을 먹고 그 대상의 통제를 받는다. 하지만 예수님이 돌아가셨다가 부활하셨으니 그분을 만난 사람에게는 최악의 죽음조차도 최상의 선물일 뿐이다. "애야, 이제 일어나렴." 죽는 순간, 우리는 세상의 모든 고통에서 벗어나 하나님의 품에 안긴다. 예수 그리스도의 십자가 죽음으로 죽음은 무시무시한 힘을 잃었다. 이제 우리는 두려움이 아닌 사랑 속에서 살 수 있다.

포기하면 얻고 죽으면 살리라

예수님은 이렇게 말씀하신다. "나는 왕이다. 하지만 너희가 상상하는 왕은 아니다. 나는 죽어야만 하는 왕이다." 하지만 예수님은 여기서 한 걸음 더 나아가신다. 마가의 기록을 보자.

무리와 제자들을 불러 이르시되 누구든지 나를 따라오려거든 자기를 부인하고 자기 십자가를 지고 나를 따를 것이니라. 누구든지 자기 목숨을 구원하고자 하면 잃을 것이요 누구든지 나와 복음을 위하여 자기 목숨을 잃으면 구원하리라. 사람이 만일 온 천하를 얻고도 자기 목숨을 잃으면 무엇이 유익하리요? 사람이 무엇을 주고 자기 목숨과 바꾸겠느냐? 누구든지 이 음란하고 죄 많은 세대에서 나와 내 말을 부끄러워하면 인자도 아버지의 영광으로 거룩한 천사들과 함께 올 때에 그 사람을 부끄러워하리라. 또 그들에게 이르시되 내가 진실로 너희에게 이르노니 여기 서 있는 사람 중에는 죽기 전에 하나님의 나라가 권능으로 임하는 것을 볼 자들도 있느니라 하시니라(막 8:34-9:1).

여기서 예수님은 이렇게 말씀하고 계신다. "나는 십자가의 왕이니 나를 따르려면 너희도 십자가로 가야 한다." 자기 십자가를 지라는 것이 무슨 뜻일까? 목숨을 구원하려면 복음을 위해 목숨을 잃어야 한다는 것이 무슨 의미일까?

여기서 마가는 "목숨"에 대해 일부러 '프시케(psyche)'라는 헬라어를 선택했다. 프시케는 심리학(psychology)이란 단어의 어원이다. 이것은 남들과 구별되는 개인의 정체성이나 개성, 자아를 의미한다. 그렇다고 해서 예수님이 개성을 버리라고 말씀하신 것은 아니다. 예수님의 말씀은 세상적인 것에서 정체성을 얻으려고 하지 말라는 뜻이다. "사람이 만일 온 천하를 얻고도 자기 목숨을 잃으면 무엇이 유익하리요?"라고 말씀하신 이유가 거기에 있다.

모든 사회는 특정한 것을 가리키며 "이것을 얻으면 자존감을 얻을 수 있다"라고 말한다. 전통적인 사회에서는 존경과 가문의 유산, 자식을 얻지 않으면 보잘것없는 사람이 된다. 개인주의적인 사회에서는 돈과 명예, 지위를 얻지 않으면 헛산 것이라고 말한다. 하나같이 성과가 삶의 전부라는 말이다.

하지만 예수님은 결코 그렇지 않다고 말씀하신다. 온 천하를 얻어도 존재 깊은 곳에 묻은 공허함의 때를 지울 수는 없다. 세상적인 것을 아무리 많이 얻어도 진정한 만족을 얻을 수 없다. 남의 사랑이나 직업적 성공에서 삶의 의미를 찾으면 그런 것이 무너지는 순간 살아갈 의지도 잃는다.

예수님이 얼마나 파격적이신지 이제 알겠는가? 이런 사람도 있을 것이다. "내가 잘못했어. 나는 부도덕해. 그러니까 이제 교회에 가서 도덕적이고 훌륭한 사람이 되어야겠어." 하지만 교회 생활을 열심히 해서 삶의 의미를 찾으려는 것도 역시 성과 중심의 방식이다. 예수님은 이렇게 말씀하신다. "성과에서 존재의 의미를 찾으려는 짓은 그만둬라. 내가 전혀 새로운 방식을 알려 주마. 낡은 정체성을 내던져라. 그리고 나와 복음에서 삶의 의미를 찾아라."

나는 "나와 복음을 위하여"라는 표현이 정말 좋다. 이 표현을 통해 예수님은 머리로만 알지 말라고 말씀하고 계신다. 머리로 알고 결심해서 존재 깊이 변화된 사람은 세상에 아무도 없다. 삶을 본질적으로 변화시키는 열쇠는 바로 사랑이다.

예수님은 이렇게 말씀하고 계신다. "내게 이론만 배워서는 아무런 소용이 없다. 내 삶을 봐야 한다. 나는 십자가로 갔다. 너희가 생명을 얻도록 내가 십자가 위에서 내 생명을 잃었다."

하나님의 아들에게서 이런 사랑을 받고 존재 깊은 곳에서 감동을 받으면 자신의 성과나 외모, 재력 혹은 남들의 사랑과 상관없는 자신감과 안정감을 얻는다. 이 주제를 C. S. 루이스만큼 잘 풀어낸 사람도 없다. 루이스는 저서 「순전한 기독교」(*Mere Christianity*)의 마지막 두 페이지에서 목숨을 얻기 위해 목숨을 버리라는 예수님의 가르침을 다루었다.

> '자기'를 비우고 그분을 채울수록 더욱 진정한 자신이 되어 간다.…진정한 자기가 그분 안에서 우리를 내내 기다리고 있다.…그분을 거부하고 자기 맘대로 살려고 할수록 자신의 전통과 태생, 환경, 육체적인 욕망의 지배를 받는다. 사실 내가 자랑스럽게 '나 자신'이라고 부르는 것은 내가 출발시키지도 않았고 멈출 수도 없는 사건의 열차들이 모이는 집결지에 불과하다. '내 소망'이라고 부르는 것은 내 육체적 기관들이 일으키거나 남들의 생각을 통해 주입된 욕망에 불과하다.…그리스도께 나아가 나 자신을 내려놓을 때 비로소 진정한 자신을 얻는다.…(그럼에도)(새로운 자신)을 위해 그리스도께 나아가지는 말아야 한다. 자신을 위하는 마음을 품고 있는 한, 전혀 그분께 나아간 것이 아니다.[45]

새로운 자신을 얻기 위해 예수님께 나아간 것은 사실상 그분께 나아간 것이 아니다. 진정한 자신은 잡으려고 하면 오히려 더 멀어지는 대상이다. 예수님을 추구할 때 진정한 자신은 덤으로 따라온다.

예수님이 고난을 받기 위해 예루살렘에 가신다고 하자 베드로는 그분이 아닌 자신을 위해 화를 냈다. 베드로에게는 나름의 계획이 있었고 그 계획에 고난은 포함되어 있지 않았다. 그런데 예수님이 자신의 계획대로 움직이시지 않자 베드로는 참지 못하고 항변한다. 자신만의 목적을 세우면 예수님은 수단으로 전락한다. 하지만 예수님을 왕으로 삼으면 자신의 목적을 위해 그분을 이용하지 않는다. 감히 왕 앞에서 흥정을 하는 사람은 없다. 그저 그 앞에 머리를 조아리며 "뭐든 명령만 하세요"라고 말할 뿐이다.

예수님은 그냥 왕이 아니라 십자가 위의 왕이시다. 보좌에만 앉은 왕에게는 의무감으로 복종한다. 하지만 예수님은 우리를 위해 십자가를 지신 왕이시다. 그래서 그분께는 사랑과 신뢰에서 우러나와 복종할 수 있다. 자신을 완전히 내주신 분께 어찌 우리 자신을 전적으로 내드리지 않을 수 있겠는가. 자기 십자가를 진다는 말은 자신의 목적과 계획, 삶에 대해 죽는다는 뜻이다.

"내가 진실로 너희에게 이르노니 여기 서 있는 사람 중에는 죽기 전에 하나님의 나라가 권능으로 임하는 것을 볼 자들도 있느니라." 이 말씀은 무슨 뜻일까? 어떤 사람들은 현재 세대가 다 가기 전에 예수님이 이 땅으로 돌아오신다는 뜻으로 이해했다. 하지만 예수님의 말씀은 그런 뜻이 아니었다. 초대교회는 예수님의 세대가 다 세상을 떠난 뒤에도 계속해서 이 말씀을 소중히 여겼다. 예수님의 말씀을 제대로 이해했기 때문이다. 예수님의 말씀은 하나님 나라가 약하게(십자가 위에서) 시작되지만 약하게만 끝나지 않는다는 뜻이었다. 실제로, 초대교회 성도들은 부활의 힘을 경험하고 세상을 향한 교회의 사랑과 섬김, 영향력이 자라나는 현상을 목격했다.[46]

하나님의 나라는 약한 상태에서 시작된다. 포기에서 시작된다.

목숨을 버리면서 시작된다. 구주가 필요하다는 겸손한 고백에서 시작된다. 우리에게는 우리 죄를 대신 갚음으로써 의의 조건을 채워 줄 분이 필요하다. 그래서 우리는 약하다. 예수님은 처음에는 약하게 시작하셨다. 먼저 약한 인간이 되셨고, 나중에는 십자가에 무기력하게 달리셨다. 그래서 그분을 만나려면 우리도 약하게 시작해야 한다. 하나님의 나라는 그렇게 시작된다. 하지만 그렇게 끝나지 않는다. 언젠가 예수님이 돌아와 우리를 회복된 세상으로 데려가실 때 사랑이 미움을 완전히 이기고 생명이 죽음을 완전히 이길 것이다.

C. S. 루이스는 '목숨을 얻기 위한 버리기'에 관한 글을 다음과 같이 끝맺음했다.

> 자신을 포기하면 진정한 자신을 얻으리라. 목숨을 잃으면 목숨을 구원하리라. 죽음, 즉 매일 자기 야망과 소원의 죽음, 결국에는 몸 전체의 죽음에 온전히 순응하면 영생을 얻으리라. 그 무엇도 움켜쥐지 말라. 손에서 놓지 않은 것은 진정으로 우리의 것이 될 수 없다. 우리 안에서 죽지 않은 것은 부활할 수 없다. 자신을 추구하면 결국에는 미움과 외로움, 절망, 분노, 파멸, 부패만 얻는다. 하지만 그리스도를 추구하면 그분을 찾을 뿐 아니라 나머지도 덤으로 따라온다.[47]

정말로 춤이 존재한다면 정말로 조건 없이 우리를 사랑해 주는 왕이 계시는 셈이다. 그리고 정말로 우리가 스스로 씻을 수 없는 더러움이 있다면 반드시 십자가가 있어야만 한다.

part 2

십자가, 가장 고귀한 선택

영광의 죽음을
이겨 낼 힘을 얻으라

1

베드로가 예수님을 그리스도로 고백하자마자 분위기가 급반전된다. 이 책의 첫머리에서 밝혔듯이 마가복음의 처음 절반은 예수님이 어떤 분이신지를 중점적으로 다루고 나머지 절반은 그분이 오신 목적을 주로 다룬다. 처음 절반에서 우리는 예수님이 하나님인 동시에 인간이며 영원한 왕이라는 사실을 알았다. 예수님은 용서요 쉼이며 능력이요 무한한 사랑이시다. 이제 이 시점에서 마가복음 독자들의 머릿속에 궁금증이 가득해진다. 도대체 예수님은 무엇을 하러 이 땅에 오셨을까? 그리고 그 일을 어떻게 이루시려는가?

마침내, 베드로가 예수님을 그리스도로 부른 뒤부터 예수님은 자신이 죽어야 한다는 사실을 밝히신다. 이제 예수님은 틈만 나면 자신의 죽음과 고난에 관한 이야기로 제자들의 심사를 헤집어 놓으신다. 이처럼 마가복음의 후반부는 십자가의 필요성과 목적을 밝혀 준다. 승리의 이야기로 보이던 것이 느닷없이 비극의 분위기로 흘러가기 시작한다.

예수님은 자신의 사명을 상세히 밝힐 뿐 아니라 그분을 따르는 것이 어떤 의미인지를 설명하기 시작하신다. 마가복음의 전반부에서 예수님은 사람들을 따라오라고 부르셨다. 이제는 그분을 따르는 대가가 무엇인지를 자세히 밝히기 시작하신다. 그분이 십자가를 지셨기에 우리도 그래야 한다. 그분의 삶 속에서 십자가와 영광이 하나로 연결되었으니 우리 삶 속에서도 그래야 한다. 이것이 마가복음의 후반부에 흐르는 주제다. 후반부는 다음과 같이 시작된다.

엿새 후에 예수께서 베드로와 야고보와 요한을 데리시고 따로 높은 산에 올라가셨더니 그들 앞에서 변형되사 그 옷이 광채가 나며 세상에서 빨래하는 자가 그렇게 희게 할 수 없을 만큼 매우 희어졌더라. 이에 엘리야가 모세와 함께 그들에게 나타나 예수와 더불어 말하거늘 베드로가 예수께 고하되 랍비여 우리가 여기 있는 것이 좋사오니 우리가 초막 셋을 짓되 하나는 주를 위하여, 하나는 모세를 위하여, 하나는 엘리야를 위하여 하사이다 하니 이는 그들이 몹시 무서워하므로 그가 무슨 말을 할지 알지 못함이더라. 마침 구름이 와서 그들을 덮으며 구름 속에서 소리가 나되 이는 내 사랑하는 아들이니 너희는 그의 말을 들으라 하는지라. 문득 둘러보니 아무도 보이지 아니하고 오직 예수와 자기들 뿐이었더라(막 9:2-8).

구약의 출애굽기에 따르면, 이 사건이 일어나기 수세기 전 하나님이 구름 속에서 시내 산에 임하셨다. 구름 속에서 하나님의 음성이 들려오자 모든 사람이 무서워 벌벌 떨었다.

그때 모세는 산꼭대기로 올라가 하나님의 영광을 보여 달라고 간청했다. "주의 영광을 내게 보이소서." 그러자 하나님이 말씀하셨다. "네가 내 얼굴을 보지 못하리니 나를 보고 살 자가 없음이니라.⋯ 내 영광이 지나갈 때에 내가 너를 반석 틈에 두고 내가 지나도록 내 손으로 너를 덮었다가 손을 거두리니 네가 내 등을 볼 것이요 얼굴은 보지 못하리라"(출 33:18-23). 모세는 하나님의 영광을 직접적으로 볼 수 없었다. 하지만 근처에만 갔는데도 모세의 얼굴이 하나님의 영광을 반사하여 환히 빛났다.

이제 수세기가 지나 또 다른 산에서 하나님의 영광이 다시 나타난다. 눈부신 광채 때문에 예수님의 옷이 "세상에서 빨래하는 자가 그렇게 희게 할 수 없을 만큼 매우 희어졌"다. 산꼭대기, 구름 속에서 들려오는 음성, 심지어 모세의 출현까지 비슷하다. 시내 산의 사건이 재현된 것일까? 그렇지 않다. 결정적인 차이점이 있다. 모세는 달이 태양빛을 반사하듯 하나님의 영광을 반사했다. 하지만 예수님은 하나님의 지극한 영광을 스스로 만들어 내셨다. 엘리야나 모세 같은 선지자들과 달리 하나님의 영광을 가리키시지 않았다. 예수님은 인간의 모습을 한 하나님의 영광 자체셨다. 히브리서 기자는 이런 표현을 쓴다. "이는 하나님의 영광의 광채시요 그 본체의 형상이시라"(히 1:3).

또 시내 산에서는 일어나지 않은 일이 여기서는 일어났다. 베드로와 야고보와 요한이 하나님의 면전에 서고도 죽지 않은 것이다. 시내 산에서 하나님은 구름의 형태로 강림하셨다. 이것을 '쉐키나의 영광'이라 불렀다. 대제사장이 이스라엘 백성들의 죄를 대속했던 지성소에 쉐키나가 임했다는 사실을 기억하는가? 하나님은 구름 가운데서 말씀하셨다. 하나님의 직접적인 임재였으며, 이스라엘 백성들은 이런 임재가 극히 위험하다는 사실을 알고 있었다. "나를 보고 살 자가 없음이니라." 하나님이 모세에게 하신 이 말씀은 신과 인간 사이에 무한한 격차가 있다는 뜻이다. "너희는 나의 실재를 감당해 낼 수 없다. 너희는 나의 거룩함과 영광을 견뎌 낼 수 없다. 나를 직접 보면 죽을 수밖에 없다."

이것이 예수님이 변화되신 산에서 베드로가 두려워했던 이유다. 마가에 따르면 베드로는 너무 무서운 나머지 자신이 무슨 말을 하는지도 몰랐다. 그는 더듬거리며 말했다. "랍비여…우리가 초막 셋을 짓되 하나는 주를 위하여, 하나는 모세를 위하여, 하나는 엘리야를 위하여 하사이다." 우리로서는 도무지 이해할 수 없는 말이다. 이 말의 의미를 한번 살펴보자.

여기서 "초막"으로 번역된 단어는 원래 '성막'에 해당하는 헬라어다. 하나님의 영광이 시내 산에 임한 뒤에 히브리 백성들은 성막을 지었다. 왜 그랬을까? 대부분의 종교는 신과 인간 사이에 어떤 식으로든 격차가 있다고 믿는다. 그래서 많은 종교가 신전(혹은 성막)을 세운다. 보통 인간은 신의 임재를 견뎌 낼 수 없기 때문에 이 신전 안에서 신과 인간 사이의 중재자인 제사장이 희생 제물을 바치고 의식을 행한다. 따라서 베드로의 말을 해석하자면 이렇다. "우리를 하나님의 임재로부터 보호해 줄 성막이 필요합니다."

베드로가 이 말을 하는 즉시 구름이 나타나 예수님과 모세와 엘리야를 뒤덮었다. 그리고 쉐키나 영광의 구름 속에서 하나님의 음성이 들려왔다. "이는 내 사랑하는 아들이니 너희는 그의 말을 들으라." 베드로와 야고보와 요한은 하나님의 임재 안에 있었다. 하지만 그들은 죽지 않았다. 왜 그랬을까? "문득 둘러보니 아무도 보이지 아니하고 오직 예수와 자기들뿐이었더라." 모세와 엘리야는 사라지고 예수님이 하나님과 인간 사이의 다리 역할을 하셨기 때문이다. 엘리야와 모세, 아니 그 어떤 인간도 대신할 수 없는 역할이다. 예수님을 통해 우리는 춤의 한복판으로 들어갈 수 있다. 예수님은 더 이상 성전과 성막을 필요 없게 만든 궁극의 성전이요 성막이시다. 예수님은 더 이상 희생 제물을 필요 없게 만든 궁극의 희생 제물이요 모든 제사장에게 나아갈 방향을 보여 준 궁극의 제사장이시다.

구름이 내려왔을 때 제자들은 죽지 않았을 뿐 아니라 하나님의 영광에 둘러싸였다. 마가복음의 초반부에 예수님이 세례를 받으실 때처럼 제자들은 아버지 하나님이 아들에게 쏟아 내시는 사랑의 표현을 두 귀로 들었다. 그러다 갑자기 구름이 사라지고 제자들은 눈부신 광채가 사라진 산꼭대기에서 어리둥절한 표정으로 서 있었다. 야고보와 베드로와 요한은 바로 '예배'를 경험한 것이다.

예배는 우리가 알게 모르게 내면 깊은 곳에서 갈망하는 것을 맛보는 것이다. 그런데 우리는 종종 예술이나 연애나 사랑하는 사람의 품이나 가족에서 그 갈망을 찾는다. C. S. 루이스는 유명한 「영광의 무게」(*The Weight of Glory*)에서 다음과 같이 말했다.

이 우주에서 나그네 취급을 받는 느낌, 인정받고 무시당하지 않고 자신과 현실 사이의 넓은 틈을 이으려는 욕구, 이것이 우리의 안타까운 비밀 중 하나다. 바로 이 점에서 영광의 약속이 더없이 소중하다. 영광이 하나님과의 좋은(관계), 하나님의 인정, 반응, 칭찬, 진정한 환영을 의미하기 때문이다. 우리가 평생 두드려 왔던 문이 마침내 열릴 것이다.…우리는 평생 향수병에 시달린다. 우주의 뭔가에서 분리된 느낌을 안고 살아가며, 이 뭔가와 다시 연합하기만을 갈망하고 있다. 우리는 평생 밖에서만 봐 왔던 문 안쪽에 들어가기를 갈망하고 있다. 단순히 비현실적인 공상이 아니라 우리의 실질적인 상황을 가장 정확히 보여 주는 지표다.…지금 우리는 이 세상의 바깥에 있다. 문의 잘못된 쪽에 있다.…하지만 신약의 나뭇잎들은 우리가 언제까지 그 상태로 있지는 않을 것이라는 소문으로 바스락거리고 있다. 언젠가 반드시 우리는 들어갈 것이다.[48]

예배는 단순히 믿기만 하는 것이 아니다. 베드로와 야고보와 요한은 산에 올라가기 전에도 이미 하나님을 믿었다. 심지어 베드로는 예수님을 그리스도로 고백하기도 했다. 하지만 이제야 비로소 제자들은 머리로 믿는 바를 몸으로 느꼈다. 하나님의 임재가 그들을 뒤덮었다. 그들은 C. S. 루이스가 말한 갈망의 대상 곧 하나님의 얼굴과 포옹을 미리 맛본 것이다.

영광의 죽음을 이겨 낼 힘을 얻다

하나님의 음성이 메아리까지 전부 사라지고 난 뒤의 장면을 상상해 보자. 제자들의 머릿속에는 온갖 질문이 떠올랐을 게 분명하다. 마가의 이야기를 들어 보자.

> 그들이 산에서 내려올 때에 예수께서 경고하시되 인자가 죽은 자 가운데서 살아날 때까지는 본 것을 아무에게도 이르지 말라 하시니 그들이 이 말씀을 마음에 두며 서로 문의하되 죽은 자 가운데서 살아나는 것이 무엇일까 하고 이에 예수께 묻자와 이르되 어찌하여 서기관들이 엘리야가 먼저 와야 하리라 하나이까? 이르시되 엘리야가 과연 먼저 와서 모든 것을 회복하거니와 어찌 인자에 대하여 기록하기를 많은 고난을 받고 멸시를 당하리라 하였느냐? 그러나 내가 너희에게 이르노니 엘리야가 왔으되 기록된 바와 같이 사람들이 함부로 대우하였느니라 하시니라(막 9:9-13).

예수님은 산을 내려오는 길에 제자들에게 신신당부하셨다. "부활이 일어날 때까지는 이 일을 발설하지 말라." 왜 그러셨을까? 변화는 부활의 맛보기일 뿐이고 전체적인 의미는 부활(그리고 성경의 마지막 책인 요한계시록에서 예언한 대로 예수님이 마지막 날에 세상을 회복시키기 위해 돌아오시는 재림) 후에야 분명해지기 때문이었다. 게다가 부활이 일어나기 전에 그런 말을 한들 누가 믿겠는가.

하지만 한 가지는 분명했다. 예수님이 부활을 말씀하신 것은 곧 그분이 돌아가신다는 뜻이다. "나는 메시아지만 고난을 받고 죽을 것이다." 기억나는가? 예수님의 이 말씀에 베드로는 열렬히 항변했다.

이번에도 베드로를 비롯한 제자들은 발끈했지만 약간 조심스럽게 물었다. "어찌하여 서기관들이 엘리야가 먼저 와야 하리라 하나이까?"

구약의 말라기서는 하나님이 나타나 세상만사를 바로잡으실 주의 큰 날에 엘리야가 돌아올 것이라 예언했다. 따라서 제자들의 질문은 이런 뜻이다. "저 산 위에서 엘리야를 봤습니다. 그렇다면 주의 날이 가까운 것이죠? 그런데 왜 자꾸 죽는다는 말씀을 하십니까? 엘리야가 이미 돌아왔잖아요." 하지만 예수님은 엉뚱한 말씀만 하신다. "내가 너희에게 이르노니 엘리야가 왔으되 기록된 바와 같이 사람들이 함부로 대우하였느니라." 이 말씀은 이런 뜻이다. "그 선지자가 말한 엘리야는 바로 세례 요한이다. 세례 요한은 고난을 받고 죽었다. 엘리야가 이미 왔다가 간 것이다." 엘리야의 귀환이 주님의 오심을 알리는 사건이라면 엘리야의 처형(세례 요한은 헤롯에게 참수형을 당했다)은 주님의 처형을 알리는 사건이다.

마가복음의 첫머리에서 예수님이 세례를 받으실 때 성령이 비둘기처럼 내려와 예수님을 더욱 강하게 하여 가르침과 치유의 사역을 준비시키셨다. 그런데 이번에는 아버지께서 그분의 임재(빛, 쉐키나 영광, 음성)로 예수님을 뒤덮어 훨씬 더 큰 십자가의 시험을 준비시키셨다. 이 일로 예수님만 강해지신 것이 아니다. 제자들도 주님이 떠난 뒤에 겪을 시험에 대비하여 더욱 강해졌다.

이런 경험을 해 봤는가? 누군가의 연민과 사랑 덕분에 고난을 이길 힘을 얻었던 적이 있는가? 누군가의 무조건적인 인정과 격려로 두려움이 결단으로 변했던 적이 있는가? 지극한 아름다움 앞에서 근심이 녹아내리고 소망이 솟았던 적은 없는가?

이런 도움을 자주 받으면 우리가 달라지지 않을까? 고난 속에서도 원망이나 미움이나 암울로 흐르지 않고 오히려 더 지혜롭고 심오하고 강해지지 않을까? 고난이 인간 본성에 대한 냉소가 아니라 오히려 연민을 키워 주지 않을까? 실패가 오히려 성공보다 더 큰 유익을 낳지 않을까? 바로 그렇다. 하지만 친구와 가족이 때마다 우리를 그렇게 인정하고 격려하고 사랑해 주려면 몸이 열 개라도 모자란다. 그렇다면 어떻게 해야 할까?

답은 바로 '예배'다. 우리는 예배를 통해 하나님의 면전으로 나아가야 한다. 하나님이 예수님을 통해 행하셨고 지금도 행하고 계신 일을 우리는 마음으로 똑똑히 봐야 한다. 하나님이 언젠가 우리에게 해 주실 포옹을 미리 맛보아야 한다. 머리로 아는 하나님의 사랑을 몸으로도 느껴야 한다.

말만 들어서는 누군가가 얼마나 매력적인지 실감할 수 없다. 말을 듣고 믿을 수는 있지만 실물을 가까이서 봐야 실제로 탄성이 터져 나온다. 왜 그럴까? 새로운 정보를 얻었기 때문일까? 아니다. 머리로 아는 것을 실제로 경험했기 때문이다. "이 식당의 맛은 전국에서 최고야." 이 말을 믿는다 해도 실제로 그곳에 가서 먹어 봐야 탄성이 터져 나온다. 마찬가지로 영광스러운 창조주 하나님이 나를 사랑하고 지켜 주신다는 사실을 아는 것과 그것을 실제로 느끼고 경험하는 것은 차원이 다르다. 무엇이든 실제로 맛보아야 거기서 영양분을 얻고 강해질 수 있다.

변화산 사건은 단지 제자들에게 예수님의 신성을 확신시키기 위한 기적만이 아니었다. 미래의 시험에 이겨 낼 힘을 얻기 위한 공동의 예배였다.

예배, 우리를 강하게 하는 하나님의 포옹

그렇다면 어떻게 해야 하나님의 임재 안으로 들어갈 수 있을까? 어떻게 하면 이런 맛보기에 참여할 수 있을까? 예수님은 제자들과 함께 산을 내려오기가 무섭게 하나님을 만나는 방법을 알려 주신다.

이에 그들이 제자들에게 와서 보니 큰 무리가 그들을 둘러싸고 서기관들이 그들과 더불어 변론하고 있더라. 온 무리가 곧 예수를 보고 매우 놀라며 달려와 문안하거늘 예수께서 물으시되 너희가 무엇을 그들과 변론하느냐? 무리 중의 하나가 대답하되 선생님 말 못하게 귀신 들린 내 아들을 선생님께 데려왔나이다. 귀신이 어디서든지 그를 잡으면 거꾸러져 거품을 흘리며 이를 갈며 그리고 파리해지는지라 내가 선생님의 제자들에게 내쫓아 달라 하였으나 그들이 능히 하지 못하더이다(막 9:14-18).

서기관들과 군중, 산에 올라가지 않은 제자들 사이에 격렬한 설전이 벌어지고 있었다. 제자들이 귀신을 쫓아내려고 했지만 소용이 없었다. 귀신이 사라지지 않자 다들 혼란스러워했다.

이번에도 마가는 귀신을 실제적인 존재로 소개한다. 악한 초자연적 존재와의 싸움이 지금도 계속되고 있다. 물론 모든 사람이 이야기 속의 소년처럼 귀신에 사로잡혀 있는 것은 아니다. 하지만 바울은 에베소서 6장 등에서 우리 모두가 악한 "통치자들(principalities)"과 항상 싸우고 있다고 말한다. 이 싸움에서는 예수님조차도 예외가 아니었다는 사실을 잊지 말라. 앞서 살폈듯이 예수님은 세례를 받은 직후에 "광야에서 사십 일을 계시면서 사탄에게 시험을 받으"(막 1:13)셨다.

이야기 속의 소년은 귀신이 들려 귀머거리에 벙어리가 되고 수시로 발작을 일으켰다. 이로 인해 소년 자신만 힘든 게 아니라 아버지와 제자들과 서기관들까지 주변 모든 사람이 방해를 받았다. 이야기는 계속된다.

대답하여 이르시되 믿음이 없는 세대여 내가 얼마나 너희와 함께 있으며 얼마나 너희에게 참으리요 그를 내게로 데려오라 하시매 이에 데리고 오니 귀신이 예수를 보고 곧 그 아이로 심히 경련을 일으키게 하는지라. 그가 땅에 엎드러져 구르며 거품을 흘리더라. 예수께서 그 아버지에게 물으시되 언제부터 이렇게 되었느냐 하시니 이르되 어릴 때부터니이다. 귀신이 그를 죽이려고 불과 물에 자주 던졌나이다. 그러나 무엇을 하실 수 있거든 우리를 불쌍히 여기사 도와주옵소서. 예수께서 이르시되 할 수 있거든이 무슨 말이냐 믿는 자에게는 능히 하지 못할 일이 없느니라 하시니 곧 그 아이의 아버지가 소리를 질러 이르되 내가 믿나이다. 나의 믿음 없는 것을 도와주소서 하더라. 예수께서 무리가 달려와 모이는 것을 보시고 그 더러운 귀신을 꾸짖어 이르시되 말 못하고 못 듣는 귀신아 내가 네게 명하노니 그 아이에게서 나오고 다시 들어가지 말라 하시매 귀신이 소리 지르며 아이로 심히 경련을 일으키게 하고 나가니 그 아이가 죽은 것 같이 되어 많은 사람이 말하기를 죽었다 하나 예수께서 그 손을 잡아 일으키시니 이에 일어서니라. 집에 들어가시매 제자들이 조용히 묻자오되 우리는 어찌하여 능히 그 귀신을 쫓아내지 못하였나이까? 이르시되 기도 외에 다른 것으로는 이런 종류가 나갈 수 없느니라 하시니라(막 9:19-29).

제자들은 귀신을 쫓아내려고 안간힘을 썼다. 하지만 문제는 그들이 '기도 없이' 애를 썼다는 것이다. 이 얼마나 교만하고 어리석은가. 인간의 힘으로는 세상의 악과 고통을 다룰 수 없다는 사실을 왜 모르는가. 제자들이 예수님이 돌아가셔야 하는 이유를 이해하지 못한 것이나 기도 없이 귀신을 쫓아내려고 한 것이나 원인은 하나다. 자신들이 얼마나 약하고 교만한지를 몰랐기 때문이다. 제자들은 악의 힘을 과소평가하고 자신들의 힘은 과대평가했다.

그 현장에는 서기관들도 있었다. 아마도 제자들을 비판하고 있었을 것이다. 그 현장에서 자기 힘으로는 눈앞의 악과 고통을 해결할 수 없다고 인정한 사람은 소년의 아버지밖에 없었다.

"제 아들을 치료해 주세요." 아버지가 말하자 예수님이 대답하셨다. "믿는 자에게는 능히 하지 못할 일이 없느니라." 그러자 아버지가 숨도 쉬지 않고 말했다. "내가 믿나이다. 나의 믿음 없는 것을 도와주소서." 이는 아무리 애를 써도 마음에 가득한 의심이 줄어들지 않는다는 뜻이다. 이에 예수님은 그의 아들을 치료해 주셨다. 이 얼마나 복된 소식인가. 예수님이 계시니 우리는 완벽히 의롭지 않아도 된다. 자신의 나약함을 고백하고 인정하기만 하면 하나님의 존전으로 나아갈 수 있다.

"나는 인간의 몸을 입은 하나님의 영광이다. 그러니 네 마음을 청소하고 네 모든 죄를 고백하고 네 모든 의심을 없애라. 그렇게 더없이 깨끗한 마음으로 내게 오는 자만이 치유를 부탁할 자격이 있다." 아니다. 예수님은 전혀 그렇게 말씀하시지 않았다. 소년의 아버지는 이렇게 말했다. "저는 믿음이 없습니다. 제 안에는 의심이 가득합니다. 제 도덕적, 영적 능력은 보잘것없습니다. 그래도 저를 도와주세요." 이렇게 자신이 아닌 예수님을 의지하는 믿음이 바로 구원하는 믿음이다. 우리에게 완벽한 의는 불가능하다. 완벽한 의에 이를 때까지 기다리다가는 평생 하나님 앞에 설 수 없다. 자신이 의롭지 않다고, 도움이 필요하다고 인정해야 한다. 그럴 때 비로소 하나님 앞에 나아가 예배하게 된다.

하지만 곧 닥칠 예수님의 고난을 생각하지 않고서 이 현장을 떠날 수는 없다. 예수님은 아버지와 함께 영광 속에서 끝없는 세월을 사셨다. 산 위에서도 예수님은 하나님의 영광에 뒤덮이셨다. 하지만 십자가 위에서는 하나님께 버림을 받으실 것이다. 산 위에서 우리는 예수님이 영원 전부터 누리셨던 삶을 엿보았다. 하나님의 사랑과 빛에 둘러싸인 삶이었다. 하지만 십자가 위에서 예수님은 벌거벗은 채로 어둠 속에 서실 것이다.

왜 예수님은 이런 고난을 당하셔야 했는가? 우리를 위해서다. 바울은 골로새 교회에 보내는 편지에서 예수님이 "통치자들과 권세들을 무력화하여…십자가로 그들을 이기셨느니라"(골 2:15)고 말했다.

예수님은 힘든 사명이 있었다. 모든 악을 이기기 위해 감내해야 할 지독한 고통이 기다리고 있었다. 그래서 산 위에서 하나님은 성령을 통해 예수님을 더욱 강하게 만드셨다. 마찬가지로 하나님은 우리에게도 힘을 주시어 악에 맞서고 고난을 극복할 수 있게 하신다.

하나님의 사랑을 머리로만 알고 있는가? 때로 성령이 그 사랑을 특별히 더 깊이 느끼게 하신다. 때로 우리는 산 위로 가게 된다. 때로 성령을 통해 하나님에게서 무조건적이고도 영원하며 지극히 친밀한 사랑의 음성을 듣는다. 때로 하나님의 사랑을 머리로만 아는 게 아니라 마음으로 그분의 속삭임을 듣는다. "너는 내 딸이요 아들이다. 내가 너를 사랑한다. 너를 잃지 않기 위해서라면 무한한 대가도 치르고 끝없는 나락으로도 떨어질 것이다. 아니, 이미 그렇게 했다."

회개하고 자복하는 심정으로 하나님을 추구하면 바로 그것이 예배다. 하나님의 포옹을 느낄 때마다 우리 영혼은 그분의 반사된 영광으로 조금씩 더 밝아지고 조금씩 더 강한 모습으로 인생을 대처해 나간다.

손에 쥔 것을
모두 내려놓으라

2

저명한 기독교 역사가 앤드류 월스(Andrew Walls)는 다른 종교들의 경우에는 하나같이 발생지가 지금까지 중심지로 남아 있다고 말했다. 예를 들어, 이슬람교는 아라비아의 메카에서 시작되었고 지금도 중동이 이슬람의 중심지로 남아 있다. 불교의 중심지도 여전히 발원지인 극동이다. 힌두교도 마찬가지다. 인도에서 발생한 힌두교는 여전히 인도의 제일 종교다. 하지만 기독교는 예외다. 기독교의 중심지는 끊임없이 이동 혹은 순례하고 있다

원래 기독교의 중심지는 예루살렘이었지만 이후에는 더러운 미개 문명 취급을 받던 이방의 헬라 지중해 세계(알렉산드리아, 북아프리카, 로마)로 이동하여 수세기 동안 그 상태를 유지했다. 그러다가 또 다른 미개인 취급을 받던 북유럽인들(프랑크 족, 앵글로색슨 족, 켈트 족)이 기독교 신앙을 열렬히 받아들였다. 그리하여 얼마 있지 않아 북유럽은 새로운 기독교 중심지로 부상했다. 그 뒤로 기독교는 천 년간 북유럽에서(그리고 식민지화와 이민을 통해 북미에서) 번영을 누렸다. 하지만 최근에 다시 이동이 시작되었다.

20세기에 이르러 유럽의 기독교는 쇠퇴했고, 북미의 기독교 성장세는 인구 성장률을 따라가기에도 버거웠다. 반면 남미와 아시아와 아프리카의 기독교 성장세는 인구 성장률의 열 배에 달했다. 지난 십 년에는 기독교가 큰 전환점을 맞았다. 남반구의 기독교 인구가 북

반구를 넘어선 것이다.

예를 들어, 이번 세기로 접어들 즈음 미국에는 약 250만 명의 성공회 성도들이 있었다. 반면, 나이지리아에만 1,700만 명의 성공회 성도들이 있었고 우간다의 성공회 성도들도 8백만에 이르렀다. 이 두 국가의 기독교인만 합쳐도 미국의 열 배가 넘는다. 1900년만 해도 아프리카의 기독교 인구는 1퍼센트에 지나지 않았다. 하지만 지금은 기독교인이 아프리카 인구의 거의 절반을 차지한다.[49] 향후 50-70년 사이에 기독교의 중심은 유럽과 미국에서 완전히 떠나갈 것으로 보인다. 그 후로도 기독교의 중심은 계속해서 이동할 것이다.

앤드류 월스가 한번은 인터뷰 도중 이런 질문을 받았다. "원인이 뭐죠? 다른 종교들의 중심지는 그대로인데 기독교의 중심지만 끊임없이 변하는 이유는 뭘까요?" 월스의 대답은 이러했다. "기독교의 중심에는 낮아짐이 있기 때문이라고 생각합니다. 바로 십자가의 낮아짐이지요."[50]

복음의 중심에는 십자가가 있으며, 십자가의 의미는 바로 낮아지고 나눠 주고 섬겨 주는 것이다. 월스의 말은 기독교가 권력과 부의 자리를 오래 차지하면 죄와 은혜, 십자가의 파격적인 메시지가 잠잠해지거나 아예 사라진다는 뜻이다. 그렇게 되면 기독교는 점잖고 안전한 종교로 변질된다. 사실 이런 종교는 기독교라고도 할 수 없다. 진짜 기독교는 이곳을 떠나 다른 곳으로 이동하기 시작한다.

돈으로도 못가는 하나님 나라

월스는 기독교의 중심이 권력과 부를 떠나 끊임없이 이동한다고 말한다. 마가복음의 다음 이야기가 그 이유를 설명해 준다.

> 예수께서 길에 나가실새 한 사람이 달려와서 꿇어 앉아 묻자오되 선한 선생님이여 내가 무엇을 하여야 영생을 얻으리이까(막 10:17).

다른 복음서의 같은 이야기를 보면 이 사람은 젊은이요 부자였다. 그래서 흔히 그를 부자 청년이라고 부른다. 마가의 이야기는 계속된다.

> 예수께서 이르시되 네가 어찌하여 나를 선하다 일컫느냐? 하나님 한 분 외에는 선한 이가 없느니라. 네가 계명을 아나니 살인하지 말라, 간음하지 말라, 도둑질하지 말라, 거짓 증언 하지 말라, 속여 빼앗지 말라, 네 부모를 공경하라 하였느니라. 그가 여짜오되 선생님이여 이것은 내가 어려서부터 다 지켰나이다. 예수께서 그를 보시고 사랑하사 이르시되 네게 아직도 한 가지 부족한 것이 있으니 가서 네게 있는 것을 다 팔아 가난한 자들에게 주라. 그리하면 하늘에서 보화가 네게 있으리라. 그리고 와서 나를 따르라 하시니 그 사람은 재물이 많은 고로 이 말씀으로 인하여 슬픈 기색을 띠고 근심하며 가니라(막 10:18-22).

예수님은 이 영적 구도자가 감당할 수 없는 처방을 내리셨다. 그가 떠나가자 제자들의 반응이 어떠했나 보자.

> 예수께서 둘러보시고 제자들에게 이르시되 재물이 있는 자는 하나님의
> 나라에 들어가기가 심히 어렵도다 하시니 제자들이 그 말씀에 놀라는
> 지라. 예수께서 다시 대답하여 이르시되 얘들아 하나님의 나라에 들어
> 가기가 얼마나 어려운지 낙타가 바늘귀로 나가는 것이 부자가 하나님
> 의 나라에 들어가는 것보다 쉬우니라 하시니(막 10:23-25).

예수님의 말씀 중에는 마치 딱딱한 사탕과도 같은 말씀이 많다. 입에
넣자마자 달콤하게 녹아내려 순간적인 즐거움을 선사하는 아이스크
림과는 다르다. 딱딱한 사탕을 너무 빨리 먹으려고 하다가는 이가 깨
지거나 목구멍에 걸려 질식할 수 있다. 예수님의 말씀이 대체로 딱딱
한 사탕과 같다. 열심히 빨고 또 빨아야 한 겹씩 더 깊이 들어가면서
점점 더 달콤해진다. 이번에도 예수님은 이해하기 힘든 말씀을 하셨
다. "낙타가 바늘귀로 나가는 것이 부자가 하나님의 나라에 들어가는
것보다 쉬우니라." 이 말씀은 예나 지금이나 많은 논쟁을 불러일으킨
다. 이번에도 제자들의 반응을 눈여겨보라.

> 예수께서 다시 대답하여 이르시되 얘들아 하나님의 나라에 들어가기가
> 얼마나 어려운지 낙타가 바늘귀로 나가는 것이 부자가 하나님의 나라
> 에 들어가는 것보다 쉬우니라 하시니 제자들이 매우 놀라 서로 말하되
> 그런즉 누가 구원을 얻을 수 있는가 하니 예수께서 그들을 보시며 이르

시되 사람으로는 할 수 없으되 하나님으로는 그렇지 아니하니 하나님
으로서는 다 하실 수 있느니라(막 10:24-27).

남들을 이용하지 않고서는 막대한 부를 이룰 수 없다고 주장하는 사
람이 많다. 많은 정치 및 경제 철학의 이면에는 남들을 짓밟지 않고
서는 부자가 될 수 없다는 전제가 깔려 있다. 심지어 부 자체를 불의
로 보기도 한다. 그래서 제자들이 이렇게 말하리라 예상한 사람도 있
을 것이다. "정말 잘하셨어요, 예수님! 주님의 나라에는 단 한 명의
부자도 발을 들이게 해서는 안 돼요. 부자들은 사람들을 착취하는 자
들이에요."

하지만 제자들은 오히려 반대로 말했다. "그가 아니면 누가 구
원을 받을 수 있단 말입니까?" 당시 문화는 부를 착한 행실의 결과로
보았다. 제자들은 착하게 살면 하나님이 재물을 복으로 주신다고 믿
었다. 이것이 당시의 세계관이었다. 구약에 나오는 욥의 친구들도 이
런 세계관을 품고 있었다. 그들에게 물질적인 부는 착하게 살아 하나
님께 받은 복이고 가난은 못되게 살아 하나님께 복을 받지 못한 결과
였다. 하지만 부자 청년에게 하신 말씀을 보면 예수님은 이런 단순한
세계관을 취하지 않으셨다. 막대한 부는 꼭 착취의 결과가 아니다.
그렇다고 부가 꼭 선행과 복의 증거인 것도 아니다.

이 구절에서 예수님이 이 청년을 어떻게 다루시는지 보라. 예수
님이 십계명을 언급하신 것은 간접적으로 질문을 던지신 것이다. 예
를 들어, "속여서 빼앗지 말라"는 사업상 거래를 할 때 사실을 속인

적이 있느냐는 질문이다. "도둑질하지 말라, 거짓 증언하지 말라"는 "훔친 적이 있느냐? 착취한 적이 있느냐? 남들의 것을 빼앗은 적이 있느냐"라는 물음이다.

"이것은 내가 어려서부터 다 지켰나이다." 청년의 이 말을 해석하면 이렇다. "제 모든 재산은 정의롭고 공정하게 쌓은 것입니다. 돈을 벌기 위해 죄를 지은 적은 추호도 없습니다."

예수님은 "거짓말쟁이!"라고 쏘아붙이지 않으셨다. 물론 재물을 악하게 쌓을 수도 있다. 하지만 절제와 비전과 끈기 같은 미덕을 통해 부를 얻을 수도 있다. 보다시피 예수님은 부 축적 자체에 대해 이데올로기적 편견을 갖고 계시지 않다. 예수님은 돈을 갖는 것 자체가 잘못이라고 말씀하시지 않았다. 그럼에도 예수님은 부자가 하나님 나라에 들어가는 것이 낙타가 바늘귀를 통과하는 것보다도 어렵다고 말씀하셨다.

수세기 동안 사람들은 이 말씀을 갖고 갑론을박을 벌였다. "말 그대로 바늘귀를 말하는 것은 아니다. 예수님 시대에 예루살렘 성벽에는 아주 좁은 문들이 있었다. 그곳으로는 낙타가 통과하기 힘들었다. 특히 무거운 짐까지 싣고 나면 그야말로 진땀을 뺐다. 하지만 짐을 내리고 낙타를 열심히 밀면 힘들기는 하지만 통과하기가 불가능하지는 않다." "아니다. 말 그대로 낙타를 말하는 게 아니다. 아람어에서는 '실'이 '낙타'와 발음이 비슷하다. 예수님은 실이 바늘귀를 통과하기가 아주 어렵다고 말씀하신 것이다. 하지만 실에 침을 묻혀 온 정신을 집중하면 불가능하지는 않다."

둘 다 비약이다. 나는 예수님의 말씀이 문자 그대로를 의미한다고 생각한다. 나라마다 이런 표현이 있다. 가령 '눈덩이 같은 확률'이 그런 표현이다. 눈덩이가 뜨거운 곳에서 녹지 않기란 불가능하다. 낙타가 바늘귀를 통과하는 것도 불가능하다. 마찬가지로 부자가 하나님 나라에 들어가는 것도 불가능하다. 그 이상도 이하도 아니다.

하지만 오해해서는 안 된다. 예수님은 부가 죄라고는 말씀하시지 않았다. 부자가 다 나쁜 것도 아니요 가난한 자가 다 착한 것도 아니다. 예수님은 그런 단순한 논리를 펼치지 않으셨다. 그렇다고 탐욕에 빠지지 말고 가끔씩 베풀며 살라는 뜻도 아니었다. 예수님은 모두가 죄인이지만 돈이 특히 죄를 보지 못하도록 만든다고 말씀하신 것이다. 돈의 기만적인 힘은 엄청나다. 그래서 돈에 눈이 멀면 자신의 진정한 영적 상태를 전혀 보지 못한다. 부의 한복판에서도 자신의 진정한 영적 상태를 보려면 반드시 하나님의 기적적이고도 은혜로운 개입이 있어야만 한다. 하나님의 기적과 은혜 없이는 불가능하다.

당신의 구세주는 돈인가, 하나님인가

예수님은 이 청년에게 어떤 처방을 내리셨는가? 이 청년에게는 처방이 필요했다. 하지만 겉으로는 그렇게 완벽해 보일 수 없었다. 젊고 부유한 데다 잘생기기까지 했을 것이다. 하지만 무언가가 허전했다. 아쉬운 것이 전혀 없었다면 예수님을 찾아와 영생의 비법을 물었을

리가 없다.

신실한 유대인이라면 누구나 답을 알고 있었을 것이다. 랍비들은 저서와 설교에서 늘 이 질문을 다루었는데 답은 항상 똑같았다. "하나님의 법을 지키고 모든 죄를 피하라." 이 점에 대해서는 이견이 전혀 없었다. 필시 부자 청년도 이 답을 알고 있었을 것이다. 그런데 왜 예수님께 물은 것일까?

"한 가지 부족한 것이 있으니." 예수님의 이 한마디에서 부자 청년이 공허함에 시달리고 있음을 알 수 있다. "예수님, 저는 부족한 것이 하나도 없어요. 돈도 많이 벌었고 높은 지위에도 올랐어요. 도덕도 잘 지키고 종교에도 열심을 다했어요. 예수님이 훌륭한 랍비라고 들었어요. 제게 혹시 뭔가 빠진 게 있나 궁금해요. 제가 빼먹은 게 있나요? 아무래도 뭔가가 빠진 것 같아요."

물론 그는 뭔가를 빼먹었다. 행위로 영생을 얻을 수 있다고 착각하는 사람은 아무리 대단한 성과를 거두었어도 공허함과 불안감과 의심에 시달릴 수밖에 없다. 우리 힘으로는 아무리 똑바로 살아도 어딘가 모르게 불완전하게 느끼기 마련이다.

뉴욕의 거리를 걷다 보면 흠 한 점 없이 깨끗한 얼굴을 수없이 만난다. 성희롱으로 체포될 각오로 몇 사람에게 "정말로 보이는 것처럼 흠이 하나도 없나요?"라고 물어보면 십중팔구 아니라는 대답이 돌아올 것이다. 매일 그들은 거울을 통해 자신의 작은 상처와 흠을 본다. 그런데 그토록 아름다워 보이는 이유 중 하나는 흠을 가리기 위해 수많은 시간과 노력과 돈을 들였기 때문이다. 사실, 자세히 들여다보면 누구에게나 흠이 있다.

돈이며 명예까지 세상에서 이룰 것은 다 이루고 나이까지 어린 청년이다. 하지만 공허함을 견딜 수 없어 랍비와 선생을 찾아다니며 묻는다. "뭔가가 부족해요. 그게 뭔지 아시나요? 정말 많은 일을 이루었는데 아직 할 일이 한 가지 더 남은 것 같아요. 제 영적 이력에 무엇을 추가해야 할까요? 시키는 대로 다 할 자신이 있어요. 말씀만 하세요."

그런데 예수님의 주문은 너무도 뜻밖이다. 예수님은 먼저 잽을 날리신다. "네가 어찌하여 나를 선하다 일컫느냐? 하나님 한 분 외에는 선한 이가 없느니라." 이것은 "왜 나를 선하다고 하느냐? 나는 선하지 않다"라는 뜻이 아니라 다음과 같은 뜻이다. "나를 한낱 랍비로 생각하고 와서는 어찌 선하다고 하느냐? 네가 생각하는 선과 악의 개념은 문제가 많다." 예수님의 잽에 청년은 턱이 얼얼하다.

하지만 이제 겨우 시작일 뿐이다. 곧 이어 카운터펀치가 날아온다. 예수님은 청년이 계명을 철저히 지키며 도덕적인 삶을 살았다는 점은 인정하셨다. 하지만 이제 예수님은 더 나아가 한 가지를 더 해야 한다고 말씀하신다. "가서 네게 있는 것을 다 팔아 가난한 자들에게 주라. 그리하면 하늘에서 보화가 네게 있으리라. 그리고 와서 나를 따르라."

이 말씀을 풀이하면 이렇다. "나를 따르고 영생을 얻고 싶다면 당연히 간음을 저지르지 말아야 한다. 남을 속이거나 살해하지도 말아야 한다. 나쁜 짓을 하지 말아야 한다. 하지만 단순히 나쁜 짓만 회개하면 기껏해야 종교적인 사람만 될 뿐이다. 정말로 영생을 얻고 싶으냐? 하나님과 친밀해지고 싶으냐? 허전한 느낌에서 벗어나고 싶으냐? 존재의 때를 어떻게 지워야 할지 모르겠느냐? 그렇다면 네가 받은 선물을 지금과는 다르게 사용해야 한다. 여태껏 너는 좋은 것들을 잘못 사용해 왔다. 그 점을 회개해야 한다."

이런 '좋은 것들'을 사용하는 모습은 각양각색이다. 남들이 볼 수 없는 흠을 감추기 위해 좋은 것들을 사용하는 사람도 있다. 내적 빈곤을 해결하기 위해 물질적 부를 위해 좋은 것을 사용하는 사람도 있다. 내적 열등감을 해결하기 위해 육체적 아름다움을 위해 좋은 것을 사용하는 사람도 있다. 우월감을 느끼거나 남들을 맘대로 조종하기 위해 좋은 것들을 사용하는 사람도 있다. 심지어 하나님께 자신의 좋은 것들(성과)을 내세우며 "제가 얼마나 잘했는지 보세요! 이래도 제 기도를 들어주시지 않을 겁니까?"라고 으스대는 사람도 있다. 요컨대 좋은 것들로 하나님과 남들을 조종하려는 사람들이 있다.

그래서 예수님은 청년에게 이렇게 말씀하신 것이다. "너는 네 부와 성과에 믿음을 두고 있구나. 하지만 그럴수록 하나님으로부터 멀어진다. 지금 너는 하나님을 리더로만 여길 뿐 구세주로 삼지는 않고 있구나. 어떻게 아냐고? 돈 없이 산다고 생각해 봐라. 유산, 통장, 하인, 저택까지 전부 사라지고 오직 나만 남았다고 생각해 봐라. 그래도 행복할 수 있겠느냐?"
예수님의 처방에 청년은 어떤 반응을 보였는가? "슬픈 기색을 띠고 근심하며 가니라." 여기서 "슬픈"은 '비탄에 잠겨'로 번역해야 더 옳다. 이에 해당하는 헬라어가 예수님에 대해 쓰인 적이 있다. 마태는 겟세마네 동산에서 예수님이 '극심한 비탄에 잠겨' 피의 땀을 흘리셨다고 말한다. 왜 그러셨을까? 곧 궁극의 고난을 당할 줄 아셨기 때문이다. 목숨을 잃을 줄 아셨기 때문이다. 아버지를 잃을 줄 아셨기 때문이다. 영적인 중심을 잃을 줄 아셨기 때문이다.

예수님이 모든 재산을 포기하라고 하자 청년은 비탄에 잠겨 떠나갔다. 예수님께 아버지가 전부라면 청년에게는 돈이 전부였기 때문이다. 부자 청년에게 돈을 잃는 것은 곧 자신을 잃는 것이나 다름없었다.

하나님을 리더요 도덕 선생으로만 삼는다면 모르지만, 하나님을 구세주로 삼고 싶다면 현재의 구세주를 버려야 한다. 모든 사람이 구세주를 갖고 있다. 당신의 구세주는 무엇인가? 돈인가? 하나님인가?

크리스천이 되려면 죄를 회개해야 한다. 하지만 죄를 뉘우친 뒤에는 인생의 좋은 것들을 하나님의 자리에 놓았다는 사실을 회개해야 한다. 하나님과 친밀해지고 싶은가? 뭔가 허전한 느낌에서 벗어나고 싶은가? 그렇다면 하나님을 전심으로 사랑해야 한다.

이 청년의 문제점은 재물이라기보다는 도덕성이다. 청년은 나름대로 도덕성을 갖추었기 때문에 하나님의 은혜는 필요 없다고 생각했다. 하지만 크리스천은 자신의 도덕성으로는 구원받을 수 없다는 사실을 절실히 깨달은 자다. 아무리 착하게 살아도 스스로를 구원할 수 없다. 자신의 도덕성에 소망을 두었다면 속히 회개해야 한다. 인간의 도덕성은 오히려 십자가를 이해하지 못하도록 방해하는 요인

일 때가 많다.

부자 청년의 이야기는 마가복음 12장에 기록된 훈훈한 이야기와 꽤 비슷하다. 이 이야기에서도 예수님은 하나님께 전부를 드리는 것이 율법의 핵심이라는 사실을 보여 주신다. 이 이야기에서 한 서기관이 예수님의 지혜에 깊은 감명을 받는다. 그래서 그는 부자 청년처럼 예수님께 질문을 던진다.

서기관 중 한 사람이 그들이 변론하는 것을 듣고 예수께서 잘 대답하신 줄을 알고 나아와 묻되 모든 계명 중에 첫째가 무엇이니이까(막 12:28).

이 질문은 예수님을 트집을 잡기 위한 질문인 동시에 정말로 궁금해서 던지는 질문이기도 하다. 서기관들은 율법 전문가들이었다. 그들은 평생 율법을 연구하고 분류했다. 어떤 서기관들은 구약에서 무려 613개의 율법을 찾아냈다. 게다가 더 중요한 율법과 덜 중요한 율법을 구분하려고 애를 썼다. 그래서 서기관은 이렇게 물었다. "수백 가지 율법과 명령 중에서 무엇이 가장 중요합니까?" 계속해서 예수님의 대답을 들어 보자.

예수께서 대답하시되 첫째는 이것이니 이스라엘아 들으라. 주 곧 우리 하나님은 유일한 주시라. 네 마음을 다하고 목숨을 다하고 뜻을 다하고 힘을 다하여 주 너의 하나님을 사랑하라 하신 것이요 둘째는 이것이니 네 이웃을 네 자신과 같이 사랑하라 하신 것이라. 이보다 더 큰 계명이 없느니라(막 12:29-31).

예수님은 구약의 두 계명으로 대답을 대신하신다. 첫 번째 계명은 신명기 6장 4-5절에 기록된 것이다. 이 구절에는 신심 깊은 유대인들이 아침저녁으로 암송하는 쉐마(shema)와 함께, 전심으로 하나님을 사랑하라는 명령이 포함되어 있다. 두 번째 계명은 이웃을 자신처럼 사랑하라는 레위기 19장 18절 말씀에서 가져온 것이다. 예수님은 하나님의 모든 법을 사랑이라는 한 가지 원칙으로 압축하신다.

하나님 사랑과 이웃 사랑. 이 말씀을 통해 예수님은 도덕의 핵심적인 딜레마를 들추어내신다. 예로부터 사상가들은 율법과 사랑이 상충한다고 생각했다. 율법을 따를 것이냐, 아니면 사랑을 추구할 것이냐? 하지만 예수님은 많은 율법 중에서 한두 가지만 선별하신 것이 아니고 사랑을 율법 위에 두신 것도 아니다. 예수님은 사랑이 율법을 완성시킨다는 점을 말씀하신 것이다. 하나님과 남들을 사랑하는 마음으로 순종하지 않으면 율법은 완성되지 않는다.

이 서기관 역시 예수님의 대답을 듣고 부자 청년처럼 슬픈 기색을 띠고 떠나갔을까? 마가의 기록을 계속해서 보자.

서기관이 이르되 선생님이여 옳소이다. 하나님은 한 분이시요 그 외에 다른 이가 없다 하신 말씀이 참이니이다. 또 마음을 다하고 지혜를 다하고 힘을 다하여 하나님을 사랑하는 것과 또 이웃을 자기 자신과 같이 사랑하는 것이 전체로 드리는 모든 번제물과 기타 제물보다 나으니이다(막 12:32-33).

서기관은 이 두 계명이 가장 중요하다는 점을 인정한다. 그가 번제물 등을 언급한 것은 그런 희생 제물만으로는 죄를 없앨 수 없다는 점을 깨달았기 때문이다. 그는 율법의 기준이 인간으로서는 불가능한 수준이라는 점을 깨달았다. 인간의 착한 행실로 율법을 충족시키기란 낙타가 바늘귀를 통과하는 것보다도 어렵다. 이 점을 깨달을수록 복음에 점점 더 가까워진다. 율법의 조항만을 보면 자신이 꽤 의롭게 생각된다. 하지만 율법이 진정으로 추구하는 마음 상태를 생각할수록 은혜와 자비가 더욱 절실해진다. 이 서기관의 마음 상태에 대한 예수님의 평가는 어떠했는가?

예수께서 그가 지혜 있게 대답함을 보시고 이르시되 네가 하나님의 나라에서 멀지 않도다 하시니(막 12:34).

"네가 가까워지고 있다." 예수님의 대답에 서기관은 소름이 쫙 돋지 않았을까? 표면적으로 이 대답은 부자 청년에게 주신 대답과 거의 똑같다. "네게 아직도 한 가지 부족한 것이 있으니"라는 말과 비슷한 이면의 질문이요 비슷한 대답이다. 하지만 반응은 완전히 다르다. 둘 중 한 사람만 함정을 간파해 냈다.

이젠 나를 따르기 위해 네 것을 내놓으라

돈 앞에서 당신의 태도는 어떠한가? 예수님이 남녀 문제보다도 돈에 관해 열 배는 더 많이 경고하신 것이 결코 우연은 아니다. 너무도 많은 사람이 돈을 구세주로 삼고 있다. 돈이 있어야 고급 식당에서 비싼 음식을 먹고 명품을 사면서 폼 나게 살 수 있다. 내심 이런 삶을 깊이 갈망하고 있지는 않은가?

돈을 단순한 돈으로만 생각하지 않는다는 것을 어떻게 알 수 있을까? 몇 가지 위험 신호가 나타난다. 돈을 내놓기가 무서운가? 여태껏 영위해 온 생활수준을 계속 유지할 수 있을지 걱정인가? 능력도 없는데 나보다 많이 버는 사람을 보면 속이 쓰린가? 이런 태도를 품었다면 이미 함정에 한 발이 빠진 셈이다. 이 사람에게 돈은 더 이상 수단이 아니라 자기 가치의 기준이요 자신의 전부다. 돈은 본질적으로 악하지는 않지만 사람을 하나님에게서 멀어지게 하는 힘이 있다.

그런데 예수님이 부자 청년을 보며 어떤 마음을 품으셨는지 아는가? "그를 보시고 사랑하사." 왜 갑자기 예수님의 마음에 사랑이 그득해졌을까? 물론 예수님은 원래 사랑 자체시다. 하지만 복음서에서 특정한 사람을 향한 예수님의 사랑을 구체적으로 언급한 경우는 매우 드물다. 예수님이 자질을 보고서 이 청년을 사랑하셨을까? 그의 대답이 마음에 들어서 사랑하셨을까? 그렇게 생각하지 않는다.

당시 아마도 서른하나쯤 되셨을 예수님은 부자 청년을 보며 동질감을 느끼셨다. 예수님도 부자 청년이시다. 이 청년이 상상할 수도 없을 만큼 부자시다. 예수님은 영원 전부터 삼위일체의 불가해한 영광, 부, 사랑, 기쁨 속에서 사셨다. 그런데 예수님은 그 막대한 부를 이미 버리셨다. 바울은 예수님이 부유하시지만 우리를 위해 가난해지셨다고 말한다(고후 8:9).

"나는 세상 누구보다도 가난해졌다. 내 전부를 내주었다. 왜인 줄 아느냐? 바로 너를 위해서다. 이제는 네가 나를 따르기 위해 전부를 내놓아라. 내가 너를 얻기 위해 '큰 것'을 전부 내놓았으니 너도 나를 따르기 위해 '작은 것'을 전부 내놓아라. 내가 솔선수범을 보이지 않은 일을 너에게 시키지는 않는다. 나는 너를 얻기 위해 진정한 부를 버린 진정한 부자 청년이다. 이제 네가 나를 얻기 위해 너의 부를 버려라."

예수님이 진정한 부자 청년이라는 사실을 알고 나면 돈에 대한 태도가 바뀔 수밖에 없다. 예를 들어, 어떻게 하면 돈을 벌까 고민하기보다는 돈을 나눠 줄 방법을 더 고민하게 된다. 진정으로 후한 사람이 되려면 십자가를 바라보아야 한다. 예수님은 이렇게 말씀하신다. "이제부터 내가 십자가에서 행할 일을 보고 돈에 대한 태도를 완전히 바꾸라."

예수님이 당신을 위해 하신 일을 생각하면 마음이 뜨거워지는가? 십자가를 생각할 때 감동이 되고 저절로 눈물이 흐른다면 함정을 피할 소망이 있다. 예수님의 희생에 진정으로 감사하면 돈은 더 이상 중요하지 않게 된다. 예수님과 돈 가운데 무엇을 더 중시하느냐에 따라 돈을 움켜쥘 수도 있고 후히 나눠 줄 수도 있다. 돈의 부정적인 힘을 깨뜨릴 수 있는 유일한 방법은 우리를 구하기 위해 전부를 내주신 진정한 부자 청년을 바라보는 것이다.

예수님은 지금 우리에게 이렇게 말씀하신다. "내 능력은 권력과 돈을 사랑하는 사람들을 떠나, 나처럼 권력과 돈을 아낌없이 나눠 주는 사람들에게로 흘러간다. 너는 어떻게 살려느냐?"

사랑할 수 없어도
사랑을 멈추지 말라

3

예수님은 이 땅에 오신 목적을 더없이 분명하게 밝히셨다. 그분은 죽기 위해 오셨다고 제자들에게 누누이 이야기하셨다. 마가가 아래의 구절을 기록할 때는 예수님이 자신의 죽음에 관해 이미 두 번이나 말씀하신 뒤였다. 처음 말씀하신 것은 마가복음 8장에서 베드로가 "주는 그리스도시니이다"라고 말한 뒤다.

> 인자가 많은 고난을 받고 장로들과 대제사장들과 서기관들에게 버린 바 되어 죽임을 당하고 사흘 만에 살아나야 할 것을 비로소 그들에게 가르치시되 드러내 놓고 이 말씀을 하시니 베드로가 예수를 붙들고 항변하매(막 8:31-32).

그리고 9장에서 또 말씀하셨다.

> 예수께서 아무에게도 알리고자 아니하시니 이는 제자들을 가르치시며 또 인자가 사람들의 손에 넘겨져 죽임을 당하고 죽은 지 삼 일만에 살아나리라는 것을 말씀하셨기 때문이더라(막 9:30-31).

하지만 제자들이(혹은 우리가) 잊어버렸을지 몰라서 10장에서 다시 말씀하셨다.

예루살렘으로 올라가는 길에 예수께서 그들 앞에 서서 가시는데 그들이 놀라고 따르는 자들은 두려워하더라. 이에 다시 열두 제자를 데리시고 자기가 당할 일을 말씀하여 이르시되 보라 우리가 예루살렘에 올라가노니 인자가 대제사장들과 서기관들에게 넘겨지매 그들이 죽이기로 결의하고 이방인들에게 넘겨주겠고 그들은 능욕하며 침 뱉으며 채찍질하고 죽일 것이나 그는 삼 일 만에 살아나리라 하시니라(막 10:32-34).

이번에는 전보다 더 자세히 말씀하셨다. 예수님이 예루살렘에서 돌아가시고 유대인이나 이방인이나 할 것 없이 그분을 버릴 것이라는 이야기는 여기서 처음 나온다. 8장에서는 유대 종교 지도자들이란 말만 나오고, 9장에서는 "사람들"의 손에 넘겨진다는 식으로 뭉뚱그린 정보만 나타난다. 8장에서는 제사장과 서기관들에게 "버린 바 되어"라고만 나오지만 10장에서는 그들이 "죽이기로 결의하고"라고 나온다. 이는 예수님이 형사 사법 시스템을 통해 심문을 받고 처형을 당하신다는 뜻이다. 또한 고난에 관한 묘사도 더욱 적나라해졌다. "능욕하며 침 뱉으며 채찍질하고."

예수님은 단 세 장안에 자신의 죽음을 세 번이나 언급하셨다. 이는 예수님이 자신의 죽음을 부수적인 사건이 아니라 자신의 사명에서 가장 중요하고도 핵심적인 사건으로 보셨다는 뜻이다. 하지만 마가복음 10장은 예수님이 처음으로 죽음의 이유까지 밝히셨다는 것에 가장 큰 의의가 있다.

인자가 온 것은 섬김을 받으려 함이 아니라 도리어 섬기려 하고 자기 목숨을 많은 사람의 대속물로 주려 함이니라(막 10:45).

예수 그리스도는 섬김을 받기 위해서가 아니라 자기 목숨을 내주러 오셨다. 예수님이 다른 모든 주요 종교의 창시자와 결정적으로 다른 점이다. 여느 종교 창시자들의 목적은 모범적으로 '사는' 것이었다. 하지만 예수님의 목적은 희생 제물로 '죽는' 것이었다.

예수님이 "온 것"이라는 단어를 선택하신 것은 그분이 이 땅에 태어나기 전부터 존재하셨다는 사실을 은연중에 드러내신 것이다. 예수님은 이 땅으로 '오셨다.' "섬김을 받으려 함이 아니라"라는 말씀에는 예수님이 원래 누구보다도 섬김을 받을 권리가 있지만 그 권리를 주장하지 않으셨다는 전제가 깔려 있다.

마지막 문장 "자기 목숨을 많은 사람의 대속물로 주려 함이니라"는 예수님이 돌아가셔야 하는 이유를 요약한 문장이다. "많은 사람'의' 대속물"에서 "의"에 해당하는 헬라어 '안티(anti)'는 '~대신'을 뜻한다. 대속물이 무엇인가? 대속물에 해당하는 헬라어 '루트론(lutron)'은 '노예나 죄수의 자유를 사는 것'을 뜻한다. 노예나 죄수에게 자유를 사 주려면 막대한 비용을 치르거나 그의 빚을 대신 갚아 주어야 했다.

예수님은 이런 몸값을 치르기 위해 오셨다. 하지만 예수님이 해결하려는 노예 상태는 우주적인 악이기 때문에 우주적인 몸값이 필요했다. "너희가 치를 수 없는 몸값을 내가 치르겠다. 네게 자유를 사주겠다." 예수님은 그렇게 말씀하시면서 십자가로 걸어가셨다.

사랑하시기에 기꺼이 희생하시다

십자가에 관한 기독교의 가르침이 잔인하게만 느껴지는가? 십자가를 생각하면 고대 원시 사회에서 숭배했던 피에 굶주린 신들이 떠오르는가? 예를 들어, 호머의 「일리아드」(*The Iliad*)를 보면 아가멤논은 친딸을 희생시킨 뒤에야 트로이로 가는 순풍을 얻을 수 있었다. 딸의 희생이 신들의 노여움을 달랬고 트로이로 가는 길이 열렸다. 예수님이 마가복음에서 하신 말씀은 얼핏 이런 미개한 고대 문화를 떠올리게 만든다. 과연 하나님은 무고한 노예와 죄인들의 방면을 위해 피의 희생을 요구하는 성마른 신인가?

전혀 그렇지 않다. 하지만 하나님이 정말로 사랑의 하나님이라면 왜 그냥 만인을 용서해 주시지 않는 것일까? 왜 예수님이 고난을 받고 돌아가셔야 했는가? 왜 예수님이 대속물이 되셔야 했을까?

먼저 예수님은 하나님의 사랑에도 불구하고 돌아가셔야만 했던 게 아니다. 예수님은 하나님의 사랑 '때문에' 돌아가셨던 것이다. '진정한 사랑은 대신 희생해 주는 사랑'이기 때문이다.

아무런 부족함이 없는 사람을 사랑하면 아무런 대가가 따르지 않는다. 그저 즐겁기만 하다. 주위를 돌아보면 그런 사랑을 나눌 사람이 적지 않다. 그런 사람을 찾아 사귀기만 하면 된다. 하지만 가난하거나 힘들거나 박해를 받거나 마음의 상처를 안고 살아가는 사람을 사랑하려면 희생이 따른다. 자기희생 없이는 그런 사람을 사랑할 수 없다. 상대방의 짐을 조금이라도 나눌 수 있어야 한다.

세상에는 상처받은 사람이 무수히 많다. 마음이 괴로워 사랑을 절실히 갈구하는 사람들과 함께 있으면 자꾸만 시계를 보게 된다. 틈을 봐서 그 자리를 빠져나오고 싶다. 신세 한탄을 듣다 보면 그야말로 진이 빠진다. 하지만 나의 감정적 샘이 고갈될 때까지 진정한 사랑으로 귀를 기울여 줘야 그들이 조금이라도 치유될 수 있다. 나의 기쁨을 어느 정도 포기해야 한다. 나만 마음 편하게 살려고 그런 사람들을 피하면 그들은 점점 죽어 갈 수밖에 없다. 그들을 사랑하는 유일한 길은 그들을 대신하여 희생하는 것이다.

더 극적인 예로 양육에 관해 생각해 보자. 자녀는 부모에게 의존한다. 자녀는 스스로를 챙길 수 없다. 자녀는 저절로 의존적인 존재에서 독립적인 존재로 자라지 않는다. 부모가 20년 넘게 자신을 포기해야만 번듯한 성인으로 자랄 수 있다. 예를 들어, 부모가 재미 없어도 꿋꿋이 동화책을 읽어 주지 않으면 자녀의 지성은 제대로 자라나지 않는다. 또한 부모는 자녀의 시시콜콜한 얘기까지 다 경청해야 한다. 자녀에게 옷을 입하고 목욕을 시키고 밥을 먹이는 것도 보통 힘든 일이 아니다. 게다가 한 번 혼낼 때마다 다섯 번을 칭찬해 줘야 한다. 부모가 자유와 시간을 많이 포기하지 않으면 자녀는 건강한 성인으로 자랄 수 없다.

그런데 안타깝게도 그렇게 하지 않는 부모가 너무 많다. 그들은 자신의 삶이 방해받는 것을 원치 않는다. 자녀에게 자신을 내줄 마음이 없다. 희생할 생각이 없다. 그래서 자녀는 몸은 커져도 마음은 약하고 의존적인 어린아이 수준을 벗어나지 못한다. 부모가 희생하거나 자녀가 희생하거나 둘 중 하나다. 부모가 잠시의 고통을 참든가 자녀가 평생 고통 속에서 삶을 낭비하든가 둘 중 하나다. 진정한 사랑은 대신 희생하는 사랑이다.

해리 포터(Harry Potter)의 엄마 릴리 포터(Lily Potter)를 아는가? 해리 포터 시리즈의 첫 책에서 사악한 볼드모트(Voldemort)는 해리를 죽이려고 하지만 실패한다. 볼드모트의 조종을 받는 악한이 해리에게 손을 대려고 하다가 극심한 고통으로 뜻을 이루지 못한다. 나중에 해리가 스승 덤블도어(Dumbledore)를 찾아가 묻는다. "그가 왜 저를 만지지 못했죠?" 그러자 덤블도어는 이렇게 대답한다. "네 어미가 너를 구하기 위해 죽었단다.…네 어미의 사랑처럼 강한 사랑은 흔적을 남기기 마련이지. 상처가 아니라 눈에 보이지 않는 표시야.…(하지만) 깊은 사랑을 받으면…영원한 보호막이 생기지."[51] 덤블도어의 말이 왜 감동적인가? 일상적인 경험부터 극적인 경험까지 다양한 경험 속에서 희생이야말로 진정한 사랑의 증거라는 것을 배웠기 때문이다. 우리를 고통 가운데 혼자 버려두지 않고 자신을 희생하면서까지 아픔을 함께 나눠 준 부모와 선생, 친구, 배우자…. 그들의 사랑은 우리를 크게 변화시켰다.

그런데 하나님은 그 어떤 인간보다도 사랑이 충만하시다. 그토록 사랑이 많은 분이기에 궁극의 악과 죄를 해결하기 위해 대속의 희생을 하신 것이다. 죄는 모른 체한다고 없어지는 것이 아니다. 그냥 "용서할게"라고 말한다고 해서 죄가 사라지거나 회복되지 않는다. 반드시 대가를 치러야 한다. 그것도 비싼 대가를 치러야 한다. 하나님이 악을 그냥 눈감아 주시면 얼마나 좋을까? 하지만 누군가는 빚을 갚아야 한다. 그런데 하나님은 우리를 너무도 사랑하시기에 기꺼이 죽으심으로 그 빚을 대신 갚아 주셨다.

이것이 성경의 하나님이 원시적인 이방 신들과 결정적으로 다른 점이다. 고대인들은 신의 분노, 정의, 빚, 형벌 같은 개념만 알았지 하나님이 오셔서 빚을 대신 갚아 주신다는 것은 상상조차 하지 못했다. 십자가는 하나님의 대속이다. 예수님의 제자들은 말할 것도 없고 그 대단한 호머도 신의 대속이라는 개념을 죽었다 깨어나도 상상조차 하지 못했을 것이다.

예수님이 우리를 구속하기 위한 유일한 방법은 자신의 목숨을 대속물로 내주는 것뿐이었다. "다 용서해 줄게." 하나님이 그렇게 말씀하신다고 용서가 되는 게 아니다. 하나님이 세상을 창조하실 때는 그냥 "빛이 있으라"라고 하시니까 빛이 생겼다. 하나님이 "식물이 있으라"라고 한마디만 하시자 식물이 생겼다. 하나님이 "해와 달과 별이 있으라"라고 하는 순간, 해와 달과 별이 생겼다(창 1장). 하지만 용서는 "용서가 있으라"라고 말만 해서 될 문제가 아니다. 용서는 그렇게 간단하지 않다.

하나님은 세상을 순식간에 창조하셨으며 그 과정은 매우 아름다웠다. 하나님은 십자가 위에서 세상을 재창조하셨으며 그 과정은 매우 끔찍했다. 진정으로 변화를 일으키고 구속하는 사랑은 언제나 대속의 희생을 수반한다.

C. S. 루이스는 「사자와 마녀와 옷장」(*The Lion, the Witch and the Wardrobe*)에서 대속의 개념을 이렇게 풀이했다. "반역과 상관없는 자발적인 희생자가 반역자 대신 죽었다. 그 순간, 탁자가 갈라지고 죽음 자체가 뒷걸음질하기 시작했다."[52]

종교와 도덕주의를 넘어 예수를 바라보라

이제 제자들이 예수님이 고난을 받고 돌아가셔야 하는 이유를 이해하지 않았을까? 예수님이 충분히 여러 번 말씀하셨으니 말이다. 또한 마가는 예수님이 "드러내 놓고 이 말씀을 하시니"라고 말했다. 하지만 다음 이야기를 보면 제자들은 아직도 이해하지 못한 게 분명하다. 야고보와 요한을 비롯한 제자들은 예수님의 임박한, 그리고 필연적인 죽음에 관한 이야기를 최소한 세 번은 들었다. 그런데도 야고보와 요한은 예수님께 어리석은 요청을 한다.

> 세베대의 아들 야고보와 요한이 주께 나아와 여짜오되 선생님이여 무엇이든지 우리가 구하는 바를 우리에게 하여 주시기를 원하옵나이다. 이르시되 너희에게 무엇을 하여 주기를 원하느냐(막 10:35-36).

"선생님이여 무엇이든지 우리가 구하는 바를 우리에게 하여 주시기를 원하옵나이다." 어떤가? 당신도 이런 식으로 기도를 시작한 적이 많지 않은가? "주님, 작은 요청이 하나 있습니다. 꼭 들어주시면 좋겠습니다." 예수님은 늘 그래 왔듯이 제자들의 어리석음을 자애롭게 참아 주신다. "정말 답답하구나. 처음부터 다시 얘기해야겠느냐?" "제자가 선생에게 어찌 감히 그런 말을 하느냐?" 예수님은 그렇게 꾸짖지 않고 제자들이 원하는 대로 물어 주신다. "너희에게 무엇을 하여 주기를 원하느냐?"

> 여짜오되 주의 영광중에서 우리를 하나는 주의 우편에, 하나는 좌편에 앉게 하여 주옵소서. 예수께서 이르시되 너희는 너희가 구하는 것을 알지 못하는도다. 내가 마시는 잔을 너희가 마실 수 있으며 내가 받는 세례를 너희가 받을 수 있느냐(막 10:37-38).

야고보와 요한 형제는 '주님이 보좌에 앉으실 때'라는 의미로 "영광중에"라는 표현을 썼다. 다시 말해, 그들은 총리와 참모총장처럼 보좌의 양편에 앉기를 원했다. "권력을 얻으시거든 저희를 내각의 수장들로 삼아 주세요." 하지만 무의미한 요청이다. 예수님의 가장 영광스러운 순간이 언제인가? 예수님이 어디서 하나님의 정의의 영광을 가장 분명히 드러내셨는가? 예수님이 어디서 하나님의 사랑의 영광을 가장 충만하게 드러내셨는가? 바로 십자가 위에서다.

예수님이 가장 영광스러운 순간을 맞을 때 실제로 그분의 우편과 좌편에 누군가가 있었다. 하지만 제자들이 아니라 십자가 처형을 당한 범죄자들이다. 그래서 예수님은 야고보와 요한에게 사실상 이렇게 말씀하신다. "무엇을 알고 그런 부탁을 하는 것이냐?"

예수님은 야고보와 요한에게 잔과 세례 이야기를 하신다. 구약에서 '잔'은 대부분 하나님의 공정한 심판을 상징한다. 예수님은 '세례'도 옛 의미, 곧 물에 몸이 완전히 잠긴다는 의미, 그만큼 압도적인 경험이라는 의미로 사용하신 것이다. "내가 그 몸값을 지불할 것이다. 내가 그 잔을 마실 것이다. 내가 그 틈을 메울 것이다. 내가 모든 인간악에 대한 공정한 심판을 받을 것이다. 네가 형벌을 받지 않도록 내가 형벌이라는 압도적인 경험을 감당할 것이다." 하지만 그들은 여전히 깨닫지 못한다. 이야기는 계속된다.

예수께서 이르시되 너희는 너희가 구하는 것을 알지 못하는도다. 내가 마시는 잔을 너희가 마실 수 있으며 내가 받는 세례를 너희가 받을 수 있느냐? 그들이 말하되 할 수 있나이다. 예수께서 이르시되 너희는 내가 마시는 잔을 마시며 내가 받는 세례를 받으려니와 내 좌우편에 앉는 것은 내가 줄 것이 아니라 누구를 위하여 준비되었든지 그들이 얻을 것이니라. 열 제자가 듣고 야고보와 요한에 대하여 화를 내거늘 예수께서 불러다가 이르시되 이방인의 집권자들이 그들을 임의로 주관하고 그 고관들이 그들에게 권세를 부리는 줄을 너희가 알거니와 너희 중에는 그렇지 않을지니 너희 중에 누구든지 크고자 하는 자는 너희를 섬기는 자가 되고 너희 중에 누구든지 으뜸이 되고자 하는 자는 모든 사람

의 종이 되어야 하리라. 인자가 온 것은 섬김을 받으려 함이 아니라 도
리어 섬기려 하고 자기 목숨을 많은 사람의 대속물로 주려 함이니라(막
10:38-45).

예수님이 대속의 희생에 관한 가르침을 또다시 주신다. 어떤가? 답
답하지 않은가? "예수님이 몇 번을 말씀하셨는데 어리석게 아직도
깨닫지 못하다니!" 하지만 제자들을 비웃기보다는 우리 자신이 무엇
을 깨닫지 못하고 있는지를 돌아봐야 한다.

성경학자 리처드 헤이스(Richard Hays)는 마가복음의 이 부분에
관해 다음과 같이 말했다.

도덕적 삶에 관한 마가의 비전은 매우 아이러니하다. 하나님의 계시는
늘 아리송하고 뜻밖이니 예수님의 제자들이 그분의 뜻을 자꾸만 곡해
할 만도 하다. (따라서) 잘난 체나 독단은 옳지 않다. 이 이야기를 깊이
받아들이면 교만을 버리게 된다. 매우 자기 비판적이게 되며, 하나님의
사랑과 능력이 예기치 못하게 나타나도 받아들일 줄 알게 된다.[53]

야고보와 요한의 반응을 보건대, 인간이 십자가의 진정한 의미를 받
아들이기는 참으로 어렵다. 이 점을 깨달으면 겸손을 향해 성큼 나아
간 셈이다. 교만은 진실을 보지 못하도록 눈을 가린다. 교만의 가장
흔한 표현은 걱정이다. 보통 사랑하는 사람들에 대해 걱정을 한다.
하지만 끊임없는 걱정은 어디서 오는지 아는가? 바로 교만에서 온

다. "내 삶은 이러해야 하는데 하나님은 왜 이렇게 하시지 않을까?" 자신이 하나님보다 더 잘 안다고 생각할 때 걱정이 끊이지 않는다. 그래서 진정한 겸손은 걱정이 아니라 영혼에 안식을 준다. 진정한 겸손은 자신을 비웃을 줄 아는 것이다. 진정한 겸손은 자기를 비판할 줄 아는 것이다. 십자가는 우리 마음속에 이런 종류의 겸손을 심어 준다.

예수님은 자신이 온 이유를 제자들이 여전히 깨닫지 못하자 그들을 한자리에 모아 말씀하셨다. "이방인의 집권자들이 그들을 임의로 주관하고 그 고관들이 그들에게 권세를 부리는 줄을 너희가 알거니와 너희 중에는 그렇지 않을지니." 이는 대부분의 사람들이 어떤 방법으로 사회에 영향을 미치려고 하는지를 꼬집은 말씀이다. 사람들은 남들 위에 군림하려고 한다. 사람들은 권력과 통제를 추구한다. 힘과 부와 연줄이 있어야 자기 뜻을 이룰 줄 안다.

"너희 중에는 그렇지 않을지니." 이 말씀은 무슨 뜻일까? 나서지 말고 초야에 묻혀 살라는 뜻일까? 아니다. 사실, 이 말씀에 담긴 원칙은 이미 예레미야서 29장에서도 등장했다. 당시 이스라엘은 바벨론 제국에 멸망을 당했고 많은 백성이 바벨론으로 끌려갔다. 바벨론 포로들은 침략국인 바벨론 사회에 대해 어떤 태도를 품어야 할까? 사회에 영향을 끼치려고 하지 말고 그냥 제 식구만 잘 건사해야 할까? 아니면 게릴라 전술로 바벨론 정부를 전복시켜야 할까? 과연 하나님은 무엇을 원하실까? 예레미야서 29장 7절에서 하나님은 이렇게 말씀하셨다. "너희는 내가 사로잡혀 가게 한 그 성읍의 평안을 구하고 그를 위하여 여호와께 기도하라. 이는 그 성읍이 평안함으로 너희도 평안할 것임이라." 다시 말해, 바벨론의 번영을 추구하라. 너희가 사는 곳을 위대한 도시로 키우라. 언어가 다르고 종교가 달라도 이웃을 섬기라. 단지 의무감만으로 그렇게 하지 말라. "그를 위해 기도하라"는 곧 그를 사랑하라는 뜻이다. 그 도시를 사랑하라. 그 도시를 위해 기도하라. 그 도시를 번영하게 만들라. 그 도시를 평화롭고 살기 좋은 곳으로 일구라. 너희의 섬김으로 바벨론이 번영하면 너희도 번영할 것이다.

하나님은 이렇게 말씀하신다. "권력을 통해 영향력을 얻으려는 것은 어리석은 짓이다. 권력을 통해 얻은 영향력으로는 사회를 진정으로 변화시킬 수 없다. 너희는 전혀 다른 방법을 써야 한다. 주변 사람들에게 희생적인 사랑을 퍼부으라. 그러면 곧 그들이 너희 없이 살아간다는 것은 상상조차 할 수 없게 될 것이다. 너희가 자신만이 아니라 그들을 위해서도 일하는 모습을 보고 그들이 너희를 신뢰할 것이다. 그들이 알아서 너희를 우러러보면 너희에게 진정한 영향력이 생긴 것이다. 진정한 영향력은 남들에게서 빼앗는 것이 아니라 남들이 자발적으로 주는 것이다." 이런 영향력의 모델은 누구인가? 물론, 예수님 자신이시다. 예수님은 적들을 어떻게 대하셨는가? 천군 천사를 보내 공격하셨는가? 아니다. 예수님은 그들의 죄를 위해 돌아가셨고, 돌아가는 순간에도 그들을 위해 기도하셨다. 이렇게 원수를 위해 돌아가신 분을 지향점으로 삼는 사람은 권력이 아닌 섬김을 통해 사회에 영향을 끼친다.

물론 생각만큼 쉽지 않다. 2007년 1월 7일 「뉴욕 타임스」(*New York Times*)지는 "행복의 기본"이라는 흥미로운 기사를 실었다. 기사는 행복의 요건을 과학적으로 분석한 심리학의 한 갈래인 "긍정 심리학"을 다루고 있다. 이 분야의 연구가들은 자신에게 즐거운 활동을 하면 행복이 아닌 "쾌락의 쳇바퀴"에 빠질 뿐이라고 말한다. 쾌락에 중독이 되어 자꾸만 더 자극적인 쾌락을 추구할 뿐 진정한 만족과 행복은 얻을 수 없다. 행복의 증진에 가장 좋은 방법은 이타적인 마음으로 어려운 사람들을 돕는 것이다. 기사에 따르면, "깊은 관계와 사랑", "행복", "삶의 의미와 목적" 같은 "더 나은 결과로 이어지는 삶의 방식"이 있다.

이 기사는 남들을 이타적으로 섬기고 살면 뿌듯한 기분과 삶의 의미를 얻을 수 있다고 말한다. 이타적으로 살아야 "더 나은 결과"를 얻을 수 있다. 다시 말해, 이타적으로 살아야 하는 것은 의무감이나 도덕 때문이 아니라 우리 자신의 행복을 위해서다.

하지만 자신의 행복을 위해 이타적으로 산다면 결국 이타적인 삶이 아니다. 남을 사랑하는 삶이 아니라 결국 자신을 위한 삶이다. 요컨대 이기적인 이유로 이타적인 삶을 추구하는 것이다.

그렇다면 도덕을 따라야 진정으로 이타적인 삶을 살 수 있을까? 그렇지 않다. 도덕적인 삶도 진정으로 이타적인 삶은 아니다. 「뉴욕 타임스」지는 "행복의 기본" 기사를 내보내기 몇 주 전 억만장자들이 기부해야 하는 이유에 관한 생명윤리학자 피터 싱어(Peter Singer)의 글을 실었다. 이 글에는 '종교적인 동기'라는 소제목이 붙어 있었다. 이 소제목 하에 싱어는 종교적인 사람들이 의무감 때문에 기부한다고 말했다. 그에 따르면 종교적인 사람들은 기부해야 하나님의 복을 받고 천국에 갈 수 있다고 믿는다. 나는 이 글의 주장에 대체로 동의하지 않지만 "이것은 이기적이다"라는 말만큼은 옳다고 생각한다. 천국에 가기 위해 가난한 사람들을 돕는 삶은 긍정 심리학의 주장과 똑같은 모순을 안고 있다. 자신의 유익, 이 경우에는 영원한 유익을 위해 이타적인 삶을 추구하는 것도 역시 이기적인 이유로 이타적인 삶을 추구하는 것이다. 이는 진정으로 이타적인 삶이 아니다.

설교자이자 신학자인 조나단 에드워즈(Jonathan Edwards)는 피터 싱어보다도 훨씬 전에 저서 「참된 미덕의 본질」(*The Nature of True Virtue*)에서 이 문제를 다루었다. 에드워즈는 복음을 믿지 않고 자기 노력으로 구원받을 수 있다고 믿으면 순수한 사랑으로 남을 도울 수 없다고 말한다. 남을 돕는다고 하지만 결국은 자신을 위해서 하는 것일 뿐이다. 남을 위해, 결국 하나님을 위해 좋은 일을 하는 것이 아니다. 단지 뿌듯한 기분을 느끼고 천국에 갈 확률을 높이기 위해 선행을 베풀 뿐이다. 이런 선행은 결국 이기적인 행위이다. 마냥 좋아서 하는 것이 아니라 의무감으로 하는 행위요 남에게 우월감을 느끼기 위해 하는 행위이다.

어떻게 해야 이런 이기주의의 함정에서 벗어나 진정으로 이타적인 사람이 될 수 있을까? 세속주의와 심리학, 상대주의뿐 아니라 종교와 도덕주의도 우리를 진정 이타적인 길로 인도할 수 없다. 그렇다면 답은 어디에 있을까? 답은 우리 자신이 아닌 다른 곳에서 찾아야 한다. 바로, 예수님을 바라봐야 한다. 예수님은 진정한 대속물이 되셨다. 그분은 우리를 대신해 죗값을 치르셨다. 우리가 스스로를 무가치하게 여길 때 그분은 자신의 목숨을 버릴 만큼 우리가 소중한 존재라고 깨우쳐 주셨다. 그래서 우리는 그분 안에서 필요한 모든 것을 가졌다. 그 모든 것을 은혜를 통해 선물로 받았다.

이제 우리가 착한 일을 하는 것은 하나님 앞에 서기 위해서가 아니다. 우리의 가치를 증명하기 위해서가 아니다. 선행으로 자존감이 조금 높아져 봐야 뭐하는가? 우리를 위해 목숨까지 버리신 예수님의 깊은 사랑을 통해 우리의 진정한 가치를 알고 나면 선행이 주는 약간의 자존감 따위는 아무것도 아니다. 십자가를 진정으로 아는 순간, 우리는 더없이 겸손해진다. 억지로 남을 돕는 것이 아니라 스스로 원해서 남을 돕는다. 우리에게 그토록 많은 선물을 주신 분을 닮고 그분을 기쁘시게 하기 위해 최선을 다한다. 상대방이 섬겨 줄 만한 사람인지는 전혀 따지지 않는다. 오직 복음만이 이타적인 삶을 위한 순수한 동기를 일으킬 수 있다. 물론 이런 동기로 이타적인 삶을 살아도 뿌듯함 같은 유익은 똑같이 따라온다.

독일의 매우 유력하고 부유한 가문에서 태어나 1700년에서 1760년까지 산 니콜라스 폰 진젠도르프(Nicholas von Zinzendorf) 백작은 모라비안 교회(Moravian Church)의 창립자 중 한 명이다. 그는 재산이 거의 바닥이 날 때까지 남들을 도왔다. 왜 그랬을까? 도대체 무슨 사연이 있기에 그토록 철저히 이타적인 삶을 살았을까? 19세의 청년 시절 그는 학업을 마치기 위해 유럽의 수도들을 방문했다. 그러던 어느 날 뒤셀도르프(Dusseldorf) 미술관에서 가시관을 쓰신 예수님을 그린 도메니코 페티(Domenico Feti)의 "이 사람을 보라(Ecce homo)"를 보았다.[54] 고난받는 주님을 한참 바라보다가 그림 아래를 보니 화가가 쓴 글이 보였다. "내 너를 위해 이 모든 일을 했는데 너는 나를 위해 무엇을 하려느냐?" 지금 예수님이 우리 모두를 향해 이렇게 말씀하고 계시지 않겠는가?

성전을 정화하다

삶을 비출 말씀의
횃불을 들라

4

그들이 예루살렘에 가까이 와서 감람 산 벳바게와 베다니에 이르렀을
때에 예수께서 제자 중 둘을 보내시며 이르시되 너희는 맞은편 마을로
가라. 그리로 들어가면 곧 아직 아무도 타 보지 않은 나귀 새끼가 매여
있는 것을 보리니 풀어 끌고 오라. 만일 누가 너희에게 왜 이렇게 하느
냐 묻거든 주가 쓰시겠다 하라. 그리하면 즉시 이리로 보내리라 하시니
제자들이 가서 본즉 나귀 새끼가 문 앞 거리에 매여 있는지라. 그것을
푸니 거기 서 있는 사람 중 어떤 이들이 이르되 나귀 새끼를 풀어 무엇
하려느냐 하매 제자들이 예수께서 이르신 대로 말한대 이에 허락하는
지라. 나귀 새끼를 예수께로 끌고 와서 자기들의 겉옷을 그 위에 얹어
놓으매 예수께서 타시니 많은 사람들은 자기들의 겉옷을, 또 다른 이들
은 들에서 벤 나뭇가지를 길에 펴며 앞에서 가고 뒤에서 따르는 자들이
소리 지르되 호산나 찬송하리로다 주의 이름으로 오시는 이여 찬송하
리로다 오는 우리 조상 다윗의 나라여 가장 높은 곳에서 호산나 하더라
(막 11:1-10).

예수님이 예루살렘에 입성하시자 사람들이 길목에 자신들의 외투를
깔고 그분을 다윗 가문의 이름으로 오시는 왕으로 여겨 환호했다. 당
시에는 왕이 공개적으로 입성하면 군중이 환호하는 풍습이 있었다.
하지만 예수님은 일부러 대본에서 벗어나 매우 독특한 모습을 보이

셨다. 예수님은 여느 왕처럼 늠름한 군마를 타지 않고 '폴로스(polos)' 곧 망아지나 작은 나귀를 타셨다. 기적의 힘을 지니신 만왕의 왕 예수 그리스도께서 어린아이나 난쟁이에게나 어울리는 망아지를 타고 성으로 들어오셨다. 이는 자신이 스가랴서에 예언된 위대한 메시아라는 사실을 만방에 알리시기 위함이었다.

> 시온의 딸아 크게 기뻐할지어다. 예루살렘의 딸아 즐거이 부를지어다. 보라. 네 왕이 네게 임하시나니 그는 공의로우시며 구원을 베푸시며 겸손하여서 나귀를 타시나니 나귀의 작은 것 곧 나귀 새끼니라(슥 9:9).

왕과 나귀 새끼라는 별난 조합은 예수님이 왕이로되 세상의 왕과는 전혀 다르다는 사실을 보여 준다. 예수님은 위엄과 온순함을 한 몸에 지니셨다. 조나단 에드워즈는 역사상 가장 위대한 설교 중 하나인 1738년의 "그리스도의 뛰어남"이라는 설교에서 예수님의 제자 요한이 요한계시록 5장 5-6절에 기록한 환상에 주목했다. "장로 중의 한 사람이 내게 말하되 울지 말라. 유대 지파의 사자 다윗의 뿌리가 이겼으니 그 두루마리와 그 일곱 인을 떼시리라 하더라. 내가 또 보니 보좌와 네 생물과 장로들 사이에 한 어린 양이 서 있는데 일찍이 죽임을 당한 것 같더라." 요한은 사자를 보라는 음성을 들었는데 이상하게도 보좌 중앙에는 어린 양이 서 있었다. 에드워즈는 이 부분을 다음과 같이 풀이했다.

사자는 힘, 그리고 외향과 음성에 서린 위엄이 뛰어나다. 어린 양은 온순함과 끈기가 뛰어나다. 하지만 이 본문에서 그리스도는 둘 모두에 비유되신다. 그것은 놀랍게도 서로 다른 두 가지 뛰어남이 그분 안에서 하나로 만나기 때문이다. 예수 그리스도 안에는 전혀 어울릴 것 같지 않은 두 뛰어남이 결합되어 있다.[55]

계속해서 에드워즈는 예수님 안에서 상극처럼 보이는 특성들이 어떻게 결합되었는지를 자세히 설명한다. 예수님 안에는 무한한 위엄과 완전한 겸손, 완벽한 정의와 무한한 은혜, 절대적인 주권과 절대 순종, 자족과 하나님에 대한 전적인 의지가 공존한다.

예수님 안에는 이런 상충하는 특성들이 공존함에도 정신 분열증으로 이어지지 않았다. 오히려 예수님의 정신은 그 누구보다도 온전하셨다. 전능한 왕이 초라한 나귀를 타고 예루살렘에 입성한 뒤에 어떤 위대한 일을 이루셨는지 보자.

하나님께로 가는 길을 만인에게 여시다

예수님은 예루살렘에서 성전에 들어가셨는데 그곳에서 약간의 소란이 생겼다. 마가의 기록을 보자.

예수께서 예루살렘에 이르러 성전에 들어가사 모든 것을 둘러보시고 때가 이미 저물매 열두 제자를 데리시고 베다니에 나가시니라. 이튿날…그들이 예루살렘에 들어가니라. 예수께서 성전에 들어가사 성전 안에서 매매하는 자들을 내쫓으시며 돈 바꾸는 자들의 상과 비둘기 파는 자들의 의자를 둘러엎으시며 아무나 물건을 가지고 성전 안으로 지나다님을 허락하지 아니하시고 이에 가르쳐 이르시되 기록된 바 내 집은 만민이 기도하는 집이라 칭함을 받으리라고 하지 아니하였느냐? 너희는 강도의 소굴을 만들었도다 하시매 대제사장들과 서기관들이 듣고 예수를 어떻게 죽일까 하고 꾀하니 이는 무리가 다 그의 교훈을 놀랍게 여기므로 그를 두려워함일러라(막 11:11, 15-18).

마가는 예수님이 "성전에 들어가사"라고 말한다. 이 사실이 왜 중요할까? 성전 문을 열면 가장 먼저 나타나는 곳은 이방인(에트네ethne 혹은 민족들)의 뜰이었다. 이곳은 유일하게 비유대인의 출입이 허용된 곳이었다. 성전에서 가장 넓은 구역이었고, 성전의 나머지 부분으로 가려면 반드시 이곳을 지나야 했다. 아울러 성전의 모든 사업상 거래가 이곳에서 이루어졌다. 그런데 거래의 규모가 보통이 아니었다. 예수님이 성전에 들어서자마자 짐승을 사고파는 수십 개의 노점과 환전상의 탁자에서 외환을 바꾸는 수많은 사람이 눈에 들어왔다. 그야말로 수천 명이 모여 제사에 쓸 짐승을 사고팔았다. 고대 역사가 요세푸스(Josephus)는 한 해의 유월절 주간에 성전 뜰에서 25만 5,000마리의 어린 양이 거래되고 희생 제물로 바쳐졌다고 말했다.[56] 오늘날에도 주식거래소가 얼마나 시끌벅적하고 북적거리는가. 거기에 가축 떼까지 사방에서 울어 댄다고 상상해 보라. 이방인들이 조용한 묵상과 기도 중에 하나님을 만나야 할 곳이 이렇게 아수라장이었다.

이 상황에서 예수님의 첫 번째 행동은 집기를 집어던지는 것이었다. 필시 놀란 종교 지도자들이 허겁지겁 달려왔을 것이다. "당신, 뭐하는 거요?" 이에 예수님은 이사야서의 한 구절을 인용하셨다. "내 집은 만민이 기도하는 집이라 칭함을 받으리라고 하지 아니하였느냐?" 다시 말해, 내 집은 이방인들이 기도하는 집이다! 마가복음을 보면 이 말씀을 듣고 사람들이 크게 놀랐다. 왜 그랬을까? 무엇보다도 메시아가 나타나 이방인들의 신전을 청소할 것이라는 믿음이 널리 퍼져 있었기 때문이다. 그런데 엉뚱하게 예수님이 이방인들을 '위해' 성전을 청소하시는 게 아닌가. 예수님이 이방인들의 친구처럼 행동하셨다.[57] 다문화 사회라면 예수님의 이런 행동을 열렬히 환영하겠지만 당시 유대 사회는 전혀 그렇지 않았다. 게다가 예수님은 희생 제물 시스템을 완전히 뒤엎어, 이제는 '더러운' 이방인들도 기도를 통해 하나님을 직접 만날 수 있다고 말씀하셨다. 성막과 성전의 역사를 잘 아는 사람들로서는 깜짝 놀랄 말씀이 아닐 수 없었다.

성전의 이야기는 에덴동산까지 거슬러 올라간다. 이 최초의 동산은 하나님이 임하신 성소였다. 하나님의 임재만 있고 죽음, 기형, 악, 불완전은 없는 낙원이었다. 하나님이 계시면 절대적인 번영과 만족, 기쁨, 행복의 상태인 '샬롬'이 임한다. 하지만 최초의 인류는 하나님 외의 것으로 삶의 의미를 찾으려고 한 탓에 낙원을 잃어버리고 말았다. 아담과 하와가 성소에서 쫓겨나면서 뒤를 돌아보자 "두루 도는 불 칼"(창 3:24)이 보였다. 그 후로 누구도 이 불 칼을 지나 하나님의 곁으로 갈 수 없었다.

하나님께 등을 돌린 결과는 참혹했다. 하나님 외에 권력, 지위, 찬사, 가족, 민족, 국가 같은 것에서 삶의 의미를 찾으니 갈등, 전쟁, 폭력, 가난, 질병, 죽음이 몰려왔다. 인간은 서로를 유린하고 지구를 파괴했다. "죄송하지만 이제 하나님 품으로 돌아가도 될까요?" 어림도 없다. 당신이 가증스러운 범죄의 희생자라고 치자. 그런데 가해자(혹은 판사)가 "죄송하지만 그냥 잊어 주시면 안 될까요?"라고 말한다고 하자. 그냥 잊어 주면 그만일까? 당신이 원망과 복수심을 접는다 해도 그것만으로는 정의가 이루어지지 않는다. 정의를 회복하기 위해서는 뭔가 비싼 대가가 치러져야 한다.

불 칼은 영원한 정의의 칼이다. 이 칼은 끝까지 대가를 요구하는 칼이다. 이 칼 아래로 지나지 않으면, 잘못에 대한 대가를 치르지 않으면, 누구도 하나님의 품으로 돌아갈 수 없다. 하지만 이 칼 아래로 지나고도 살아남을 사람이 있을까? 아무도 없다. 이 칼에 살아남을 사람이 아무도 없다면 하나님의 품으로 어떻게 돌아가야 할까?

하나님이 선민인 이스라엘 백성들에게 임시적인 해법을 주신 뒤에도 이 질문은 해결되지 않고 그대로 남아 있었다. 첫 번째 임시적인 해법은 성막을 통하는 것이었고 두 번째 해법은 성전을 통하는 것이었다.[58] 성전의 한가운데에는 지성소가 있었다. 지성소는 작은 공간으로, 하나님의 쉐키나 영광으로부터 사람들을 보호하기 위해 두꺼운 휘장에 덮여 있었다. 알다시피 하나님의 직접적인 임재는 인간에게 치명적이었다. 그래서 일 년에 한 번 속죄일에 대제사장만 잠시 지성소 안에 들어갈 수 있었고 그나마도 피의 희생 제물을 가지고 들어가야 했다. 칼 아래를 지나지 않고서 하나님의 품으로 돌아갈 방법은 없었기 때문이다. 하지만 피의 희생 제물도 진정한 대속의 불완전한 상징에 불과할 뿐이었다. 게다가 이 대속은 유대인이 아닌 사람들에게는 일체 적용되지 않았다. 성막과 성전과 희생 제물 시스템은 불 칼을 통과하여 하나님의 임재로 들어가기 위한 유일한 해법이었지만 어디까지나 제한적이었고 이스라엘 백성에게만 적용되었다. 그래서 예수님이 이사야서를 인용하면서 이방인들도 하나님의 품에 안길 수 있다는 뉘앙스를 풍기자 사람들이 크게 놀란 것이다.

하지만 선지자들은 물이 바다를 덮듯 언젠가 하나님의 영광이 온 땅을 덮을 날을 계속해서 예언했다. 다시 말해, 온 세상이 지성소가 되는 날이 올 것이다. 온 세상이 다시금 하나님의 영광과 임재로 가득 찰 날이 올 것이다. 민족이나 인종, 배경, 사회 계급과 상관없이 누구나 하나님의 품에 안길 날이 올 것이다.

참으로 아름다운 예언이다. 하지만 의문은 여전히 남아 있었다. 이방인들이 어떻게 불 칼을 지날 수 있을까?

답은 예전부터 이사야서에 있었다. 단지 사람들이 답을 답으로 알아보지 못했을 뿐이었다. 이사야서 53장 8절은 메시아에 관해 "그가 살아 있는 자들의 땅에서 끊어짐은"이라고 말한다. 그리고 요한계시록에서 요한이 우주의 궁극적인 권좌를 보았을 때 죽임당한 어린 양이 보였다. 왜 그랬을까? 하나님의 어린 양 예수 그리스도의 죽음이 우주 역사상 가장 위대하고 고귀한 승리이기 때문이다. 예수님이 칼 아래를 지나셨을 때 칼은 그분의 몸을 파괴했을 뿐 아니라 스스로 도 파괴되었다. 한 저자는 이 사건에 대해 "그리스도의 죽음 안에서 죽음의 죽음"이라는 유명한 표현을 붙였다.[59] 예수님은 당신과 나를 위해 불 칼을 당하셨다. 이것이 예수님이 돌아가신 순간 지성소의 휘 장이 위에서 아래로 찢어진 이유다(막 15:38). 휘장이 망가진 게 아니 라 쓸모없어진 것이다. 이제 누구나 하나님 앞으로 나아갈 수 있다. 불 칼이 희생자를 찾았다. 휘장이 찢어졌다. 그리고 동산으로 돌아가 는 길이 영원히 다시 열렸다.

예수님이 거룩하고 의로운 분노로 성전의 탁자들을 뒤엎으시자 사람들은 깜짝 놀랐다. 하지만 예수님이 성전의 희생 제물 시스템을 뒤엎고 하나님께로 가는 길을 만인에게 여시자 사람들은 놀란 정도 가 아니라 아예 충격에 사로잡혔다.

열매 없는 자들을 꾸짖으시다

예수님은 성전을 두 차례 방문하셨다. 먼저, 예루살렘에 도착하자마 자 성전을 잠깐 방문한 뒤에 예루살렘에서 3킬로미터 떨어진 베다니 에서 제자들과 함께 하루를 묵으셨다. 그리고 이튿날 예루살렘으로 돌아와 성전을 다시 방문하셨다(성전의 탁자를 뒤엎으신 날). 그날 예수 님 일행이 예루살렘 성으로 가던 중에 다음과 같은 사건이 있었다.

이튿날 그들이 베다니에서 나왔을 때에 예수께서 시장하신지라. 멀리서 잎사귀 있는 한 무화과나무를 보시고 혹 그 나무에 무엇이 있을까 하여 가셨더니 가서 보신즉 잎사귀 외에 아무것도 없더라. 이는 무화과의 때가 아님이라. 예수께서 나무에게 말씀하여 이르시되 이제부터 영원토록 사람이 네게서 열매를 따 먹지 못하리라 하시니 제자들이 이를 들더라(막 11:12-14).

얼핏 예수님이 너무하신 것만 같다. 많은 사람이 무화과나무에 대한 예수님의 반응에 당혹감을 표현했다. 단지 열매를 맺지 않았다고 나무를 저주하시다니. 그것도 열매를 맺을 시기가 아니지 않은가. 얼핏 예수님이 너무 속 좁은 분처럼 보인다. 하지만 예수님은 순간 치밀어 오르는 짜증 때문에 그러신 것이 아니다.

중동의 무화과나무는 두 가지 열매를 맺는다. 무화과가 열리기 전 봄에 나뭇잎이 나기 시작하면 가지에 요깃거리로 꽤 괜찮은 작은 혹이 생긴다. 과객들이 지나가면서 이 혹을 따 먹곤 한다. 나뭇잎을 내기 시작하는 무화과에 이 맛 좋은 혹이 없으면 뭔가 단단히 잘못된 것이다. 멀리서 보면 나뭇잎이 있어 아무 문제 없어 보이지만 혹이 없다는 것은 나무가 속병에 걸렸다는 증거다. 열매가 없는 성장은 썩었다는 증거다. 예수님은 단순히 나무의 이런 상태를 밝히신 것이다. 이 사건이 예수님의 첫 번째 성전 방문과 두 번째 방문 사이에 일어났다는 사실이 중요하다. 예수님은 오래 기억에 남도록 속 빈 강정과도 같은 종교에 관한 시청각 교육을 하신 것이다.

그렇다면 여기서 무슨 교훈을 찾을 수 있는가? 예수님은 무화과나무가 제 할 일을 하지 않고 있다는 점을 지적하신 것이다. 이 나무는 하나님의 백성을 자처하면서 그분을 위해 열매를 맺지 않는 이스라엘 백성들, 나아가 그런 사람들을 의미한다. 예수님은 종교적으로 무지 바쁜 장소로 다시 가시는 중이었다. 오늘날에도 대부분의 교회가 이와 같다. 일과 위원회, 오가는 사람들, 거래로 쉴 새 없이 북적거린다. 하지만 그 속에 영성은 전혀 없다. 진정으로 기도하는 사람은 아무도 없다. 분주히 움직이는 모습을 보면 진정으로 믿음이 살아 숨쉬는 교회처럼 보인다. 하지만 마음의 진정한 변화 없이 덩치만 커질 뿐이다. 마음의 진정한 변화와 남들을 향한 진정한 사랑이 없이 교회 일만 바쁘게 할 수가 있다.

같은 날, 예수님은 열매 없는 행위로 가득한 성전을 청소하셨다. 무화과나무를 시청각 자료로 교훈을 주신 뒤 다시 행동으로 그 교훈을 풀이해 주셨다. 예수님은 단순히 바쁜 것을 원하지 않으신다. 그분의 대속을 깨달음에서 오는 진정한 인격 변화를 원하신다. 걱정이나 조바심이 많던 당신이 변하고 있는가? 그 변화가 주변 모든 사람에게 분명히 드러나는가? 예수님의 이유 있는 지체를 기다릴 힘을 얻고 있는가? 혹은 분노나 원망을 다스리는 법을 배우고 있는가? 용서의 대가를 스스로 흡수하는 법을 깨우치고 있는가? 두려움, 자기혐오, 허풍 같은 몹쓸 인격의 극적인 변화가 주변 모든 사람에게 분명히 드러나는가? 아니면 그냥 종교 활동으로 분주하기만 한가?

조나단 에드워즈는 우리가 예수 그리스도의 임재 안에 있기 때문에 상극처럼 보이는 특성들이 우리에게서도 나타나야 한다는 말로 예수님의 역설적인 인격에 관한 설교를 마무리했다. 단순히 더 착한 사람, 절제력이나 도덕이 더 뛰어난 사람이 되는 것이 문제가 아니다. 예수 그리스도, 나귀를 타고 예루살렘에 입성하자마자 성전으로 달려가 "이곳은 나의 집이다"라고 담대히 말씀하신 왕, 바로 그분의 삶과 인격이 우리 안으로 녹아들어야 한다. 더 온전한 사람, 하나님이 원하시는 사람, 대속을 받은 사람답게 살아야 한다.

이 모든 이야기에 마지막 아이러니가 남아 있다. 서로 극단처럼 보이는 이런 특성들을 하나의 온전한 전체로 융합하신 예수님은 우리 모두에게서 극단적인 반응을 요구하신다. 예수님의 이야기를 읽을 때마다 우리는 어떤 식으로든 반응을 하지 않고는 배길 수 없다. 만인에게 하나님 나라의 문을 활짝 열어젖히고 나서 가장 신실해 보이는 자들에게 계속해서 열매를 맺지 않으면 하나님 나라에서 쫓겨날지 모른다고 경고하신 분. 소녀를 되살리러 가는 길에 한 여인의 접촉으로 약해지신 분. 그런 분을 무심코 바라보기만 할 사람은 없다. (게다가 이야기가 진행될수록 그분은 점점 더 놀라운 일을 벌이신다.)

예수님은 쉼인 동시에 풍랑이시며 희생자인 동시에 불 칼을 휘두르는 분이다. 이토록 특별한 분에 대한 반응은 두 가지뿐이다. 받아들이든가 거부하든가. 죽이든가 영광을 돌리든가. '꽤 흥미로운 인물이군.' 예수 사건은 그렇게 가볍게 넘어갈 사안이 절대 아니다. 성전 이야기의 끝부분에서 마침내 예수님을 죽이기로 모의한 서기관들의 행동은 악하기 짝이 없지만 그들의 반응은 지극히 정상적이었다.

제발, 예수님을 삶의 구석에 두지 말라. 그런 곳에 어울리는 분이 아니다. 그분께 전부를 바치라. 그분을 삶의 중심으로 모셔라. 그래야 그분의 인격이 당신 안으로 스며들 것이다.

날마다 예수를
먹고 마시라

5

고대 유대인들에게(오늘날에도 마찬가지) 유월절은 이스라엘 역사 속의 중요한 한 순간을 기념하는 연례 만찬이었다. 예수님이 오시기 천 년 이상 전에 이스라엘 백성들은 애굽 왕 바로의 노예로 비참하게 살았다. 하나님은 바로의 고집을 꺾기 위해 애굽에 여러 재앙을 보낸 끝에 마지막 재앙을 내리셨다. '모두'에게 내리는 재앙이었다. 유대인이라고 해서 무조건 '그냥 넘어가는(유월)' 재앙이 아니었다. 유대인이나 애굽인이나 할 것 없이 애굽의 모든 집에서 곡소리가 날 수밖에 없었다. 이 재앙을 피하는 유일한 방법은 하나님의 명령대로 어린 양을 잡아 그 피를 문설주에 바르는 것이었다. 그날 밤 집집마다 아들이나 어린 양이 죽어 나갔다. 어린 양의 피라는 대속물 아래 숨지 않은 집마다 재앙이 임했다. 하지만 대속물의 피를 바른 집은 죽음이 '넘어가' 구원을 받았다. 대속의 희생을 믿는 믿음으로만 구원을 받을 수 있었다.

하나님은 이스라엘 백성을 구원하여 자유와 약속의 땅으로 이끌기 위해 이런 방법을 사용하셨다. 매년 유월절 만찬은 이 사건을 축하하는 날이요 이스라엘 최대의 명절이었다.

하지만 이 사건은 극적이고도 감동적이지만 한 가지 불가해한 의문을 남겼다. "어떻게 이 작고 털 많은 네발짐승의 희생만으로 심판을 면할 수 있는가?" 답은 예수님과 제자들이 유월절을 치르는 장면에서 발견된다. 마가의 기록을 보자.

> 무교절의 첫날 곧 유월절 양 잡는 날에 제자들이 예수께 여짜오되 우리가 어디로 가서 선생님께서 유월절 음식을 잡수시게 준비하기를 원하시나이까 하매 예수께서 제자 중의 둘을 보내시며 이르시되 성내로 들어가라. 그리하면 물 한 동이를 가지고 가는 사람을 만나리니 그를 따라가서 어디든지 그가 들어가는 그 집 주인에게 이르되 선생님의 말씀이 내가 내 제자들과 함께 유월절 음식을 먹을 나의 객실이 어디 있느냐 하시더라 하라. 그리하면 자리를 펴고 준비한 큰 다락방을 보이리니 거기서 우리를 위하여 준비하라 하시니 제자들이 나가 성내로 들어가서 예수께서 하시던 말씀대로 만나 유월절 음식을 준비하니라(막 14:12-16).

유월절 만찬에는 특별한 형식이 있다. 총 네 부분으로 이루어지는데 각 부분마다 사회자가 포도주 잔을 들고 일어나 만찬의 의미를 설명한다. 네 개의 포도주 잔은 하나님이 출애굽기 6장 6-7절에서 하신 네 개의 약속을 의미한다. 애굽 탈출, 종살이의 해방, 하나님의 능력을 통한 구속, 하나님과의 새로워진 관계에 관한 약속이 그것이다. 세 번째 잔은 식사가 거의 끝났을 때 나온다. 사회자는 만찬의 요소들(떡, 풀, 어린 양)을 축사하면서 그것들이 옛 이스라엘 백성들의 종살이와 해방과 어떤 상징적 관계가 있는지를 설명한다. 예를 들어, 사회자는 떡을 보여 주며 "이것은 우리 조상이 광야에서 먹었던 고난의 떡입니다"라고 말한다.

예수님은 제자들과의 최후의 만찬에서 사회를 보셨다. 마가는 예수님이 세 번째 잔을 들었을 때 상황을 다음과 같이 기록했다.

> 그들이 먹을 때에 예수께서 떡을 가지사 축복하시고 떼어 제자들에게 주시며 이르시되 받으라. 이것은 내 몸이니라 하시고 또 잔을 가지사 감사 기도 하시고 그들에게 주시니 다 이를 마시매 이르시되 이것은 많은 사람을 위하여 흘리는 나의 피 곧 언약의 피니라. 진실로 너희에게 이르노니 내가 포도나무에서 난 것을 하나님 나라에서 새 것으로 마시는 날까지 다시 마시지 아니하리라 하시니라(막 14:22-25).

예수님은 만찬의 요소들을 축사할 때 예로부터 내려온 대본에서 벗어나 돌출 행동을 하셨다. 그때 제자들이 얼마나 놀랐을지 상상이 가는가? 예수님은 떡을 보여 주며 말씀하셨다. "이것은 내 몸이니라." 이 말씀의 의미는 이러하다. "이것은 내 고난의 떡이다. 내가 궁극의 출애굽을 이끌 것이다. 너희를 궁극의 종살이에서 구해 낼 것이다."

고대에 "~할 때까지 다시는 먹거나 마시지 않을 것이다"라는 말은 맹세를 의미했다. 예를 들어, 사도행전 23장에서 어떤 사람들이 바울을 지독히 미워하여 그를 죽이기 전까지는 먹거나 마시지 않겠다고 말했다. 이는 "내가 죽더라도 이 맹세를 꼭 지키겠다"라는 뜻이다. 성경 시대에는 이런 맹세를 매우 진지하게 받아들였으며 주로 피를 내어 맹세했다. 이런 맹세는 마치 계약서에 사인하는 것과 같은 효력이 있었다. 옛 사람들은 짐승을 죽여 반으로 쪼갠 뒤 그 사이를 지나면서 맹세를 했다. 혹은 피를 자신에게 뿌리면서 약속하기도 했다. 이 징그러운 의식은 '이 약속을 지키지 않으면 내가 반으로 쪼개져 피를 쏟아 내도 좋다'라는 의미다. 이처럼 옛 사람들은 생생한 의식을 통해 맹세를 했다. 예수님이 잔을 들어 하신 말씀이 기억나는가?

> 또 잔을 가지사 감사 기도 하시고 그들에게 주시니 다 이를 마시매 이르시되 이것은 많은 사람을 위하여 흘리는 나의 피 곧 언약의 피니라. 진실로 너희에게 이르노니 내가 포도나무에서 난 것을 하나님 나라에서 새 것으로 마시는 날까지 다시 마시지 아니하리라 하시니라(막 14:23-25).

이 말씀은 예수님의 대속의 희생으로 이제 하나님과 우리 사이에 새로운 언약이 성립되었다는 뜻이다. 이 언약의 조건은 바로 예수님 자신의 피다. "나의 피 곧 언약의 피." 하나님 나라에서 우리를 만나기 전까지는 먹지도 마시지도 않겠다는 말씀은 우리에게 아무 조건 없이 주시는 약속이다. "내가 너를 아버지의 품으로 데려가겠다. 내가 너를 왕의 만찬으로 데려가겠다." 예수님은 하나님 나라를 큰 잔치에 비유하곤 하셨다. 예를 들어 마태복음 8장에서 예수님은 "또 너희에게 이르노니 동 서로부터 많은 사람이 이르러…천국(의 잔치 자리)에 앉으려니와"라고 말씀하셨다. 예수님은 우리를 이 천국 잔치로 데려갈 것이라 약속하신 것이다.

떡과 포도주를 드는 단순한 행위, 그리고 "이것은 내 몸이니라.…이것은 나의 피니라"라는 간단한 말씀은 그 옛날 유월절 어린 양이 예수님 자신의 희생을 예시한다는 뜻이다. 하나님이 어린 양의 피로 이스라엘 백성을 종살이에서 구속하시기 전날 밤 첫 번째 유월절을 지켰듯이, 이 유월절 만찬도 하나님이 예수님의 피로 세상을 죄와 죽음에서 구속하시기 전날 밤에 거행되었다.

유월절 만찬의 값비싼 대속 제물이 되시다

예수님이 제자들과 함께하신 마지막 만찬은 또 다른 면에서 대본과 달랐다. 예수님이 떡을 축사하신 것은 유월절의 대본대로였다. 예수님이 포도주를 축사하신 것도 대본대로였다. 모든 유월절 만찬에 떡과 포도주가 빠지지 않았다. 하지만 복음서 어디에도 메인 요리 이야기가 없다. 이 유월절 만찬에는 어린 양에 관한 언급이 없다. 물론 유월절은 채식주의자들의 만찬이 아니었다. 어린 양 요리가 빠진 유월절 만찬은 있을 수 없었다. 도대체 이 유월절 만찬에서 어린 양은 어디로 갔을까? 하나님의 어린 양이 상 앞에 있었기 때문에 어린 양이 상 위에 없었던 것이다. 그래서 세례 요한은 예수님을 처음 봤을 때 이렇게 말했다. "보라, 세상 죄를 지고 가는 하나님의 어린 양이로다"(요 1:29). 이사야서 53장에서도 메시아를 어린 양으로 불렀다.

여호와께서는 우리 모두의 죄악을 그에게 담당시키셨도다. 그가 곤욕을 당하여 괴로울 때에도 그의 입을 열지 아니하였음이여 마치 도수장으로 끌려가는 어린 양과…그가 자기 영혼을 버려 사망에 이르게 하며 범죄자 중 하나로 헤아림을 받았음이니라(사 53:6-7, 12).

마가복음에서 예수님은 "이것은 나의 몸이니라.…많은 사람을 위하여 흘리는 나의 피 곧 언약의 피니라"라고 말씀하셨다. 따라서 이 말씀은 결국 이런 뜻이다. "이사야와 요한이 말한 메시아가 바로 나다. 내가 바로 세상 죄를 짊어질 하나님의 어린 양이다."

십자가 위에서 예수님은 우리가 받아 마땅한 형벌을 받으셨다. 세상의 모든 죄가 그분을 뒤덮었다. 그분은 형벌이 우리를 영원히 넘어가도록 스스로 모든 형벌을 받을 만큼 우리를 사랑하셨다. 다시 말하지만, 모든 진정한 사랑은 대속과 희생의 사랑이다. 대속의 희생을 감수하지 않으면 상한 심령과 죄인을 진정으로 사랑할 수 없다. 두 가지 예를 더 들어 보자.

당신이 고등학교의 인기남이라고 하자. 그런데 반에 왕따가 있다. 그 애를 아무도 좋아하지 않는다. 그 애는 늘 혼자 다닌다. 그런데 당신이 그 애에게 다가가 친구가 되어 준다. 그랬더니 곧바로 다른 친구들이 몰려와 다그친다. "너 재랑 친구라며?" 그때부터 당신도 왕따를 당하기 시작한다. 이제 당신은 인기남이 아니다. 이처럼 함께 왕따가 되어 주지 않으면 그 애의 외로움을 덜어 줄 수 없다.

또 다른 예를 들어 보자. 몇 해 전에 옐로스톤 국립공원에서 화재가 났을 때 삼림 감시원들이 피해 규모를 조사하기 위해 산을 올랐다는 「내셔널 지오그래픽」 기사를 읽은 적이 있다. 한 감시원이 어느 나무 밑동에서 재를 뒤집어쓴 채 돌처럼 굳어 있는 새 한 마리를 발견했다. 이 섬뜩한 광경에 가슴이 아팠던 감시원은 나무 막대기로 새를 건드렸다. 그러자 새끼 세 마리가 죽은 어미의 날개 아래서 나와 허겁지겁 달아났다. 화마가 닥쳤을 때 어미가 달아나지 않고 그 자리를 지켰던 것이다. 어미가 기꺼이 목숨을 내놓은 덕분에 날개 아래의 새끼들은 목숨을 건질 수 있었다. "예루살렘아 예루살렘아 선지자들을 죽이고 네게 파송된 자들을 돌로 치는 자여 암탉이 제 새끼를 날개 아래에 모음 같이 내가 너희의 자녀를 모으려 한 일이 몇 번이냐"(눅 13:34). 이 말씀처럼 예수님은 실제로 예루살렘을 자신의 날개 아래로 모은 뒤에 돌아가셨다. 진정한 사랑은 값비싼 대속의 희생을 감수하는 사랑이다.

주의 만찬은 예수님과 함께할 미래를 맛보는 자리

누가는 같은 만찬을 기록하면서 예수님의 말씀을 몇 마디 더 기록하고 있다.

> 또 떡을 가져 감사 기도 하시고 떼어 그들에게 주시며 이르시되 이것은 너희를 위하여 주는 내 몸이라. 너희가 이를 행하여 나를 기념하라 하시고(눅 22:19).

예수님을 믿는 사람이라면 누구나 함께 떡을 먹고 포도주를 마시면서 그분을 기억해야 한다는 말씀이다. 이 의식은 흔히 "주의 만찬"(고전 11:20)이라 부르지만 "주의 식탁"(고전 10:21), "축복의 잔"(고전 10:16), "떡을 떼는 것"(행 2:42)이라고도 부른다. 주의 만찬에서 떡을 떼어 주고 먹는 것은 그리스도의 몸이 십자가 위에서 우리 죄를 위해 찢긴 것을 기념하는 의식이다. 포도주를 마시는 것은 그리스도께서 십자가 위에서 우리 죄를 위해 피를 쏟으신 것을 기념하는 의식이다. 요컨대 이 떡을 먹고 이 포도주를 마시는 것은 예수님의 희생적이며 대속적인 사랑을 기념하는 것이다.

물론 애굽에서의 첫 번째 유월절 만찬은 실제 식사였다. 어린 양을 잡아 피를 문설주에 바른 것만으로는 충분하지 않았다. 어린 양의 고기를 먹어야 했다. 마찬가지로 주의 만찬도 그리스도의 죽음을 '먹어' 자신의 것으로 삼는 의식이다.

그들이 먹을 때에 예수께서 떡을 가지사 축복하시고 떼어 제자들에게 주시며 이르시되 받으라 이것은 내 몸이니라 하시고(막 14:22).

예수님은 "받아먹으라"라고 말씀하셨다. 그분이 하실 일을 받아먹어야 한다는 말씀이다. 우리는 실제로 받아먹어야 한다. 주의 만찬에서는 흔히 떡과 포도주를 나눠 주며 "믿음을 통해 마음으로 그분을 먹으시오"라고 말한다. 음식을 먹어 소화시키지 않으면 영양소를 얻을 수 없다. 상다리가 부러지게 차려진 산해진미를 눈앞에 두고도 굶어

죽을 수 있다. 음식에서 영양분을 얻으려면 먹어야 한다. 스스로 집어서 먹지 않으면 아무리 좋은 음식이라도 무용지물이다. 받아먹는 것은 "그리스도의 무조건적인 사랑이야말로 내게 필요한 진짜 음식이다"라고 말하는 것과도 같다.

주의 만찬이 '식사'라는 사실은 예수님과 개인적인 관계를 맺지 않으면 그분의 죽음이 주는 유익을 실제로 누릴 수 없다는 의미다. 특히 예수님 당시에는 누군가와 식사를 하는 것은 곧 그와 관계를 맺는다는 뜻이었다. 따라서 예수님은 그분의 완벽하고 대속적이며 희생적인 고난이 주는 유익을 누리려면 그분과 개인적인 관계를 맺어야 한다고 말씀하신 것이다.

주의 만찬이 '식사'라는 사실에는 또 다른 의미가 숨어 있다. 유대인들은 유월절마다 가족과 만찬을 즐겼다. 그러니까 유월절은 가족 식사다. 그런데 왜 예수님은 가족도 아닌 제자들과 유월절 식사를 하신 것일까? 예수님이 완전히 새로운 가족을 이루는 중이셨기 때문이다. 우리는 형제자매와 강한 결속을 이룬다. 그 누구보다도 형제자매와 많은 경험을 나눈다. 앞서 예수님은 "누구든지 하나님의 뜻대로 행하는 자가 내 형제요 자매요 어머니이니라"(막 3:35)라고 말씀하셨다. 한 저자는 이런 글을 썼다. "(크리스천들을) 하나로 묶어 주는 것은 교육이나 인종, 소득 수준, 정치 성향, 국적, 악센트, 직업 같은 것이 아니다. 크리스천들은 예수 그리스도로 인해 구원받았다는 사실 때문에 하나가 된다. 크리스천들은 예수님을 위해 서로를 사랑하는 천적들의 무리다."[60] 주의 만찬을 먹으면 모든 참여자가 형제자매요 가족이 된다. 주의 만찬은 마치 함께 자란 사이처럼 강력한 결속을 만들어 낸다.

마지막으로, 주의 만찬에는 더 아름다운 의미가 있다. 주의 만찬은 예수님과 함께할 미래를 미리 맛보는 자리다. 예수님은 제자들과의 유월절 만찬에서 사회를 보면서 단 두 마디를 통해 최종적인 미래를 말씀하셨다. "이것은 많은 사람을 위하여 흘리는 나의 피 곧 언약의 피니라. 진실로 너희에게 이르노니 내가 포도나무에서 난 것을 하나님 나라에서 새 것으로 마시는 날까지 다시 마시지 아니하리라." 예수님은 이 유월절 만찬으로 인해 궁극의 만찬이 가능하다고 말씀하신 것이다. 이후 사흘간의 사건들이 언젠가 대단원의 완성으로 이어질 것이라고 말씀하신 것이다.

예수님의 이 말씀은 미래의 나라에 관한 놀라운 예언들을 생각나게 한다. 예를 들어, 시편 96편 12-13절이 떠오른다. "그 때 숲의 모든 나무들이 여호와 앞에서 즐거이 노래하리니 그가 임하시되 땅을 심판하러 임하실 것임이라. 그가 의로 세계를 심판하시며 그의 진실하심으로 백성을 심판하시리로다." 이사야서 55장 12절도 있다. "산들과 언덕들이 너희 앞에서 노래를 발하고 들의 모든 나무가 손뼉을 칠 것이며."

화분에 씨앗을 뿌려 어두컴컴한 곳에 두면 씨앗은 깨어나지 못한다. 하지만 화분을 볕이 쬐는 곳에 두면 씨앗 안에 잠자던 모든 것이 깨어난다. 성경은 인간은 물론이고 식물과 나무와 바위까지 이 세상의 모든 것이 잠자고 있다고 말한다. 이것들은 태초에 창조주의 임재 안에 있던 것들, 앞으로 창조주의 임재 안에 있을 것들의 그림자에 불과하다. 하나님의 어린 양이 마지막 만찬을 주재하실 날, 하나님의 임재가 다시금 온 땅을 뒤덮고 나무와 언덕들이 다시 살아나 손뼉을 치고 춤출 것이다. 미래의 나라에서 나무와 언덕이 손뼉을 치고 춤을 출 정도면 당신과 나는 얼마나 더 대단한 일을 하겠는가.

주의 만찬은 이런 미래에 대한 작지만 매우 실질적인 맛보기다. 첫 유월절 직후 애굽에 있다고 상상해 보라. 지나가는 이스라엘 사람을 붙들고 묻는다. "당신은 누구요? 그리고 지금 무슨 상황이 벌어지고 있는 거요?" 그러면 이런 대답이 돌아올 것이다. "나는 사형선고를 받은 노예였소. 하지만 어린 양의 피 아래 숨은 덕분에 종살이에서 탈출할 수 있었지요. 지금은 하나님이 우리 가운데 거하십니다. 우리는 그분을 따라 약속의 땅으로 가는 중이오." 바로 이것이 오늘날 크리스천들의 고백이어야 한다.

예수 그리스도의 대속의 희생을 믿는가? 그렇다면 약속된 하나님의 나라에서 영원한 만찬에 참여하는 날, 당신의 가장 간절한 소망이 마침내 이루어질 것이다.

내 뜻이 아닌 하나님의 뜻을 구하라

6

그리스인과 로마인들은 많은 영웅 이야기를 남겼다. 그들의 영웅들은 하나같이 침착하고 초연한 모습으로 최후를 맞았다. 독약으로 처형을 당한 소크라테스가 담담하게 명언 한 마디를 던지고 죽었다는 이야기가 퍼지자 제자들이 구름떼처럼 몰려들었다. 반면, 마카베오 1서와 2서 같은 유대의 문서를 보면 유대 영웅들의 죽음은 그리스 영웅들처럼 태연하지 않았다. 대신 그들은 정열적이고 대담무쌍한 모습을 보였다. 사지가 갈기갈기 찢기면서도 하나님을 찬양하는 모습을 상상해 보라. 그런데 예수님의 최후에 관한 마가의 기록은 영웅의 죽음에 관한 고대 문서의 기록들과 완전히 딴판이다. 마가의 기록을 보자.

그들이 겟세마네라 하는 곳에 이르매 예수께서 제자들에게 이르시되 내가 기도할 동안에 너희는 여기 앉아 있으라 하시고 베드로와 야고보와 요한을 데리고 가실새 심히 놀라시며 슬퍼하사 말씀하시되 내 마음이 심히 고민하여 죽게 되었으니 너희는 여기 머물러 깨어 있으라 하시고 조금 나아가사 땅에 엎드리어 될 수 있는 대로 이때가 자기에게서 지나가기를 구하여 이르시되 아빠 아버지여 아버지께는 모든 것이 가능하오니 이 잔을 내게서 옮기시옵소서. 그러나 나의 원대로 마시옵고 아버지의 원대로 하옵소서 하시고(막 14:32-36).

예수님은 죽음 직전에 제자들과 하나님, 그리고 마가복음의 독자들에게 속마음을 완전히 털어놓으셨다. 죽음에 관한 두려움과 고뇌를 적나라하게 드러내셨다. "아버지, 이 잔을 내게서 옮길 방법이 없습니까? 이 무거운 짐을 벗을 길이 없습니까? 이 임무에서 벗어날 수는 없는 겁니까?" 지금까지 예수님은 조금도 흔들림이 없으셨다. 그 무엇에도 놀라지 않을 분만 같았다. 모든 상황을 훤히 꿰뚫고 계셨기에 그 무엇도 그분의 마음을 뒤흔들 수 없을 것만 같았다. 그런데 갑자기 "심히 놀라시며"라는 구절이 등장한다. 마가복음의 이 대목 전까지 예수님의 모습을 되짚어 보자. 그분은 더없이 침착하셨다. 그런데 웬일인지 갑자기 하나님의 영원한 아들이 심히 놀라신다.

게다가 "슬퍼하사"라는 말도 나온다. 이 말에 해당하는 헬라어 동사는 '공포에 사로잡히다'라는 뜻이다. 길을 걷다가 모퉁이를 돌았는데 난데없이 심한 교통사고로 다리가 잘린 채 쓰러져 있는 동생이 보인다면 기분이 어떻겠는가? 무시무시한 공포에 숨이 턱 막힐 것이다. 예수님의 기분이 그러했다. "내 마음이 심히 고민하여 죽게 되었으니."

고대 영웅들에 관한 기록뿐 아니라 교회 역사에서도 죽음 앞에서 예수님처럼 고뇌한 인물을 찾아보기 힘들다. 이상하지 않은가? 믿음 때문에 죽어 간 신앙인들에 관한 실화가 많다. 사나운 짐승에게 먹히고 갈가리 찢기고 화형을 당한 믿음의 선배들. 그들 대부분은 예수님보다 훨씬 더 담대하게 죽음을 맞았던 것 같다.

서머나 교회의 감독이었던 폴리갑(Polycarp)을 예로 들어 보자.

죽기 직전 폴리갑은 총독에게 끌려가 화형을 당할 것이라는 말을 들었다. "마지막으로 한 번만 더 기회를 주겠다. 기독교를 버리면 형 집행을 취소하겠다." 총독의 말에 폴리갑은 이렇게 대답했다. "당신이 붙인 불은 기껏해야 한 시간쯤 타다가 꺼질 뿐이오. 다가올 심판의 불을 모르는구려. 왜 망설이는가? 어서 당신 맘대로 하시오."[61]

1555년 영국 옥스퍼드에서 믿음 때문에 화형을 당한 니콜라스 리들리(Nicholas Ridley)와 휴 래티머(Hugh Latimer)는 또 어떤가? 나란히 묶이고 발에 불이 붙자 래티머가 말했다. "니콜라스 선생, 남자답게 당당히 죽읍시다. 오늘 우리는 하나님의 은혜로 영국에 엄청난 불길을 일으킬 거요. 이 불길이 절대 꺼지지 않으리라 굳게 믿소."[62]

예수님의 제자들이 그분보다 '더 멋지게' 죽었으니 어찌된 일인가? 예수님은 폴리갑이나 리들리나 래티머 같은 순교자들과 전혀 다른 상황에 처하셨던 게 분명하다.

겟세마네 동산에서 예수님은 뭔가를 보고 느끼고 감지하셨다. 절대 흔들리지 않는 하나님의 아들을 흔들리게 만든 것이 도대체 무엇이었을까? 이것에 비하면 육체적 고난, 심지어 육체적 죽음조차도 새 발의 피에 지나지 않는다. 십자가에서 벌어질 일은 상상만 해도 피땀이 흐를 정도였다. 그 전까지는 예수님이 다가올 죽음을 모르셨을까? 아니다. 예수님은 다 알고 계셨다. 이미 자신의 죽음에 관해 제자들에게 여러 차례 말씀하신 뒤였다. 하지만 지금은 십자가 위에서 겪을 상황을 실제로 맛보기 시작하셨다. 육체적 고통과 죽음조차도 비할 수 없을 만큼 끔찍한 일. 지금 예수님은 그 일 때문에 기도하신 것이다. "이 잔을 내게서 옮기시옵소서."

　구약에서 '잔'은 인간악에 대한 하나님의 진노를 상징한다. 잔은 불의를 향해 임하는 하나님의 정의를 의미한다. 예를 들어 에스겔서 23장 32-34절을 보자. "깊고 크고 가득히 담긴…잔을…놀람과 패망의 잔…그 잔을 다 기울여 마시고…네 유방을 꼬집을 것은." 이사야서 51장 22절에서도 하나님은 "비틀걸음치게 하는 잔 곧 나의 분노의 큰 잔"에 관해 말씀하셨다. 예수님은 영원 전부터 아버지와 성령과 춤을 추셨기 때문에 그분이 아버지를 의지할 때마다 성령의 사랑이 그분 안에 충만했다. 예수님이 세례를 받고 변화되셨을 때 가시적으로 일어났던 일이 그분이 기도할 때마다 비가시적으로 일어났다. 하지만 겟세마네 동산에서 그분이 아버지를 의지했을 때는 분노, 암흑, 틈, 공허의 잔만 눈에 들어왔다. 하나님은 모든 사랑, 생명, 빛, 통일성의 근원이시다. 따라서 하나님으로부터 분리되면 모든 빛, 생명, 사랑, 통일성이 차단된다. 예수님은 십자가 위에서 아버지로부터 분리될 때 일어날 무한한 영적, 우주적 붕괴를 겪기 시작하신 것이다. 단지 그 붕괴를 약간만 맛보셨을 뿐인데 극심한 동요가 찾아왔다.

사랑과 선함에서 비롯한 진노

지금 당신은 '하나님의 진노는 싫어. 사랑의 하나님만 생각하고 싶어'라고 생각할지 모른다.

문제는 사랑의 하나님을 원한다면 진노의 하나님을 받아들여야 한다
는 것이다. 잠시 생각해 보자. 우리는 사랑에도 불구하고가 아니라
사랑 '때문에' 화가 난다. 사실, 사랑이 깊고도 클수록 분노도 커진
다. 사랑하는 사람이 상처를 입거나 학대를 당하는 모습을 보면 분노
가 치민다. 사랑하는 사람이 스스로를 학대해도 마찬가지로 화가 난
다. 사랑과 정의감은 상충하는 것이 아니라 오히려 짝을 이룬다. 우
리와 상관없는 사람이 자신이나 남을 괴롭힐 때는 전혀 화가 나지 않
는다. 하지만 사랑하는 사람이 해를 입을 때는 그 사랑이 깊을수록
분노는 더 커진다.

하나님의 진노 하면 으레 그분의 정의가 떠오른다. 정의를 생각
하는 사람은 정의가 짓밟히는 꼴을 그냥 좌시하지 못한다. 그러니 절
대적으로 정의로우신 하나님이 불의를 보면 진노하실 수밖에 없다.
하지만 하나님의 진노는 정의 못지않게 사랑과 선함에서 비롯한다.
성경은 하나님이 지으신 만물을 사랑하신다고 말한다. 그분이 피조
물의 상황에 분노하시는 이유 중 하나다. 지극히 사랑하시는 사람들
과 세상이 파괴되는 상황은 하나님의 진노를 자아낸다. 하나님의 사
랑의 능력은 우리와는 비교도 되지 않게 크다. 그리고 세상의 악은
이루 말할 수 없이 지독하다. 그러니 하나님이 세상을 보고 느끼시는
감정은 '진노'라는 말로는 부족할 정도다. 따라서 사랑의 하나님만을
원하고 진노의 하나님은 원치 않는다는 말은 얼토당토않은 말이다.
사랑의 하나님이라면 악을 가만히 두고 보지 못할 정도로 진노하실
수밖에 없다.

또한 진노의 하나님을 믿지 못한다면 자신을 무가치하게 여기는 꼴이다. 무슨 말인지 설명해 보겠다. 진노하지 않는 신은 우리를 구하기 위해 십자가에서 모진 고난을 받고 죽을 필요성을 느끼지 못한다. 성경의 하나님은 악에 분노하시기에 십자가에서 막대한 고통으로 몸값을 치르셔야 했다. 그러나 우리를 사랑하기 위한 대가를 전혀 치르지 않는 신은 '공짜 사랑'의 신이다. 그런 신이 우리를 얼마나 사랑하는지, 그 신에게 우리가 얼마나 귀한 존재인지 그 사랑의 실체는 알 길이 없다. 그런 신의 사랑은 막연한 개념에 불과하다. 이 신은 우리를 사랑하기 위해 값을 치르지 않는다. 반면에 성경의 하나님께는 우리가 얼마나 귀한 존재인가? 그분은 우리를 위해 깊은 수렁에 빠질 만큼 우리를 귀히 여기신다.

「개인기도」(*Letters to Malcolm : Chiefly on Prayer*)는 C. S. 루이스와 말콤(Malcolm)이란 인물 사이의 서신을 모아 엮은 책이다. 진노의 하나님이라는 개념을 받아들일 수 없었던 말콤은 한 편지에서 하나님의 능력과 정의를 전류가 흐르는 전선에 비유했다. "전류가 흐르는 전선은 우리에게 화를 내지 않네. 하지만 실수로 전선을 만지면 전기가 오르지." 이에 루이스는 이렇게 대답했다. "친애하는 말콤에게. 진노한 왕의 이미지를 전류가 흐르는 전선의 이미지로 바꿔서 무슨 득이 있는가? 그래 봐야 우리 모두를 곤란에 빠뜨릴 뿐이네. 화난 분은 용서하실 수 있지만 전기는 용서할 수 없지 않은가? 하나님의 진노를 한낱 계몽된 불만 정도로 바꿔 버리면 그분의 사랑도 한낱 인도주의가 돼 버리고 마네. '소멸하는 불'과 '완전한 아름다움'이 모두 사라져 버리는 걸세. 대신 현명한 여교장 내지 양심적인 판사만 남겠지. 논리만 따지면 이렇게 되네. 부드럽고 세련된 비유는 우리를 미혹시킬 뿐이네."[63] 하나님의 진노를 인정하는 사람만이 그분의 사랑(그리고 그분이 보는 우리의 가치)이 얼마나 큰지를 제대로 이해할 수 있다.

사랑의 예수님이시기에 순종하셨다

인생의 상황이 원대로 풀리면 만족스럽다. 하지만 상황이 원대로 풀리지 않으면 괴로워진다. 상황과 바람 사이의 격차가 클수록 더욱 괴롭다. 이 격차가 너무 클 때 어떻게 하는가? 한 가지 반응은 상황을 바꾸는 것이다. 고통으로 이어진 길에서 벗어나는 것이다. 때로는 이렇게 해야 할 때가 있다. 어떻게든 현재 상황을 바꿔야 할 때가 있다. 예를 들어, 불건전한 관계는 속히 끊어야 한다. 몸이 아프면 최대한 치료를 받아야 한다. 모든 상황을 수동적인 운명론으로 받아들여서는 안 된다.

하지만 힘들 때마다 무조건 도망치고 약속을 깨고 관계를 끊는 것은 바람직하지 않다. 그런 사람은 자신의 욕구만을 중시한다. 그래서 어디든 욕구가 충족되는 곳으로 훌쩍 떠나 버린다. 고난을 피할 수만 있다면 무슨 짓이라도 한다. 문제는 인생이 그리 녹록하지 않다는 것이다. 다른 곳으로 가도 얼마 있지 않아 또다시 떠나야 할 이유가 생긴다.

불교의 팔정도는 이런 태도를 금한다. 고대의 스토아학파도 마찬가지다. 이 둘에 따르면, 모든 고난을 피하려고 하는 것은 옳지 않다. 자신의 욕구와 인생의 상황이 일치하지 않을 때 상황을 바꾸려고 하는 것은 여러 종교 사상에서 금하는 태도다. 그보다는 자신의 욕구를 억누르는 것이 옳다. 욕구를 이겨 내고 초연하고 냉정해져야 한다. 그래야 약속을 지키고 정도를 유지할 수 있다. 상황은 숙명이고 욕구는 환상일 뿐이다. 그래서 소크라테스가 죽음 앞에서도 전혀 떨지 않았다. 소크라테스는 삶에 연연하지 않고 초연했다.

물론 욕구를 억눌러야 할 때도 있다. 욕구가 해로울 때가 너무 많기 때문이다. 그런데 욕구를 남김없이 없애면 사랑하는 능력도 사라진다. 하지만 하나님은 우리를 사랑할 줄 아는 존재로 지으셨다.

겟세마네 동산의 예수님을 보면 얼핏 첫 번째 방식을 취하신 것처럼 보인다. 괴로워하셨으니 초연의 길을 택하신 것은 절대 아니다. 예수님은 상황을 바꿔 달라고 솔직하고도 절실하게 기도하셨다. "이때가 자기에게서 지나가기를" 간절히 구하셨다. 하나님께 울부짖으셨다. "아빠 아버지여 아버지여 아버지께는 모든 것이 가능하오니 이잔을 내게서 옮기시옵소서." 예수님은 직접 불 칼 아래를 지나는 방법 말고 다른 길을 보여 달라고 간청하셨다.

하지만 자세히 들여다보면 예수님은 상황을 자신의 뜻대로 바꾸려고 하시지 않았다. 결국 순종하셨다. 상황에 대한 통제권을 내려놓고 자신의 욕구를 아버지의 뜻 앞에 복종시키셨다. "그러나 나의 원대로 마시옵고 아버지의 원대로 하옵소서." 예수님은 힘겨워하면서도 사랑으로 순종하셨다.

아직까지도 사명을 포기하고 우리를 죽게 놔둘 시간이 남아 있었다. 하지만 예수님은 그럴 생각이 추호도 없었다. 예수님은 아버지에게 사명을 이루기 위한 다른 길을 부탁했을 뿐 사명을 버리게 해달라고 부탁하지 않으셨다. 왜일까? 이 잔이 아무리 끔찍해도 당장의 욕구(회피)보다 진정한 욕구(인류 구원)를 따라야 한다는 것을 아셨기 때문이다.

진정한 욕구처럼 보이는 것이 단순히 가장 '시끄러운' 욕구일 때가 많다. 극심한 고통이나 큰 시험 중에는 올바른 판단이 힘들다. 그래서 너무 아프면 사랑하는 사람들의 머리채를 잡아 뜯기도 한다. 심지어 자해도 한다. 평소 같으면 하지 않을 말과 행동을 한다.

하지만 역사상 가장 큰 고통 속에서도 예수님은 그러지 않고 오직 하나님의 뜻에 순종하셨다. "그러나 나의 원대로 마시옵고 아버지의 원대로 하옵소서." 심지어 예수님은 이렇게 말씀하시지도 않았다. "아버지가 틀렸습니다. 하지만 이번만은 아버지의 뜻대로 따르겠습니다." 예수님은 하나님의 뜻을 추호도 의심하지 않으셨다. "지금 내 감정과 상관없이 아버지를 믿습니다. 당신의 뜻이 결국에는 나의 뜻입니다. 우리 둘의 뜻대로 하옵소서."

예수님은 하나님의 뜻에 절대적으로 순종하셨다. "그러나 나의 원대로 마시옵고 아버지의 원대로 하옵소서." 예수님은 가장 시끄러운 욕구를 누르고 진정한 욕구를 따라 만사를 아버지의 손에 맡기셨다. "현재 상황이 나의 현재 욕구와는 다르다. 이 욕구를 억누르지는 않겠지만 거기에 굴복하지도 않겠다. 이 욕구는 결국 아버지 안에서만 만족될 수 있다. 아버지만 믿고 따르리라. 나 자신을 아버지의 손에 맡기고 앞으로 나아가리라."

예수님은 자신의 감정을 부인하지 않으셨다. 하지만 고난을 피하지도 않으셨다. 사랑이 그분을 고난으로 이끄셨다. 고난의 한복판에서 그분은 순종하셨다. 아버지를 사랑하시기에, 그리고 우리를 사랑하시기 때문이다.

우리는 자신의 욕구를 부인하거나 상황을 바꾸려고 애쓰기보다는 잔을 받으신 예수님을 바라보아야 한다. 그럴때 진정한 욕구와 실제 상황이 계속해서 수렴하여 영원한 만찬의 날 영원히 하나로 만날 것을 믿을 수 있다.

조나단 에드워즈는 "그리스도의 고뇌"라는 위대한 설교에서 이 주제를 다루었다.

(겟세마네 동산에서 예수님은) 자신이 던져질 진노의 도가니를 가까이서 보셨다. 도가니의 아가리를 들여다보셨다. 그 앞에 서서 타오르는 불길을 보고 이글거리는 열기를 느끼셨다. 예수님은 어디에서 어떤 고난을 받을지 알고 계셨다.…그리스도의 사랑이 놀라운 이유는 두 가지다. 첫째, 예수님은 극심한 고통을 기꺼이 감내하셨다. 둘째, 극도의 악을 대속하기 위해 그 고통을 기꺼이 감내하셨다. 이 무엇보다도 그리스도는 스스로의 선택에 따라 그토록 극심한 고통을 겪으셨다.…이 고난을 실제로 당하기 전에 이 고난이 얼마나 심한지를 깊이 느끼셔야만 했다.

그래서 고뇌하셨다.[64]

의로운 진노의 산을 허물 만큼 넓고도 길고도 높고도 깊은 순종. 이런 순종으로 이어지는 사랑이야말로 우리가 평생 찾던 사랑이다. 가족의 사랑, 친구의 사랑, 어머니의 사랑, 배우자의 사랑, 애인의 사랑, 그 어떤 사랑도 이와 비교할 수 없다. 다른 모든 사랑은 끝내 우리를 실망시키지만 이 사랑은 절대 그렇지 않다.

검을 꽂다

하나님 방법으로만 세상과 싸우라

7

플로리다 대학 역사학 명예교수인 존 서머빌(John Sommerville)은 학생들에게 이런 사고 실험을 제안하곤 했다. 한밤중에 몸집이 작은 할머니가 큼지막한 지갑을 들고 거리를 걷고 있다. 아주 작고 늙은 할머니라 때려눕히고 지갑을 빼앗아 달아나기가 너무도 쉬워 보인다. 하지만 그럴 수는 없다. 왜일까? 이유는 두 가지 중 하나일 수 있다. 명예냐 수치냐를 따지는 사회에서 그런 짓은 경멸을 당하기 때문이다. 가문에 먹칠을 하는 짓이다. 약자를 괴롭히면 사회의 지탄을 받는다. 뿐만 아니라 스스로도 마음이 괴롭다. 주먹으로 약자를 괴롭히는 사람은 진정한 강자가 아니다. 서머빌 교수에 따르면 이런 접근법은 자기중심적이다. 주로 자신과 자기 가문의 명예와 평판만을 염려하는 사고다.

지갑을 빼앗고픈 욕구를 억누르는 또 다른 방법은 강도에게 맞으면 얼마나 아프고 지갑을 빼앗기면 딸린 식솔이 얼마나 힘들어질지를 생각하는 것이다. "할머니를 때리고 돈을 빼앗으면 할머니는 물론이고 손자손녀까지 굶어죽을지 몰라." 할머니를 생각하면 차마 강도질을 할 수 없다. 이는 이타적인 윤리다. 서머빌은 이 두 가지 시나리오를 설명한 뒤 학생들에게 물었다. "자, 지갑을 빼앗겠다는 사람은 손을 들어보세요." 물론 아무도 손을 들지 않았다. 잠시 후 서머빌은 또다시 물었다. "강도질을 하지 않겠다는 이유가 뭐죠?" 거의 모든 학생이 두 번째 이유를 들었다.

이어서 서머빌은 이렇게 말했다. "나보다 남을 먼저 생각하는 것은 기독교의 가치입니다. 여러분은 자신도 모르게 기독교의 가치를 품은 겁니다." 서머빌은 계속해서 다음과 같이 말했다.

명예 중심의 윤리 체계는 자기중심적인 윤리다. 반면, 사랑 중심의 윤리는 이타적인 윤리다. 명예를 따지면 겸손보다는 자긍심을, 섬김보다는 지배를, 평화보다는 용기를, 수수함보다는 영광을, 만인에 대한 존중보다는 충성을, 평등보다는 친구에 대한 관대함을 중시한다.

계속해서 서머빌은 기독교 이전에는 명예와 수치 중심의 윤리 체계가 대부분의 문명을 지배했다고 말했다. "학생들은 칠판에 적힌 이 비교 사항을 보고서야 자신의 도덕이 얼마나 기독교적인지를 깨달았다." 서머빌의 제자들은 교회와 기독교를 신랄하게 비판했지만 "기독교의 가치를 버릴 생각은 추호도 없었다." 사실 그 학생들이 기독교를 향해 쓴 소리를 내뱉은 것은 "더 깨끗한 기독교를 요구한" 것이었다.[65]

오늘날 우리의 양심과 사고에 여전히 깊은 영향을 미치는 기독교 가치에는 무엇이 있는가? 마태복음과 누가복음과 요한복음은 물론이고 마가복음에서도 예수님은 "천국"과 "하나님의 나라", 그리고 "이 세상의 왕국"에 관해 계속해서 말씀하셨다. 나라는 정부다. 다시 말해, 나라는 일을 이루기 위한 방식과 순서다. 예를 들어, 팀에 감독이 새로 들어오면 새로운 정부가 수립된 셈이다. 새로운 정부가 들어서면 상황이 달라진다. 일을 이루기 위한 순서가 달라지고 철학과 목표가 달라진다. 두 정부의 차이점은 가치 리스트를 보면 확실히 알 수 있다. 상위에는 가장 중요한 가치들이 놓이고 가운데는 그리 중요하지 않은 가치들이 위치한다. 바닥에는 혐오스러운 것들이 있다. 이런 가치에 따라 일의 순서가 달라진다. 정부가 새로 들어서면 이런 가치의 경중이 달라진다. 옛 질서는 폐지되고 새 질서가 확립된다. 굳이 문서로 명시하지 않아도 새로운 가치 리스트에 따라 일이 진행된다. 정부와 나라의 본질은 기본적으로 가치 리스트다. 가치의 순서가 현실을 결정한다.

예수님이 이 세상의 나라를 하나님의 나라에 비교하신 구절 중에서 마가복음 6장이 가장 간결하다. 여기서 예수님은 두 가지 리스트를 보여 주셨다.

너희 가난한 자는 복이 있나니 하나님의 나라가 너희 것임이요 지금 주린 자는 복이 있나니 너희가 배부름을 얻을 것임이요 지금 우는 자는 복이 있나니 너희가 웃을 것임이요.…사람들이 너희를 미워하며 멀리하고 욕하고 너희 이름을 악하다 하여 버릴 때에는 너희에게 복이 있도다(눅 6:20-22).

그러나 화 있을진저 너희 부요한 자여 너희는 너희의 위로를 이미 받았도다. 화 있을진저 너희 지금 배부른 자여 너희는 주리리로다. 화 있을

진저 너희 지금 웃는 자여 너희가 애통하며 울리로다. 모든 사람이 너희를 칭찬하면 화가 있도다(눅 6:24-26).

성경학자 마이클 윌콕(Michael Wilcok)은 이 본문을 언급하면서 하나님 백성들의 삶 속에서는 가치의 순서가 완전히 뒤바뀌어 있다고 말했다. "크리스천들은 세상이 초라하게 여기는 것을 소중히 여기고 세상이 좋다고 선전하는 것을 의심한다."[66] 세상이 리스트의 바닥에 처박아 놓는 것이 하나님 나라의 리스트에서는 꼭대기에 앉아 있다. 이 세상 나라의 리스트 꼭대기에는 무엇이 있는가? 권력과 돈("너희 부요한 자여"), 성공과 명예("모든 사람이 너희를 칭찬하면")가 있다. 하나님의 리스트 꼭대기에는 무엇이 있는가? 약함과 가난("너희 가난한 자는"), 고난과 버림("사람들이 너희를 미워하며")이 있다. 하나님 나라에서는 리스트가 거꾸로 뒤집혀 있다.

세상의 질서를 뒤엎은 최초의 진정한 혁명

이 두 나라, 이 두 정부, 이 두 가지 가치의 집합이 겟세마네 동산에서 극적으로 만난다.

예수께서 말씀하실 때에 곧 열둘 중의 하나인 유다가 왔는데 대제사장들과 서기관들과 장로들에게서 파송된 무리가 검과 몽치를 가지고 그

와 함께 하였더라. 예수를 파는 자가 이미 그들과 군호를 짜 이르되 내
가 입 맞추는 자가 그이니 그를 잡아 단단히 끌어가라 하였는지라. 이
에 와서 곧 예수께 나아와 랍비여 하고 입을 맞추니 그들이 예수께 손
을 대어 잡거늘(막 14:43-46).

'죽음의 입맞춤'이라는 말이 여기서 나왔다. 사전에서 이 표현을 찾
아보면 결국 자신을 망하게 만드는 친구 관계를 뜻한다.

　문제는 유다가 예수님과 친밀하지 않았기 때문이 아니다. 예수
님의 친밀함은 언제나 생명의 입맞춤이지 죽음의 입맞춤이 아니다.
유다의 문제점은 그가 검과 몽둥이와 친했다는 것이다. 왜 유다는 그
냥 예수님을 가리키며 체포하라고 말하지 않았을까? 번거롭게 입을
맞출 필요가 있었을까? 예수님도 검과 몽치로 무장했다고 판단했던
걸까? 하긴, 예수님은 늘 하나님의 나라를 이야기하셨으며, 나라를 새
로 세우려면 마땅히 자금력과 정치 술수와 군사력을 동원해야 한다.

　그런데 이 왕은 더러운 입맞춤과 공격에 어떻게 반응하셨는가?
마가의 기록을 보자.

그들이 예수께 손을 대어 잡거늘 곁에 서 있는 자 중의 한 사람이 칼을
빼어 대제사장의 종을 쳐 그 귀를 떨어뜨리니라. 예수께서 무리에게 말
씀하여 이르시되 너희가 강도를 잡는 것 같이 검과 몽치를 가지고 나를
잡으러 나왔느냐? 내가 날마다 너희와 함께 성전에 있으면서 가르쳤으
되 너희가 나를 잡지 아니하였도다. 그러나 이는 성경을 이루려 함이니

라 하시더라(막 14:46-49).

유다는 무장 저항을 예상했던 것 같다. 그렇지 않았다면 그의 일행이 이런 식으로 들이닥쳤을 리는 없다. 그런데 예수님은 의외의 말씀을 하셨다. "너희가 강도를 잡는 것 같이 검과 몽치를 가지고 나를 잡으러 나왔느냐?" 여기서 "강도"로 번역된 단어는 원래 기존 체제를 무너뜨리고 새 체제를 세우기 위해 폭력적인 전술(검)을 사용하는 게릴라 운동 곧 혁명을 의미한다. 예수님은 사실상 이렇게 말씀하신 것이다. "내가 검으로 대응할 줄 알고 검을 들고 왔느냐? 나를 몰라도 너무 모르는구나. 하나님의 나라는 이 세상의 나라와 완전히 다르다."

유다 일행은 예수님이 실제로 혁명을 일으키고 계시지만 그 혁명은 역사상 유례가 없던 새로운 종류의 혁명이라는 사실을 이해하지 못했다. 이 세상 나라의 혁명은 일어나 봐야 외향만 바뀔 뿐 여전히 낡은 가치들이 꼭대기를 차지하고 있다. 기껏해야 낡은 순서를 살짝 미세조정만 할 뿐이다. 모든 혁명은 결국 사람만 바뀌는 혁명이다. 하지만 예수님의 혁명은 새로운 사람들을 권좌에 앉히는 것이 아니다. 예수님은 완전히 다른 정부 곧 하나님의 나라를 세우는 중이셨다. 예수님은 검으로 저지시킬 수 있는 혁명가가 아니다. 왜냐하면 그분의 혁명은 검의 혁명이 아니기 때문이다. 유다는 이 점을 이해하지 못했다.

하지만 과연 유다만 이해하지 못했을까? 예수님이 체포될 당시 "곁에 서 있는 자 중의 한 사람이 칼을 빼어 대제사장의 종을 쳐 그

귀를 떨어뜨리니라." 요한복음을 보면 이 사람은 바로 베드로였다. 베드로는 예수님께 귀에 못이 박히도록 들어서 하나님 나라에 관해 잘 알고 있었다. 하지만 상황이 다급해지자 본능적으로 검을 뽑고 말았다.

우리도 베드로와 같지 않은가? 말로는 정의와 평화와 공평의 편이라고 외치면서 막상 시험이 닥치면 검 자루에 손에 간다. 우리는 검을 위시해서 돈, 권력, 성공, 명예로 이어지는 이 세상 나라를 추구하고 있다. 죽음의 입맞춤에 만족하는 우리는 베드로와 조금도 다를 바가 없다.

예수님은 베드로, 그리고 우리 모두에게 이렇게 말씀하신다. "내 나라는 이 세상 나라가 아니다. 완전히 다른 나라다. 나는 세상을 이렇게 바꿀 것이다. 나 자신보다 다른 사람을 먼저 생각하고, 원수를 사랑하며, 남을 위한 섬김과 희생이 가득한 곳. 나는 악을 악으로 갚지 않고 선으로 악을 이길 것이다. 내 힘과 목숨을 내줄 것이다. 지금 내 리스트의 꼭대기에는 약함, 가난, 고난, 버림이 있다. 내 혁명은 검의 혁명이 아니다. 내 혁명이야말로 최초의 진정한 혁명이다."

거꾸로 혁명, 약할 때 하나님 나라가 가깝다

무장 폭도가 예수님을 체포해 끌고 갈 때 제자들은 어떻게 했을까?

예수께서 무리에게 말씀하여 이르시되 너희가 강도를 잡는 것 같이 검과 몽치를 가지고 나를 잡으러 나왔느냐? 내가 날마다 너희와 함께 성전에 있으면서 가르쳤으되 너희가 나를 잡지 아니하였도다. 그러나 이는 성경을 이루려 함이니라 하시더라. 제자들이 다 예수를 버리고 도망하니라. 한 청년이 벗은 몸에 베 홑이불을 두르고 예수를 따라가다가 무리에게 잡히매 베 홑이불을 버리고 벗은 몸으로 도망하니라(막 14:48-52).

"제자들이 다 예수를 버리고 도망하니라." 베드로를 비롯하여 수년 간 예수님의 곁을 지켰던 제자들이 진짜 시험이 닥치자마자 예수님을 내팽개치고 줄행랑을 쳤다. 한 청년은 얼마나 다급했는지 유다의 일행에게 옷이 잡히자 아예 옷을 벗어버리고 벌거벗은 채로 거리로 뛰쳐나갔다. 성경에서 벗은 몸은 수치와 치욕의 표시다. 벗은 몸으로 줄행랑을 치는 모습이 얼마나 치욕스러운가. 세상에 둘도 없는 겁쟁이다. 어떤 학자들은 이 청년이 저자 자신 곧 마가라고 말한다. 실제로 당시 마가는 청년이었다. 하지만 마가만 예수님을 실망시켰는가? 모든 제자가 예수님을 헌신짝처럼 버리고 도망쳤다.

마가가 나체로 동산에서 도망친 청년 얘기를 꺼낸 것은 또 다른 동산을 상기시키려는 것이 아니었을까? 에덴동산에서도 시험이 닥쳤고 최초의 인간들은 하나님을 실망시켰다. 그들도 벗은 채로 수치스럽게 도망쳤다. 수세기가 흘러 또 다른 동산에서 또 다른 시험이 닥쳤다. 이번에도 모두가 어떤 식으로든 하나님을 실망시켰다. 검을 휘두르는 모습이나 수치스럽게 벌거숭이로 도망치는 모습이나 다 하나님이 원하시는 모습이 아니다.

하지만 잠깐, 뭔가가 다르다. 이 동산의 중앙에는 시험을 통과한 분이 계시다. 다른 모든 사람은 왜 도망치고 어리석은 행동을 하고 있는가? 세상의 검만을 바라보기 때문이다. 그들은 체포되어 죽임을 당할까 봐 혹은 다른 혁명이 일어나 자신들이 권좌에서 영원히 멀어질까 봐 두려워하고 있다. 하지만 예수님은 꿋꿋이 서 계신다. 세상의 검보다도 더 무시무시한 상황을 담담히 맞이하신다. 아담과 하와가 동산에서 쫓겨날 때 몸을 돌려 정의의 불 칼을 본 것을 기억하는가? 돌아갈 길을 막고 있는 불 칼. 죄는 그들을 하나님으로부터 분리시켰다. 누군가가 하나님의 정의의 칼 아래로 지나가지 않으면 하나님의 품으로 돌아갈 방도가 없었다. 그래서 예수님이 이 동산에서 궁극적인 정의의 칼을 맞고 계신다. 아담과 하와를 위해, 그리고 바로 당신과 나를 위해 그렇게 하고 계신다.

왜 어떤 사람들이 이 세상을 '똑바로 나라'(right-side-up-kingdom)이라 부르고, 하나님의 나라를 '거꾸로 나라'(the upside-down-kingdom)라고 부르는지 아는가? 권력과 명예를 강조하는 세상은 똑바르고 자연스러워 보이지만 예수님이 말씀하신 섬김과 희생은 전혀 불가능하고 부자연스러워 보이기 때문이다. 생물학적으로도 그렇다. 약자생존이란 말을 들어 봤는가?

하나님 나라는 심리학적으로도 부자연스러워 보인다. 약함, 가난, 고난, 버림을 높이 친다니 피학증처럼 들리지 않는가? 도저히 불가능한 삶처럼 들리지 않는가?

맞다. 이는 불가능한 삶이다.

가난한 사람을 돌보고 원망 한 점 없이 원수를 사랑하고 남을 위해 목숨을 내놓고 죄 한 점 없이 온전한 사랑으로 사셨던 예수님. 이런 삶을 살 자신이 있는가? 어림도 없다. 예수님을 본보기로 삼는다면 황새를 따라가는 뱁새 꼴이 될 수밖에 없다. 인간은 도저히 그분처럼 살 수 없다. 하지만 예수 그리스도를 어린 양으로 받아들이면 구원을 받는다.

십자가 위에서 예수님은 우리가 받아 마땅한 것을 받으셨다. 덕분에 우리는 그분이 받아 마땅한 것을 받을 수 있게 되었다. 우리를 영적으로 부하게 하시려고 온 우주의 부를 포기하고 가난하게 되신 분. 우리를 위한 이 대반전을 생각하면 변화될 수밖에 없다.

오로지 이 세상 나라의 가치대로만 사는 사람과 하나님 나라에 속하는 법을 배워 가는 사람이 있다고 하자. 둘 다 번듯한 직장에 다니고 있다. 그런데 갑자기 둘 다 직장을 잃을 위기에 처했다. 늦은 나이에 실직하면 다시 들어갈 직장도 없다. 이 세상 나라에서는 그야말로 인생이 결딴날 상황이다. 이 세상 나라는 지위와 돈과 권력이 최고라고 가르친다. 이것들을 잃으면 끝장이다. 이 세상 나라의 규칙대로라면 직장에서 쫓겨나지 않기 위해서 비열한 짓도 서슴지 않아야 한다. 거짓말, 사기, 남의 등에 비수 꽂기, 뭐든 상관없다. 하지만 하나님 나라에 적을 둔 사람은 다르다. 물론 실직은 누구에게나 유쾌한 경험이 아니다. 하지만 약함, 고난, 가난, 버림이 가까우면 하나님 나라도 가까운 것이다. 진정한 보물, 진정한 정체성을 더 깊이 깨달을 수 있는 기회가 온 것이다.

크리스천들은 돈, 권력, 명예, 지위에 연연하지 않는다. 이 세상 나라의 꼭대기에 있는 것들은 크리스천을 지배하지 못한다. 예수님이 하신 일을 이해하면 세상 가치의 마수로부터 자유로워진다. 자신의 성과가 아니라 하나님의 은혜로 의로워진다. 예수 그리스도 안에서 무한한 사랑을 받고 있다는 사실을 깨달으면 권력과 돈과 지위를 바라보는 눈이 완전히 달라진다. 더 이상 그런 것의 지배를 받지 않는다.

스스로 구원하려는 사람들, 자존심을 세우려는 사람들, 자신의 가치를 증명하려고 발버둥치는 사람들. 돈과 권력에 대한 그들의 태도는 두 가지 극단 중 하나다. 너무 사랑하든가 너무 미워하든가. 첫째, 돈과 권력을 미워하고 그것을 가진 사람도 미워하는 사람들이 있다. 그렇게 돈과 권력을 멀리하면 고결한 사람이 된 것만 같다. 하지만 이는 결국 스스로 구원하려는 태도다. 그런가 하면 돈과 지위 없이는 살 수 없는 사람들도 있다. 이것도 역시 스스로를 구원하려는 태도다.

하지만 자신이 순전히 은혜로 구원받은 죄인이라는 사실을 알고 나면 돈과 권력이 있든 없든 연연하지 않는다. 그저 자유로울 뿐이다. 돈이나 권력이 생기면 하나님 나라를 위해 할 수 있는 일이 많아서 좋다. 돈이나 권력이 사라져도 하나님이 또 다른 방법으로 역사하실 테니 아무런 걱정이 없다. 이런 사람의 삶 속에는 겁은 없고 자유만 있다. 열심히 일은 하지만 일의 지배를 받지는 않는다. 일을 하되 일벌레로 전락하지 않는다. 돈과 권력에 연연하지 않기 때문에 가끔 사람들에게 무모하다는 핀잔도 듣는다. "돈을 어떻게 그렇게 쓸 수가 있어? 천금 같은 그 사업 기회를 그냥 날려 버렸어? 이용당할 걸 뻔히 알면서도 그 사람을 도와주다니." 그러면 그는 이렇게 대답할 것이다. "좀 이용당하면 어때? 돈이 없어진다고 세상이 망해? 사업 기회가 날아갔다고 내 인생이 끝난 것도 아니잖아. 나는 그런 것에 전전긍긍하며 살 생각이 없어." 그는 이 세상 나라가 아닌 하나님 나라에서 살고 있다.

다니엘서 5장에 보면, 바벨론 왕 벨사살이 그날 밤에 도시를 약탈하고 자신을 죽일 군대가 오는 줄도 모른 채 질펀한 파티를 벌이고 있다. 하지만 술판의 한복판에 손 하나가 나타나 벽에 글을 쓰기 시작한다. "네 시대는 끝났다."

자신만을 위해 돈을 쓰고 권력에 혈안이 되고 성공과 명예에 집착하면 당장은 멋진 파티를 즐길 수 있을지 몰라도, 성경에 따르면 그런 나라는 전복될 것이다. 그 나라의 시대는 끝났다.

날마다 자아를
십자가에 못 박으라

8

그들이 예수를 끌고 대제사장에게로 가니 대제사장들과 장로들과 서기
관들이 다 모이더라. 베드로가 예수를 멀찍이 따라 대제사장의 집 뜰
안까지 들어가서 아랫사람들과 함께 앉아 불을 쬐더라. 대제사장들과
온 공회가 예수를 죽이려고 그를 칠 증거를 찾되 얻지 못하니 이는 예
수를 쳐서 거짓 증언 하는 자가 많으나 그 증언이 서로 일치하지 못함
이라. 어떤 사람들이 일어나 예수를 쳐서 거짓 증언 하여 이르되 우리
가 그의 말을 들으니 손으로 지은 이 성전을 내가 헐고 손으로 짓지 아
니한 다른 성전을 사흘 동안에 지으리라 하더라 하되 그 증언도 서로
일치하지 않더라(막 14:53-59).

자신의 생사를 결정하는 재판만큼 두려운 순간도 없다. 그리고 재판
소에서 판사가 피고가 증언을 요청할 때만큼 떨리는 순간도 없다. 그
런데 아마도 예수 그리스도가 재판 중에 하신 증언보다 극적이고 충
격적인 증언도 없을 것이다. 마가의 기록을 계속해서 보자.

대제사장이 가운데 일어서서 예수에게 물어 이르되 너는 아무 대답도
없느냐? 이 사람들이 너를 치는 증거가 어떠하냐 하되 침묵하고 아무
대답도 아니하시거늘 대제사장이 다시 물어 이르되 네가 찬송 받을 이
의 아들 그리스도냐? 예수께서 이르시되 내가 그니라. 인자가 권능자

의 우편에 앉은 것과 하늘 구름을 타고 오는 것을 너희가 보리라 하시
니(막 14:60-62).

대제사장은 예수님을 증인석에 앉히고 그분이 찬송 받을 이의 아
들 그리스도(메시아)냐고 물었다. 마가복음의 다른 부분들을 보면 예
수님은 자신의 정체에 관한 비슷한 질문에 제대로 답하지 않거나(막
7:5-6) 또 다른 질문으로 대답을 대신하셨다(막 11:29). 하지만 이번에
는 마가복음의 중심적인 질문에 아주 분명하게 대답하셨다. "내가 그
니라. 인자가 권능자의 우편에 앉은 것과 하늘 구름을 타고 오는 것
을 너희가 보리라."

예수님은 자신이 약속된 자 곧 메시아라고 주장하셨다. 하지만
대체로 유대인들이 그리스도를 신으로까지 여기지는 않았다는 점을
기억해야 한다. 그래서 예수님은 "인자"란 표현과 하나님의 우편에
앉을 것이라는 말씀으로 '메시아'란 칭호의 의미를 확대하셨다.

예수님이 사용하신 이 두 가지 성경적 표현(다니엘서 7장 13절에
기록된 "인자"와 시편 110편 1절에 기록된 "내 오른쪽")은 메시아가 재판관
으로 오심을 암시한다. 재판소의 모든 사람(산헤드린 공회 전원)은 인자
가 누구인지를 잘 알고 있었다. 다니엘서 7장을 보면 인자는 하나님
의 보좌에서 하늘의 구름을 통해 이 땅을 심판하러 오신다. 이 하늘
의 구름은 증기일 뿐인 땅의 구름과는 다르다. 이 구름은 쉐키나 영
광 곧 하나님의 임재다. 따라서 예수님의 대답은 이런 뜻이다. "나는
하나님의 영광 속에서 온 세상을 심판하러 올 것이다." 충격적인 진

술이다. 자신이 하나님이라는 주장이다.

예수님이 자신이 누구인지 밝히기 위해 사용할 수 있는 구약의 본문과 주제, 이미지, 비유는 한두 가지가 아니었다. 그런데 그 중에서 그분은 굳이 재판관의 이미지를 사용하셨다. 이는 그 현장에 흐르는 패러독스를 부각시키기 위함이었다. 어처구니없는 상황이 펼쳐지고 있다. 온 세상의 재판관이 세상의 재판을 받으신다. 판사석에 앉아야 할 분이 쇠고랑을 찬 채 피고석에 앉아 계신다.

예수님이 재판관 곧 하나님이라고 주장하시자마자 장내가 아수라장으로 돌변한다. 마가의 기록을 계속해서 보자.

예수께서 이르시되 내가 그니라. 인자가 권능자의 우편에 앉은 것과 하늘 구름을 타고 오는 것을 너희가 보리라 하시니 대제사장이 자기 옷을 찢으며 이르되 우리가 어찌 더 증인을 요구하리요? 그 신성 모독 하는 말을 너희가 들었도다. 너희는 어떻게 생각하느냐 하니 그들이 다 예수를 사형에 해당한 자로 정죄하고 어떤 사람은 그에게 침을 뱉으며 그의 얼굴을 가리고 주먹으로 치며 이르되 선지자 노릇을 하라 하고 하인들은 손바닥으로 치더라(막 14:62-65).

대제사장은 자기 옷을 찢어 극도의 분노와 참담함을 표출했다. 그때부터 엄숙한 재판이 난장판으로 전락했다. 배심원과 판사들이 예수님께 침을 뱉고 그분을 때리기 시작했다. 예수님이 신성모독으로 죽어 마땅하다며 다들 길길이 날뛰었다.

하지만 산헤드린 법정은 사형을 선고할 권한이 없었다. 다른 많은 선고는 임의로 내릴 수 있었지만 사형 선고는 로마 총독의 승인을 받아야 했다. 그래서 산헤드린 공회는 예수님을 죽일 목적으로 로마 총독 빌라도에게 넘겼다. 마가의 기록을 계속해서 보자.

> 새벽에 대제사장들이 즉시 장로들과 서기관들 곧 온 공회와 더불어 의논하고 예수를 결박하여 끌고 가서 빌라도에게 넘겨주니 빌라도가 묻되 네가 유대인의 왕이냐. 예수께서 대답하여 이르시되 네 말이 옳도다 하시매 대제사장들이 여러 가지로 고발하는지라. 빌라도가 또 물어 이르되 아무 대답도 없느냐? 그들이 얼마나 많은 것으로 너를 고발하는가 보라 하되 예수께서 다시 아무 말씀으로도 대답하지 아니하시니 빌라도가 놀랍게 여기더라(막 15:1-5).

예수님은 빌라도 앞에서 다시 재판을 받으셨다. 종교 지도자들이 죄목을 늘어놓았지만 예수님이 아무 말씀도 없으시자 빌라도는 이상하게 생각했다. 다른 복음서들을 보면 빌라도는 이 재판을 맡을 마음이 조금도 없었다. 어떻게든 이 재판에서 손을 떼고 싶었다. 하지만 뜻대로 되지 않자 이번에는 다른 카드를 꺼냈다. 명절에 죄수를 풀어주는 풍습을 잘 활용하면 책임을 회피할 수도 있었다.

> 명절이 되면 백성들이 요구하는 대로 죄수 한 사람을 놓아주는 전례가 있더니 민란을 꾸미고 그 민란 중에 살인하고 체포된 자 중에 바라바라

하는 자가 있는지라. 무리가 나아가서 전례대로 하여 주기를 요구한대 빌라도가 대답하여 이르되 너희는 내가 유대인의 왕을 너희에게 놓아 주기를 원하느냐 하니 이는 그가 대제사장들이 시기로 예수를 넘겨준 줄 앎이러라(막 15:6-10).

빌라도는 어떻게든 발을 빼고 싶었다. 종교 지도자들은 한낱 질투심 때문에 예수님을 고소했을 뿐이었다. 결코 옳은 일이 아니었다. 반면, 바라바는 살인죄로 기소된 무뢰한이었다. 빌라도가 알고도 죄인을 방면하고 무고한 사람에게 유죄 판결을 내릴까? 마가의 이야기를 계속해서 들어 보자.

그러나 대제사장들이 무리를 충동하여 도리어 바라바를 놓아 달라 하게 하니 빌라도가 또 대답하여 이르되 그러면 너희가 유대인의 왕이라 하는 이를 내가 어떻게 하랴? 그들이 다시 소리 지르되 그를 십자가에 못 박게 하소서. 빌라도가 이르되 어찜이냐? 무슨 악한 일을 하였느냐 하니 더욱 소리 지르되 십자가에 못 박게 하소서 하는지라. 빌라도가 무리에게 만족을 주고자 하여 바라바는 놓아주고 예수는 채찍질하고 십자가에 못 박히게 넘겨주니라(막 15:11-15).

빌라도는 정말이지 예수님을 처형하고 싶지 않았다. 실제로 예수님이 사형에 해당하지 않는다는 선언도 했다. 하지만 결국 그는 예수님을 십자가에 못 박히게 넘겨주었다.

십자가는 역사상 가장 치욕스럽고도 소름끼치는 처형 도구였다. 로마인들은 오직 천하의 몹쓸 죄인들만을 십자가에 매달았다. 십자가에 달리면 장시간 동안 피를 흘리며 극도의 고통에 시달리다가 대개 쇼크나 질식으로 죽었다. 그런데 특이하게도 마가는 잔혹한 장면은 별로 자세히 기록하지 않고 있다. 예수님의 육체적 고통보다는 사건 이면의 더 깊은 의미를 부각시키기 위함이었다. 마가는 실제 처형 과정에 관해서는 다음과 같이 간단하게 기록하고 넘어간다.

> 십자가에 못 박으려고 끌고 나가니라. 마침 알렉산더와 루포의 아버지인 구레네 사람 시몬이 시골로부터 와서 지나가는데 그들이 그를 억지로 같이 가게 하여 예수의 십자가를 지우고 예수를 끌고 골고다라 하는 곳(번역하면 해골의 곳)에 이르러 몰약을 탄 포도주를 주었으나 예수께서 받지 아니하시니라. 십자가에 못 박고 그 옷을 나눌새 누가 어느 것을 가질까 하여 제비를 뽑더라(막 15:20-24).

마가가 예언의 성취를 직접적으로 언급하지는 않았지만 단어들의 선택을 보면 시편 22편을 염두에 두었던 게 분명하다.

> 나를 보는 자는 다 나를 비웃으며 입술을 비쭉거리고 머리를 흔들며 말하되…나는 물 같이 쏟아졌으며 내 모든 뼈는 어그러졌으며 내 마음은 밀랍 같아서 내 속에서 녹았으며…개들이 나를 에워쌌으며 악한 무리가 나를 둘러 내 수족을 찔렀나이다. 내가 내 모든 뼈를 셀 수 있나이

다. 그들이 나를 주목하여 보고 내 겉옷을 나누며 속옷을 제비 뽑나이
다(시 22:7, 14, 16-18).

십자가 근처에서 이 장면을 지켜보던 제자들의 심정이 어떠했을지
상상이 가는가? 오랫동안 따라다니던 선생이 십자가에 달려 고통스
러워하신다. 풍랑을 잠잠하게 하고 병마를 쫓아내고 말씀의 기적 같
은 힘으로 죽음을 농락하셨던 분. 불과 일주일 전만 해도 왕처럼 열
렬한 환호를 받으며 예루살렘에 입성하셨던 분. 이분은 그리스도가
아니시던가. 도대체 어찌 이런 일이 일어날 수 있단 말인가. 마가의
이야기를 계속해서 들어보자.

때가 제 삼 시가 되어 십자가에 못 박으니라. 그 위에 있는 죄패에 유대
인의 왕이라 썼고 강도 둘을 예수와 함께 십자가에 못 박으니 하나는
그의 우편에, 하나는 좌편에 있더라. 지나가는 자들은 자기 머리를 흔
들며 예수를 모욕하여 이르되 아하 성전을 헐고 사흘에 짓는다는 자여
네가 너를 구원하여 십자가에서 내려오라 하고 그와 같이 대제사장들
도 서기관들과 함께 희롱하며 서로 말하되 그가 남은 구원하였으되 자
기는 구원할 수 없도다. 이스라엘의 왕 그리스도가 지금 십자가에서 내
려와 우리가 보고 믿게 할지어다 하며 함께 십자가에 못 박힌 자들도
예수를 욕하더라. 제 육 시가 되매 온 땅에 어둠이 임하여 제 구 시까지
계속하더니(막 15:25-33).

마가를 비롯한 복음서 기자들은 모두 예수님의 죽음에 관한 묘사에서 빛과 어둠의 대조 곧 '명암'을 분명하게 표현했다. 그러니까 예수님의 죽음을 둘러싼 중요한 사건들이 모두 '어둠 속에서' 일어났다는 점을 분명히 지적했다. 일단, 배신과 산헤드린 공회 재판은 모두 밤에 일어났다. 아울러, 예수님이 실제로 돌아가신 시간은 대낮인데도 불가해한 어둠이 깔렸다. "제 육 시가 되매 온 땅에 어둠이 임하여 제 구 시까지 계속하더니." 제 육시는 정오고 제 구 시는 오후 3시다. 따라서 예수님이 죽어 가시던 12시부터 3시까지 칠흑 같은 어둠이 임한 것이다.

이 어둠의 원인으로 일식 같은 자연 현상을 지목한 사람이 많았다. 하지만 일식으로 인한 어둠은 몇 분 정도밖에 지속되지 않는다. 게다가 일식은 보름 기간에는 일어날 수 없는데 유월절은 항상 보름이다. 사막의 폭풍이 엄청난 모래를 실어 와 한동안 태양을 가렸다고 주장하는 이들도 있었다. 하지만 유월절은 우기다. 따라서 모래폭풍이 이런 어둠을 만들어 낼 수는 없었다. 이것은 초자연적인 어둠이었다.

성경에서 대낮의 어둠은 하나님의 진노와 심판을 상징한다.[67] 이런 현상의 대표적인 예는 첫 유월절에 끝에서 두 번째 재앙으로 애굽을 뒤덮었던 어둠이다(출 10:21-23). 따라서 이런 어둠이 내렸다는 것은 하나님의 심판이 임했다는 뜻이다. 하지만 하나님이 누구를 심판하고 계셨던 것일까? 마가복음의 기록을 계속해서 보자.

제 육 시가 되매 온 땅에 어둠이 임하여 제 구 시까지 계속하더니 제 구시에 예수께서 크게 소리 지르시되 엘리 엘리 라마 사박다니 하시니 이를 번역하면 나의 하나님, 나의 하나님 어찌하여 나를 버리셨나이까 하는 뜻이라(막 15:33-34).

예수님은 "나의 친구여, 내 친구여!", "나의 머리여, 나의 머리여!", "나의 손이여, 나의 손이여!"라고 울부짖지 않으셨다. 그분은 "나의 하나님, 나의 하나님!"이라고 외치셨다. 십자가 위에서 예수님은 하나님께 버림을 받으셨다.

"나의 하나님." 이는 지극히 친근한 표현이다. 상대방에게 '나의'를 붙이는 것은 애칭이다. "나의 하나님"은 언약의 백성만 쓸 수 있는 표현이다. 하나님은 그분과 개인적인 관계를 맺은 사람들에게만 그런 표현을 허락하셨다. "너희는 내 백성이 되겠고 나는 너희의 하나님이 되리라."

"나의 하나님, 나의 하나님 어찌하여 나를 버리셨나이까?" 우리 교회 성도 한 명이 다시는 나를 보지 않겠다고 하면 기분이 지독히 나쁠 것이다. 그런데 만약 우리 아내가 내게 그런 말을 하면 그야말로 앞이 노래질 것이다. 사랑이 깊을수록 상실의 충격도 큰 법이다.

아들이 영원 전부터 사랑을 나누던 아버지께 버림을 받았으니 그 충격은 가히 상상할 수도 없다. 무한히 오래된 사랑, 더없이 완벽한 사랑. 예수님은 그것을 잃으셨다. 영원한 춤에서 배제되셨다.

우주를 세우신 예수님이 무너지신다. 도대체 왜? 예수님은 우리가 받을 심판을 대신 받으신 것이다. "나의 하나님, 나의 하나님 어찌하여 나를 버리셨나이까?" 이는 시적인 표현이 아니었다. 예수님은 실제로 버림을 받으셨다. 바로 당신과 나를 위해 버림 받으셨다. 예수님은 우리가 버림을 받지 않도록 대신 버림을 받으셨다. 우리에게 쏟아져야 할 심판이 대신 예수님께 쏟아졌다.

우리의 운명을 바꾼 아름다운 죽음

요즘은 진정한 어둠을 아는 사람이 그리 많지 않다. 시골에 살아도 근처 도시에서 흘러나오는 전깃불 때문에 완전히 캄캄하지는 않다. 하지만 '완전한' 암흑 속에서는 코앞에 있는 자기 손도 보이질 않는다. 이런 암흑 속에 장시간 갇혀 있으면 정신이 완전히 나가 버릴 수도 있다.

1914년 영국 탐험가 어니스트 섀클턴(Ernest Shackleton)의 탐험대는 '인내(Endurance)' 호를 타고 남극으로 떠났다. 탐험의 목표는 도보로 남극을 지나 남극 대륙을 횡단하는 것이었다. 하지만 배가 유빙들에 갇혀 침몰되는 바람에 탐험을 포기해야만 했다. 이후 몇 달간 탐험대는 그저 생존과 귀향을 위해서 필사적으로 자연과 싸웠다. 섀클턴의 전기 중 하나를 보면 굶주림과 극한의 날씨 같은 온갖 장애물 중에서도 어둠이 최악이었다고 한다. 남극 근처에서는 5월 중순에 태양이 져서 6월 말까지 다시 떠오르지 않는다. 요컨대 2개월이 넘도록 낮이 없어지는 것이다.

극지 탐험가들의 전기를 보면 극지의 밤만큼 황량한 것은 없다. 직접 경험해 본 사람만이 빛 한 점 없는 곳에서 몇 주씩 버티는 괴로움을 안다. 이 암흑과 싸워서 이겨 내는 사람은 거의 없다. 대부분이 미쳐 버린다. 이런 지독한 어둠 속에서는 앞을 볼 수 없기 때문에 자신이 어디로 가는지 전혀 알 수가 없다. 심지어 자신의 모습도 볼 수 없다. 물론 바로 옆에 있는 사람이 적인지 친구인지도 알 수 없다. 암흑 속에서는 철저히 고립된다. 이처럼 물리적인 어둠 속에서는 방향 감각을 잃는데, 성경에 따르면 영적 어둠 속에서도 마찬가지다. 영적 어둠은 진정한 빛이신 하나님께 등을 돌리고 다른 것을 삶의 중심으로 삼을 때 찾아온다.

성경은 하나님을 태양에 빗대곤 한다.[68] 태양은 시각적인 진리의 근원이다. 우리가 햇빛을 통해 만물을 보기 때문이다. 태양은 생물학적 생명의 근원이기도 하다. 태양이 없으면 그 무엇도 살아갈 수 없으니 말이다. 그런데 성경에 따르면 하나님은 모든 진리와 모든 생명의 절대적인 근원이시다. 그래서 하나님을 중심으로 도는 사람의 삶은 진리와 생명력이 가득하다. 그의 삶은 빛 가운데 있다. 하지만 하나님께 등을 돌리고 직장, 인간관계, 가족 같은 다른 것을 행복의 근원으로 삼으면 영적 암흑이 찾아온다. 진리와 생명으로부터 멀어져 칠흑 같은 어둠 속으로 들어간다.

영적 어둠 속에 있으면 인생이 잘 풀리는 것 같아도 사실상 완전히 엉뚱한 방향으로 가고 있는 것이다. 다른 것을 하나님보다 더 중요하게 여기면 방향을 제대로 알 수 없다. 어디로 가야 하는지는 물론이고 어디로 가는지도 알 수 없다. 돈이나 직업적 성공, 사랑 같은 것이 당장은 좋아 보여도 우리 영혼이 진정으로 갈망하는 대상을 찾고 나면 아무것도 아니다. 세상적인 것은 스스로 빛을 내지 못한다.

하나님 외의 것을 중심으로 삼으면 자존감도 상실한다. 남의 칭찬과 자신의 성과 같은 것에서 찾은 자존감은 언제 깨질지 모른다. 자신의 진정한 가치를 깨달을 수 없다. 어둠 속에서는 자신을 볼 수 없다. 아울러 영적 어둠 속에서는 고립된다. 세상적인 것을 추구하면 항상 두려움이나 분노, 교만, 신세 한탄에 시달릴 수밖에 없다. 그 결과, 사람들에게서 멀어진다.

내 상황을 예로 들어 보겠다. 나는 좋은 목회자요 설교자이고 싶다. 하지만 예수 안에서 나를 향한 하나님의 사랑이 아닌 이런 목표를 내 소망과 삶의 의미와 자존감의 진정한 근원으로 삼으면 그런 자존감은 언제라도 깨지고 만다. 목사는 항상 비판에 노출되어 있다. 그리고 비판을 받으면 낙심하기 쉽다. 특히 설교와 목회를 나의 궁극적인 중심으로 삼고 있다가 비판을 받으면 자존감이 땅에 떨어질 수밖에 없다. 내 성과가 기대에 못 미쳐도 화가 날 것이다. 내 안에서 불필요한 죄책감이 들끓을 것이다.

두 사람이 하나님보다 서로를 더 사랑해도 문제다. 아무리 좋은 사이라도 작은 싸움이 큰 싸움으로 번지고 큰 싸움이 발전하면 관계가 결국 틀어지기 마련이다.

진정한 빛이신 하나님께 등을 돌리고 다른 것을 그분보다 중요하게 여기면 영적 어둠이 찾아온다. 그로 인한 방향 상실은 반드시 멸망으로 이어진다. 사실, 하나님의 개입하심이 아니면 우리는 모두 영적 어둠 속에서 살 수밖에 없다. 우리는 하나님 외의 것을 중심으로 돌게 되어 있다. 하나님이 아닌 자신의 영광을 추구할 수밖에 없는 존재다. 게다가 이런 잘못된 궤도를 바로잡을 능력도 없다. 우리는 모두 멸망으로 치닫고 있다.

하지만 이 멸망은 이 땅의 삶과 함께 끝나지 않는다. 예수님이 다시 오시면 우리의 모든 행동과 생각과 바람이 심판을 받을 것이다. 그때 조금이라도 불완전한 구석이 발견되면 그분의 임재 안에 거할 수 없다. 모든 빛과 진리의 근원이신 하나님의 품에서 쫓겨나면 완전한 어둠과 영원한 분열뿐이다. 성경의 예언자들은 이 마지막 심판의 날을 묘사했다.

보라 여호와의 날 곧 잔혹히 분냄과 맹렬히 노하는 날이 이르러 땅을 황폐하게 하며 그 중에서 죄인들을 멸하리니 하늘의 별들과 별 무리가 그 빛을 내지 아니하며 해가 돋아도 어두우며 달이 그 빛을 비추지 아니할 것이로다. 내가 세상의 악과 악인의 죄를 벌하며 교만한 자의 오만을 끊으며 강포한 자의 거만을 낮출 것이며…나 만군의 여호와가 분하여 맹렬히 노하는 날에 하늘을 진동시키며 땅을 흔들어 그 자리에서 떠나게 하리니(사 13:9-13).

여호와께서 야곱의 영광을 두고 맹세하시되 내가 그들의 모든 행위를 절대로 잊지 아니하리라 하셨나니 이로 말미암아 땅이 떨지 않겠으며 그 가운데 모든 주민이 애통하지 않겠느냐? 온 땅이 강의 넘침 같이 솟아오르며 애굽 강 같이 뛰놀다가 낮아지리라. 주 여호와의 말씀이니라. 그날에 내가 해를 대낮에 지게 하여 백주에 땅을 캄캄하게 하며 너희 절기를 애통으로, 너희 모든 노래를 애곡으로 변하게 하며(암 8:7-10).

이는 우리의 운명이었다. 이 운명을 바꿀 방법은 오직 예수님의 죽음뿐이었다. 그래서 예수님이 십자가로 가셔야만 했다. 예수님은 우리의 목적지였던 절대 어둠 속으로 떨어지셨다. 그분은 우리가 당해야 마땅한 죽음을 대신 당하셨다. 덕분에 우리는 이 심판에서 구원을 받아 하나님의 밝은 품 안에서 살 수 있다. 예수님의 죽음에 그런 효력이 있는지 어떻게 아는가? 마가복음으로 돌아가 보자.

곁에 섰던 자 중 어떤 이들이 듣고 이르되 보라 엘리야를 부른다 하고 한 사람이 달려가서 해면에 신 포도주를 적시어 갈대에 꿰어 마시게 하고 이르되 가만 두라. 엘리야가 와서 그를 내려 주나 보자 하더라. 예수께서 큰 소리를 지르시고 숨지시니라. 이에 성소 휘장이 위로부터 아래까지 찢어져 둘이 되니라. 예수를 향하여 섰던 백부장이 그렇게 숨지심을 보고 이르되 이 사람은 진실로 하나님의 아들이었도다 하더라(막 15:35-39).

성전의 휘장은 얇고 작은 천 조각이 아니라 매우 두텁고 무거웠다. 사실상 벽이나 다름없었다. 휘장은 하나님의 쉐키나 영광이 거하는 지성소와 성전의 다른 부분들을 분리하는 벽이었다. 다시 말해, 휘장은 사람들을 하나님의 임재로부터 분리하는 벽이었다. 가장 거룩한 민족인 유대인 중에서도 가장 거룩한 사람인 대제사장만이 연중 가장 거룩한 날인 속죄일에만 지성소에 들어갈 수 있었다. 그것도 죄를 대속할 피의 희생 제물을 들고 들어가야 했다. 지성소의 휘장은, 영적 어둠 속에 있는 죄인은 그 누구도 하나님의 품에 안길 수 없다는 사실을 분명하게 일깨우고 있었다.

예수 그리스도께서 돌아가신 순간, 이 거대한 휘장이 쫙 찢어졌다. 위에서 아래로 찢어져 누가 찢으셨는지를 분명히 드러냈다. 하나님은 이 현상을 통해 이렇게 말씀하셨다. "이는 모든 희생을 종식시키는 궁극의 희생이다. 이제 내게로 오는 문이 활짝 열렸다." 예수님이 죽으신 덕분에 이제 그분을 믿는 사람은 누구나 하나님을 보고 그분과 사귈 수 있다. 장벽은 영원히 사라졌다. 멸망으로 향하던 우리의 궤도가 하나님 쪽으로 영원히 바뀌었다. 이 모든 것이 예수님이 우리의 죗값을 대신 치르셨기 때문에 가능해졌다. 이제 그분을 믿는 사람은 누구나 하나님의 품에 안길 수 있다.

마가는 찢어진 휘장의 의미를 확실히 알리고자 이 의미를 처음으로 깨달은 인물을 곧바로 소개했다. 바로 백부장이었다. "이 사람은 진실로 하나님의 아들이었도다." 이 고백은 실로 대단한 고백이었다. 마가복음 1장의 첫 구절에서 "하나님의 아들 예수 그리스도"라고 말했지만 이 대목에 이를 때까지 어떤 인간도 예수님을 그렇게 부르지 않았기 때문이다. 제자들은 예수님을 그리스도라 불렀지만 당시에는 그리스도를 신으로까지 여기지는 않았다. 물론 예수님의 모든 가르침과 권능의 역사, 심지어 대제사장들 앞에서의 증언까지도 그분의 신성을 보여 주었다. 사람들은 "이 사람이 도대체 누구인가?"라며 놀라움을 금치 못했다. 하지만 정작 그분의 신성을 처음으로 이해한 사람은 그분의 죽음을 주도한 백부장이었다.

게다가 그는 로마인이었다. 당시 로마의 모든 동전에는 "신인 아구스도의 아들 디베료 가이사"란 글귀가 새겨져 있었다. 충성스러운 로마인이 '신의 아들'이라 부를 수 있는 사람은 로마 황제 가이사뿐이었다. 하지만 이 백부장은 예수님께 그 칭호를 붙였다. 또한 그는 냉혹한 인간이었다. 백부장들은 장교로 임관된 귀족이 아니라 졸병에서 한 단계씩 올라온 사람들이었다. 그래서 죽음을 많이 목격했을 뿐 아니라 직접 사람을 죽이기도 했다. 따라서 이 백부장도 우리가 상상하는 것보다 훨씬 더 잔인한 사람이었을 것이다. 무정하고 잔혹한 인물. 하지만 뭔가가 그의 영적 어둠을 깨뜨렸다. 그래서 그는 예수 그리스도의 신성을 처음으로 고백한 사람이 되었다.

이 백부장과 십자가 주변의 나머지 사람들 사이에는 결정적인 차이점이 있었다. 예수님이 이런 날이 올 것이라고 수없이 말씀하셨는데도 완전히 혼란에 빠져 있는 제자들, 하나님의 가장 심오한 지혜를 직접 보고도 거부한 종교 지도자들. 백부장은 그들과 달리 어둠 속에서 깨어났다.

무엇이 백부장의 어둠을 깨뜨렸을까? 어떻게 그는 갑자기 빛 가운데로 나올 수 있었을까? 나는 무려 30년간 이 질문을 붙들고 늘어졌다. 예수님이 누구신지를 처음으로 이해한 사람이 왜 이 백부장이었을까? 마침내 나는 이 백부장이 예수님의 절규를 듣고 예수님이 돌아가시는 모습을 보았기 때문에 어둠에서 빛으로 나왔다는 결론을 내렸다.

나는 사람이 실제로 숨을 거두는 장면을 딱 한 번 보았다. 지금도 그 순간을 잊을 수가 없다. 당신도 죽음의 자리에 기껏해야 한두 번밖에 가보지 못했을 것이다. 하지만 이 백부장은 수많은 이의 죽음을 보았고 그 중 많은 사람을 자기 손으로 죽였다. 하지만 이 죽음은 이전까지의 죽음과 너무 달랐다. 고통 중에도 드러나는 예수님의 다정하심. 바로 그것이 백부장의 무정함을 꿰뚫었을 것이다. 예수님의 아름다운 죽음이 그의 어둠을 환하게 비추었던 게 분명하다.

그분의 어둠을 통해 우리는 빛으로 나아간다

기독교는 하나님 자신이 고통 가운데 울부짖으셨다고 말하는 유일한 종교다. 그런데 하나님의 고난이 무슨 소용인가? 십자가 곁에 섰던 예수님의 제자들에게는 무의미하게만 보였다. 아무리 봐도 일말의 유익도 없어 보였다. 하지만 결국 그들은 예수님의 고난이 얼마나 귀한지를 깨달았다. 십자가 앞에서 그들은 사랑과 권능, 정의의 하나님이 보여 주시는 가장 위대한 역사를 목격한 것이었다. 하나님이 우리를 구원하기 위해 이 천한 세상에 오시고 십자가에서 고난을 받아 돌아가셨다. 우리를 향한 하나님의 사랑을 이보다 더 확실히 증명할 수 있을까?

고난은 '인간'을 완전한 어둠으로 내몰곤 한다. 대개 우리는 자신이 고난 받는 이유를 알지 못한다. 예수님의 고난이 제자들에게 무의미해 보였던 것처럼 우리의 고난도 부당하게만 보인다. 하지만 십자가는 고난의 이유가 '아닌' 것을 밝혀 준다. 하나님이 우리를 사랑하지 않아서 고난을 허락하시는 것이 아니다. 하나님이 우리에 관해 아무런 계획도 없으신 것이 아니다. 하나님이 우리를 버리신 것은 절대 아니다. 예수님이 버림을 받고 우리의 죗값을 치르신 것은 아버지 하나님이 우리를 절대 버리지 않게 하시기 위함이었다. 십자가는 예수님이 우리를 사랑하시며 고난의 의미를 이해하신다는 증거다. 또한 십자가는 아무런 까닭 없이 보이는 상황에서도 하나님이 여전히 역사하고 계신다는 증거다.

유명한 실존주의자 알베르 카뮈(Albert Camus)조차도 십자가를 보면 고난을 대하는 태도가 달라진다는 점을 인정했다.

신인(神人)도 고난을 겪는다. 인내로 고난을 겪는다. 신인도 파괴되고 죽는다. 골고다의 밤이 인간에게 그토록 중요한 것은 그 어둠 속에서 신인이 기존의 모든 특권을 포기하고 깊은 절망을 포함한 죽음의 고뇌를 끝까지 견뎌 냈기 때문이다.[69]

예수 그리스도는 우리가 당해야 할 죽음을 당하셨을 뿐 아니라 우리가 살아야 하지만 살 수 없었던 삶을 사셨다. 그분은 우리를 위해 절대 순종의 본을 보이셨다. 당신이 누군지는 상관없다. 백부장, 매춘부, 암살자, 목사, 누구든 상관없다. 휘장이 위에서 아래로 찢어졌다. 장벽이 사라졌다. 이제 누구든 용서와 은혜를 받을 수 있다.

백부장은 예수님의 부르짖음을 들었다. 당신도 귀를 기울여 보라. "나의 하나님, 나의 하나님 어찌하여 나를 버리셨나이까?" 귀를 기울여 이 절규를 들어 보면 백부장이 보았던 아름다움과 다정함을 당신도 볼 수 있다. 당신을 향한 무한한 사랑 탓에 아버지의 무한한 사랑을 잃어버리신 예수님, 그분을 보면 당신의 무정한 마음이 녹아내릴 것이다. 당신이 누구든 눈이 열리고 어둠이 물러가는 경험을 하게 되리라. 마약처럼 당신을 지배해 오던 것들, 하나님으로부터 멀어지게 만들던 것들로부터 마침내 해방되리라. 예수 그리스도의 어둠은 우리 자신의 어둠을 파괴하고 흩어 버리는 능력이 있다. 그분의 어둠을 통해 우리는 무정과 어둠과 죽음에서 벗어나 다정과 빛과 생명으로 나아간다.

나는 죽음을 직접 마주했다. 내가 갑상선암에 걸렸을 때 처음부터 의사들은 내게 충분히 치료가 가능하다고 말했다. 그런데도 마취를 받는 동안 불안감이 엄습했다. 그 순간, 내 머릿속에 어떤 성경 구절이 떠올랐을까? 솔직히 고백하면, 성경 구절이 아니라 「반지의 제왕」의 한 대목이 생각났다. 3권의 끝 무렵에 나오는 대목이다. 악과 어둠이 너무도 거대하게만 보이던 순간, 영웅 중 한 명인 샘(Sam)은 이런 생각을 했다.

샘은 잠시 하얀 별이 반짝이는 광경을 보았다. 그 아름다움이 그의 마음을 관통했다. 그렇게 버려진 땅에서 시선을 떼 고개를 들고 있는 사이에 희망이 돌아왔다. 어둠은 잠시뿐이라는 생각이 마치 섬광처럼 떠올랐다. 어둠은 사라져도 빛과 드높은 아름다움은 영원히 사라지지 않는다. 탑에서 그가 불렀던 노래는 소망이 아니라 저항의 노래였다. 하지만 이제는 생각이 달라졌다. 잠시 나마 자신의 운명이 괴롭지 않았다. 그는 모든 두려움을 내려놓고 깊고도 편안한 잠에 빠져들었다.[70]

이 부분을 읽으면서 '정말로 그래'라고 생각했던 기억이 난다. 예수님의 죽음으로 인해 이제 어둠 곧 악은 잠시일 뿐이다. 악이 예수님의 마음을 뒤덮었기 때문에 영원히 사라지지 않는 빛과 드높은 아름다움이 있다. 우리를 멸망시킬 수 있는 유일한 어둠이 예수님의 마음을 뒤덮었다. 수술이 어떻게 되든 상관없었다. 우리에게는 미래에 대한 소망이 있지 않은가.

무덤에서 부활하다

대역전의 날을 소망하라

9

예수님의 삶과 죽음 전후로 몇 십 년 사이 이스라엘에서는 십여 개의 메시아 운동이 일어났다. 그런데 대부분의 경우 운동의 리더는 주로 처형을 통해 죽임을 당했고, 모든 운동이 리더의 죽음과 함께 역사 속으로 사라졌다. 이 십여 개의 운동 중에서 리더가 죽은 뒤에도 와해되지 않은 운동은 하나뿐이다. 이 운동은 와해되기는커녕 오히려 활짝 꽃을 피웠다. 그리하여 약 3백 년이 지나서는 로마 제국 전체로 퍼져 나갔다.

이 모든 메시아 운동 중에서 기독교의 어떤 점이 특별했을까? 크리스천들이라면 이 운동의 리더가 죽은 '뒤에' 일어난 일을 폭발적인 확산의 비밀로 꼽을 것이다. 그렇다면 도대체 기독교 창시자의 죽음 뒤에 어떤 일이 벌어졌을까? 마가복음으로 돌아가 보자.

예수께서 큰 소리를 지르시고 숨지시니라. 이에 성소 휘장이 위로부터 아래까지 찢어져 둘이 되니라. 예수를 향하여 섰던 백부장이 그렇게 숨지심을 보고 이르되 이 사람은 진실로 하나님의 아들이었도다 하더라. 멀리서 바라보는 여자들도 있었는데 그 중에 막달라 마리아와 또 작은 야고보와 요세의 어머니 마리아와 또 살로메가 있었으니 이들은 예수께서 갈릴리에 계실 때에 따르며 섬기던 자들이요 또 이 외에 예수와 함께 예루살렘에 올라온 여자들도 많이 있었더라. 이날은 준비일 곧 안

식일 전날이므로 저물었을 때에 아리마대 사람 요셉이 와서 당돌히 빌
라도에게 들어가 예수의 시체를 달라 하니 이 사람은 존경 받는 공회원
이요 하나님의 나라를 기다리는 자라(막 15:37-43).

예수님은 오후 중반에 돌아가셨고 이윽고 안식일의 해가 뉘엿뉘엿
지기 시작했다. 유대법에 따르면 안식일에는 아무 일도 할 수 없었
다. 따라서 그날 밤이나 이튿날에는 예수님의 시체를 묻을 수 없었
다. 그래서 요셉은 비록 바리새인이었지만 예수님을 제때 장사지내
고 싶어 과감히 빌라도를 찾아가 예수님의 시체를 요구했다.

빌라도는 예수께서 벌써 죽었을까 하고 이상히 여겨 백부장을 불러 죽
은 지가 오래냐 묻고 백부장에게 알아본 후에 요셉에게 시체를 내주는
지라. 요셉이 세마포를 사서 예수를 내려다가 그것으로 싸서 바위 속에
판 무덤에 넣어 두고 돌을 굴려 무덤 문에 놓으매 막달라 마리아와 요
세의 어머니 마리아가 예수 둔 곳을 보더라(막 15:44-47).

마가가 예수님의 장례 과정을 기록한 부분이 매우 중요하다. 그 부분
을 보면 예수님이 '정말로' 돌아가셨다는 사실을 알 수 있다. 여기서
아리마대 요셉은 예수님의 시체를 싸서 무덤에 안치시킨 주인공이
다. 따라서 그는 예수님의 죽음에 관한 '확실한' 증인 중 한 명이다.
(죽음에 관한 전문가) 로마 백부장은 (이 문제에 관한 법적 권한을 지닌) 빌
라도 앞에서 예수님의 죽음을 증언했다. 마지막으로, 마가는 예수님

의 장사에 관한 증인으로 두 여인을 언급했다. 따라서 여러 전문가와 증인이 예수님이 실제로 돌아가셨다는 사실을 증명한 것이다. 마가의 기록을 계속해서 보자.

> 안식일이 지나매 막달라 마리아와 야고보의 어머니 마리아와 또 살로메가 가서 예수께 바르기 위하여 향품을 사다 두었다가 안식 후 첫날 매우 일찍이 해 돋을 때에 그 무덤으로 가며 서로 말하되 누가 우리를 위하여 무덤 문에서 돌을 굴려 주리요 하더니(막 16:1-3).

이상하지 않은가? 마가는 불과 몇 구절 사이에 쓸데없이 똑같은 여자들의 이름(막달라 마리아, 야고보와 요세의 어머니 마리아, 살로메)을 세 번이나 언급하고 있다. 성경학자 리처드 보캄은 마가가 전설이 아닌 역사적 사실을 기록하고 있다는 사실을 강조하기 위해 그렇게 했다고 말한다.

마가가 여자들의 이름을 반복해서 실은 것은 그들이 확실한 증인이라는 뜻이다. 그 여자들은 이 구절이 기록될 당시 살아 있었던 게 분명하다. 그렇지 않으면 마가가 굳이 그들의 이름을 여러 번이나 언급했을 리가 없다. 마가는 그 이름들을 포함시킴으로써 독자들에게 이렇게 말하고 싶었던 것이다. "내 이야기가 진짜인지 의심스럽다면 이 세 여인을 찾아가 물어보라. 이 여인들이 아직 살아 있다. 내 모든 말을 확인해 줄 것이다."71 이 여인들은 예수님의 장례를 마무리하기 위해 향품을 갖고 무덤으로 가는 중이었다. 마가의 기록을 보자.

서로 말하되 누가 우리를 위하여 무덤 문에서 돌을 굴려 주리요 하더니 눈을 들어 본즉 벌써 돌이 굴려져 있는데 그 돌이 심히 크더라. 무덤에 들어가서 흰 옷을 입은 한 청년이 우편에 앉은 것을 보고 놀라매 청년이 이르되 놀라지 말라. 너희가 십자가에 못 박히신 나사렛 예수를 찾는구나. 그가 살아나셨고 여기 계시지 아니하니라. 보라. 그를 두었던 곳이니라. 가서 그의 제자들과 베드로에게 이르기를 예수께서 너희보다 먼저 갈릴리로 가시나니 전에 너희에게 말씀하신 대로 너희가 거기서 뵈오리라 하라 하는지라(막 16:3-7).

"그가 살아나셨고 여기 계시지 아니하니라." 이 말을 듣고 이 여인들이 어떤 기분이었을지 상상이 가는가? 그들은 시체를 보러 왔다. 그런데 시체는 없고 대신 "그가 살아나셨고 여기 계시지 아니하니라"라는 소식을 들었다.

하지만 이 여인들은 너무 놀라지는 말았어야 했다. 기억나는가? 마가복음을 보면 예수님은 제3일에 다시 살아날 것이라고 누차 말씀하셨다. 예수님은 마가복음 8장과 9장과 10장에서 그렇게 말씀하셨다. 원래 마가의 글은 요점만 간결하게 전달하는 효율성의 미를 보여 준다. 그런 마가가 똑같은 말씀을 세 번이나 실었다면 예수님은 그보다 훨씬 더 많이 말씀하신 것이다. "내가 죽었다가 제3일에 살아날 것이다. 내가 죽었다가 제3일에 살아날 것이다. 내가 죽었다가 제3일에 살아날 것이다."

그런데 막상 예수님이 돌아가신 지 3일째 되는 날 무덤가에 남자 제자들은 단 한 명도 없었다. 여자 제자들도 기껏해야 '죽은' 시체에 관례대로 바를 비싼 향품만 가지고 왔을 뿐이다. 부활을 기대한 사람은 아무도 없었다. 내가 마가복음이란 소설을 쓴다면 이런 식으로 쓰지는 않을 것이다. 예수님이 부활에 관해 수없이 말씀하셨다면 그분의 죽음 뒤에 최소한 한 명쯤은 그분의 말씀을 떠올리며 다른 제자들에게 "오늘이 제3일이지? 아무래도 예수님의 무덤에 한번 가 봐야겠어. 손해 볼 건 없잖아?"라고 말해야 좀 더 현실감이 있다. 하지만 아무도 그런 말을 하지 않았다. 사실, 제자들은 부활을 기대조차 하지 않았다. 그들의 머릿속에서 부활이란 단어는 이미 사라지고 없었다. 그래서 빈 무덤 앞에서 천사는 여인들에게 옛 기억을 더듬어 주어야 했다. "'너희에게 말씀하신 대로' 너희가 거기서 뵈오리라."

오늘날만큼이나 당시도 부활은 정말 믿기 어려운 일이었다. 물론 첫 제자들이 부활을 믿지 못했던 이유는 우리와는 달랐다. 그리스인들은 부활을 믿지 않았다. 그리스 세계관에서 내세는 영혼이 육체로부터 해방되는 것이었다. 그리스인들에게 부활은 있을 수 없는 일이었다. 유대인들의 경우 적잖은 사람이 온 세상이 회복될 때 나타날 만인의 부활은 믿었지만 개인의 부활이라는 개념은 아예 없었다. 요컨대 예나 지금이나 부활은 믿기 힘든 개념이다.

AD 2세기에 살았던 그리스 철학자 켈수스(Celsus)는 기독교를 매우 싫어해서 기독교에 비판적인 글을 무수히 남겼다. 그 중에서 그가 가장 자신 있게 내놓은 비판은 부활이 여자들의 증언을 근거로 하기 때문에 기독교가 허구일 수밖에 없다는 것이다. 그의 이런 주장은 꽤 설득력을 얻었다. 고대 사회에서는 여성을 천시했기 때문에 당연히 여자들의 증언을 별로 신뢰하지 않았다.

하지만 오히려 이 점 때문에 성경이 믿을 만한 것이다. 마가를 비롯한 크리스천들이 예수 운동을 띄우기 위해 이야기를 꾸몄다면 여자들을 빈 무덤의 첫 번째 증인으로 내세우지 말았어야 했다. 따라서 이 이야기에 여자 증인들이 등장한 것은 그들이 정말로 증인이었기 때문이라고 생각할 수밖에 없다. 정말로 돌이 굴려져 있고 무덤이 비어 있었다. 정말로 천사가 예수님의 부활을 선포했다.

이어서 천사들은 여자들에게 지시를 내렸다. "가서 그의 제자들과 베드로에게 이르기를 예수께서 너희보다 먼저 갈릴리로 가시나니 전에 너희에게 말씀하신 대로 너희가 거기서 뵈오리라 하라." 사실 천사는 여자들에게 이렇게 말했어야 했다. "가서 그 배은망덕한 겁쟁이들에게 전해라. 녀석들이 땅에 엎드려 백배사죄를 한다면 혹시 예수님이 그들의 얼굴을 다시 보실지도 모른다. 그러니 어서 석고대죄를 하라고 전해라." 제자들이 예수님께 한 짓을 생각하면 석고대죄도 모자랄 것이다. 하지만 예수님이 천사를 통해 제자들에게 주신 메시지는 따스하기만 했다. "너희를 보고 싶구나. 먼저 가서 기다리마. 너희가 돌아왔으면 좋겠구나." 예수님과 제자들의 만남에 관해 자세히 알고 싶다면 누가복음을 봐야 한다.

이 말을 할 때에 예수께서 친히 그들 가운데 서서 이르시되 너희에게 평강이 있을지어다 하시니 그들이 놀라고 무서워하여 그 보는 것을 영으로 생각하는지라. 예수께서 이르시되 어찌하여 두려워하며 어찌하여 마음에 의심이 일어나느냐? 내 손과 발을 보고 나인 줄 알라. 또 나를 만져 보라. 영은 살과 뼈가 없으되 너희 보는 바와 같이 나는 있느니라. 이 말씀을 하시고 손과 발을 보이시나…또 이르시되 내가 너희와 함께 있을 때에 너희에게 말한 바…이같이 그리스도가 고난을 받고 제삼일에 죽은 자 가운데서 살아날 것…기록되었으니(눅 24:36-47).

부활하신 예수님은 어떤 모습이었을까? 부활하신 예수님의 몸은 "살과 뼈"로 이루어져 있었다. 예수님은 유령이 아니셨다. 제자들은 그분을 알아보고 만질 수 있었다. 그분은 제자들과 이야기를 나누셨다. 하지만 혹시 모든 사람이 집단 환각을 겪은 것은 아니었을까?

그렇지 않다. 제자들만 예수님을 보고 만진 것이 아니었기 때문이다. 바울은 부활하신 예수님을 직접 봤다는 사람들을 길게 나열한 뒤 "그 중에 지금까지 대다수는 살아 있고"(고전 15:6)라고 말했다. 베드로가 정말로 그렇게 말하지 않았는데 바울이 "베드로가 부활하신 예수님을 봤다고 말했다"라고 말했을 가능성은 희박하다.

바울의 기록을 보면 부활하신 예수님은 다섯 차례에 걸쳐 나타나셨는데 5백 명이 한 곳에서 예수님을 보기도 했다. 복음서에는 예수님이 출현하신 사건이 일곱 차례나 나타난다. 사도행전 1장 3-4절은 예수님이 40일간 수많은 사람에게 지속적으로 나타나셨다고 말한다. 부활하신 예수님을 본 사람들의 숫자와 예수님이 보이신 횟수로 볼 때 그 모든 사람이 환각에 걸렸다고 말하기는 힘들다. 그렇다면 그들이 실제로 예수님을 봤든지, 아니면 수백 명이 수십 년간 철저하게 입을 맞춘 것이다. 하지만 바울은 5백 명의 증인 중 아무에게나 찾아가 물어보라고 자신 있게 말했다. 만약 이 모두가 거짓이었다면 그 5백 명 중에 입이 근질해서 비밀을 무덤까지 가져가지 않은 사람이 최소한 한 명쯤은 나와야 정상이다.

게다가 겁쟁이 제자들이 리더로 변화되었다는 점도 설명하기 힘들다. 그들 대부분은 희생적인 삶을 살았고 예수님의 부활을 전하다가 목숨을 잃기도 했다.

빈 무덤, 무수한 증인의 증언, 제자들의 놀라운 변화. 이 세 가지 사실로 미루어 볼 때 예수님의 부활은 사실일 수밖에 없다.

예수님은 생전에 누누이 말씀하셨던 대로 부활하셨다. 범죄자가 형기를 다 마치면 법은 더 이상 그를 구속할 수 없다. 이제 그는 감옥에서 자유롭게 걸어 나올 수 있다. 마찬가지로 예수님은 우리 죄의 형벌을 받기 위해 이 땅에 오셨다. 우리의 죄는 그야말로 무한한 무기징역 감이었다. 하지만 부활절에 예수님이 자유롭게 걸어 나오셨으니 죗값이 모두 치러진 것이 분명하다. 부활은 하나님이 모두가 볼 수 있도록 역사의 지면에 '형기 마침'이라고 선명한 직인을 찍으신 사건이다.

그분이 해내셨다

"나의 하나님, 나의 하나님 어찌하여 나를 버리셨나이까?" 십자가 위에서의 이 절규는 십자가의 상황과 그 목적을 예언한 시편 22편의 절규와 하나로 겹친다. 예수님이 조롱을 받고 사람들이 그분의 옷을 제비뽑기한 것도 이 시편에 예언되어 있다. 이 시편은 뒤로 갈수록 고난에서 구원으로 분위기가 바뀐다.

> 내 생명을 칼에서 건지시며 내 유일한 것을 개의 세력에서 구하소서. 나를 사자의 입에서 구하소서. 주께서 내게 응답하시고 들소의 뿔에서 구원하셨나이다.…그는 곤고한 자의 곤고를 멸시하거나 싫어하지 아니하시며 그의 얼굴을 그에게서 숨기지 아니하시고 그가 울부짖을 때에 들으셨도다.…땅의 모든 끝이 여호와를 기억하고 돌아오며 모든 나라의 모든 족속이 주의 앞에 예배하리니 나라는 여호와의 것이요 여호와는 모든 나라의 주재심이로다. 세상의 모든 풍성한 자가 먹고 경배할 것이요 진토 속으로 내려가는 자 곧 자기 영혼을 살리지 못할 자도 다 그 앞에 절하리로다.…와서 그의 공의를 태어날 백성에게 전함이여 주께서 이를 행하셨다 할 것이로다(시 22:20-21, 24, 27-29, 31).

예수님이 정말로 부활하셨다면 마가복음의 모든 이야기가 사실인 셈이다. 예수님은 정말로 하나님의 아들이요 만왕의 왕이시다. 예수님은 우리를 위해 십자가에서 돌아가시려고 오셨다. 그분이 십자가 위에서 해 주신 일을 믿는 사람은 누구나 영원한 형벌을 면죄 받고 영원히 하나님의 품에 안기게 된다. 예수님은 요한복음에서 그렇게 말씀해 주셨다.

나는 부활이요 생명이니 나를 믿는 자는 죽어도 살겠고 무릇 살아서 나를 믿는 자는 영원히 죽지 아니하리니(요 11:25-26).

예수님이 돌아가셨으니 우리는 죽지 않아도 된다. 예수님이 부활하셨으니 우리도 부활할 수 있다.

우리가 예수께서 죽으셨다가 다시 살아나심을 믿을진대 이와 같이 예수 안에서 자는 자들도 하나님이 그와 함께 데리고 오시리라(살전 4:14).

하지만 예수님이 부활하시지 않았다면 마가의 말은 하나부터 열까지 다 꾸며낸 이야기일 뿐이다. 바울은 이 점을 분명히 지적했다.

만일 죽은 자의 부활이 없으면 그리스도도 다시 살아나지 못하셨으리라. 그리스도께서 만일 다시 살아나지 못하셨으면 우리가 전파하는 것도 헛것이요 또 너희 믿음도 헛것이며 또 우리가 하나님의 거짓 증인으로 발견되리니 우리가 하나님이 그리스도를 다시 살리셨다고 증언하였음이라. 만일 죽은 자가 다시 살아나는 일이 없으면 하나님이 그리스도를 다시 살리지 아니하셨으리라. 만일 죽은 자가 다시 살아나는 일이 없으면 그리스도도 다시 살아나신 일이 없었을 터이요 그리스도께서 다시 살아나신 일이 없으면 너희의 믿음도 헛되고 너희가 여전히 죄 가운데 있을 것이요 또한 그리스도 안에서 잠자는 자도 망하였으리니 만일 그리스도 안에서 우리가 바라는 것이 다만 이 세상의 삶뿐이면 모든 사람 가운데 우리가 더욱 불쌍한 자이리라(고전 15:13-19).

이렇듯 부활이라는 사실은 우리에게 너무도 중요하다. 부활이 사실인지에 따라 나머지 이야기의 진위가 달라진다.

모든 슬픔이 사라질 날을 기대하라

부활을 사실로 믿는가? 예수님이 당신을 구원하기 위해 돌아가셨다고 믿는가? 예수님이 당신의 영원한 궤도를 하나님의 품 쪽으로 바꿔 주셨다고 믿는가? 하나님이 예수님의 놀라운 십자가 은혜를 통해 당신을 받아 주셨다고 믿는가? 그렇다면 당신은 하나님 나라의 일원이다. 하지만 부활이 '지금' 당신의 삶과는 무슨 상관이 있는가? 깊은 상관이 있다.

이사야와 아모스를 비롯한 많은 선지자가 하나님이 미래에 이루실 하나님의 나라를 예언했다. 새로운 하늘과 땅, 회복된 물질세계, "어린 양 곁에 누워 있는 이리, 독사와 즐겁게 장난을 치는 아이"(사 11). 육체적, 영적, 사회적, 경제적으로 절대적인 온전함과 행복.

하나님 나라는 그런 곳이다. 마태복음 11장을 보면 세례 요한은 감옥에서 예수님께 물었다. "선생님이 정말로 메시아십니까? 당신이 하나님의 나라를 이루실 분입니까?" 그러자 예수님은 이렇게 대답하셨다. "맹인이 보며 못 걷는 사람이 걸으며 나병환자가 깨끗함을 받으며 못 듣는 자가 들으며 죽은 자가 살아나며 가난한 자에게 복음이 전파된다 하라"(마 11:5). 하나님 나라는 그런 곳이다. 샬롬이 있는 곳이다. 피조 세계의 모든 관계가 온전히 치유되는 곳이다. 우리가 하나님, 자연, 서로, 그리고 우리 자신과 화해하게 된다.

이 미래를 진정으로 믿는다며 현재의 삶이 완전히 변할 수밖에 없다. 예를 들어, 고난이 왜 그리 힘든가? 장애와 질병이 왜 그리 힘겨운가? 자신의 돈과 평판, 목숨이 걸린 상황에서 옳은 일을 하기가 왜 그토록 어려운가? 자신의 죽음 혹은 사랑하는 이의 죽음이 왜 그토록 가슴 아픈가? 이 망가진 세상이 전부라고 믿기 때문이다. 돈이 당신이 가진 유일한 부라고 생각하는가? 이 육신이 당신이 가질 수 있는 유일한 육체라고 생각하는가? 그렇지 않다. 예수님이 부활하셨으니 미래는 그보다 훨씬 더 아름답고 훨씬 더 확실하다.

매년 부활절이 돌아오면 조니 에릭슨 타다(Joni Eareckson Tada)가 생각난다. 조니는 열일곱 살 때 목 아래로 완전히 마비가 되는 사고를 당했다. 하지만 그녀는 휠체어를 타고 교회를 다니면서 끔찍한 사고로 인한 아픔을 이겨 내려고 애썼다.

그런데 휠체어를 타고 교회를 다니다 보니 목회자가 모두에게 무릎을 꿇으라고 할 때마다 곤혹스러웠다. 그때마다 자신이 휠체어에 묶여 있다는 사실이 새삼 실감이 갔다. 한번은 집회에 참석했는데 강사가 모두 무릎을 꿇으라고 강권하자 조니만 빼고 모두가 무릎을 꿇었다. "모두 무릎을 꿇으니 내 모습이 너무 튀었다. 눈물을 멈출수가 없었다." 하지만 조니는 자신의 신세가 한탄스러워서 울었던 게 아니다. 수백 명이 하나님 앞에 무릎을 꿇은 광경이 너무도 아름다워 울었던 것이다. 그 광경은 마치 "천국의 그림"과도 같았다. 문득 조니는 또 다른 생각이 떠올라 계속해서 울었다.

> 거기 앉아 있는데 천국에서 내가 자유롭게 뛰고 춤추고 발을 차고 에어로빅을 하게 되리라는 사실이 기억났다.…어린 양의 혼인 잔치에 초대받기 전에 내 부활한 다리로 가장 먼저 감사의 무릎을 꿇을 생각이다. 생각만 해도 영광스럽다. 예수님의 발치에 조용히 무릎을 꿇으리라.[72]

조니는 이렇게 덧붙였다. "지금은 손가락이 뒤틀리고 근육은 위축되고 무릎은 비틀어지고 어깨 아래로 아무런 감각도 없지만 언젠가 밝고 가벼운 새 몸을 갖고 강력하고도 눈부신 의의 옷을 입게 되리라. 나처럼 척수를 다친 사람에게 부활이 어떤 소망을 주는지 상상이 가는가?"[73] 오직 예수 그리스도 안에서만 그토록 놀라운 소망을 얻을 수 있다. 오직 부활만이 새 마음뿐 아니라 새 몸을 약속해 준다. 새로운 몸은 완벽하고 아름답고 영원할 것이다. 새로운 몸은 지금의 몸이 할 수 없는 놀라운 일을 할 수 있을 것이다.

춤을 출 수 없지만 너무도 춤을 추고 싶은가? 부활한 몸으로 완벽한 춤을 추게 되리라. 외로운가? 부활 안에서 완벽한 사랑을 얻게 되리라. 공허한가? 부활 안에서 온전한 만족을 얻으리라. 평범한 삶이 회복될 것이다. 세상에 평범한 삶만큼 좋은 것도 없다. 단지 그 삶이 자꾸만 무너져 내리는 것이 문제다. 음식과 일, 모닥불 곁의 의자, 포옹, 춤, 산, 그러니까 이 세상이 곧 평범한 삶이다. 하나님은 이 세상을 지극히 사랑하여 독생자를 보내 주셨다. 덕분에 우리, 그리고 이 평범한 세상의 나머지 피조물들이 구속되고 완벽해질 수 있었다. 그런 미래가 우리를 기다린다.

이 세상이 유일한 세상이 아니다. 이 몸이 유일한 몸이 아니다. 이 삶이 끝이 아니다. 언젠가 '완벽한' 삶, 진짜 삶을 얻을 것이다. 이 사실을 생각하면 남들이 우리를 어떻게 대하든 상관없다. 이 사실을 생각하면 모든 걱정이 순식간에 사라진다. 용감하게 모험을 할 수 있고, 휠체어 신세 같은 최악의 상황에서도 기쁨과 소망으로 충만할 수 있다. 부활을 믿는 우리는 모든 고난이 사라질 날을 고대한다. 그뿐만이 아니다. 우리의 고난이 영광스러워지는 날을 고대한다. 예수님은 제자들에게 손과 발의 상처를 보여 주셨다. 처음에 제자들은 그 상처로 인해 자신들이 망했다고 생각했다. 원래 그들은 대통령을 세울 계획이었다. 예수님이라는 후보가 대통령에 당선되면 자신들은 장관이 될 줄 알았다. 그래서 그분의 손과 발에 못이 박히고 그분의 옆구리에 창이 뚫릴 때 모든 꿈이 물거품이 되었다고 생각했다. 그런데 부활하신 예수님을 만나 보니 여전히 상처가 남아 있다.

이 사실이 왜 중요할까? 그 상처를 이해하고 나면 그 상처의 기억으로 인해 남은 삶이 영광과 기쁨으로 가득해지기 때문이다. 제자들은 상처 난 예수 그리스도의 모습을 그리며 그분이 해 주신 일을 떠올렸다. 자신들을 망쳤다고 생각했던 상처가 알고 보니 자신들을 구원한 상처였다. 그 상처의 기억 덕분에 그들은 십자가 처형을 견뎌 낼 수 있었다.

하나님이 세상만사를 바로잡으실 날, 모든 슬픔이 사라질 날, 바로 주의 날 우리의 상처도 영광스러워질 것이다. 최악이라고 생각했던 고난이 오히려 영원한 기쁨을 더해 줄 것이다. 그날, 모든 것이 역전되고 측량할 수 없는 기쁨이 밀려올 것이다. 영광의 기쁨이 우리가 겪은 모든 상처보다 훨씬 더 커질 것이다.

그러니 이 세상의 부활과 회복이라는 빛 속에서 살자. 영광스럽고 영원하고 즐거운 은혜의 춤 속에서 살자.

목회를 하면서 믿음과 의심의 문제로 씨름하는 사람을 수없이 만났다. 그들이 기독교를 거부하는 가장 흔한 이유는 '믿기에는 너무 이상적이어서' 혹은 '현실도피라서'였다. 언젠가 누군가에게서 이런 말을 들었다. "언젠가 하나님이 세상을 더 좋게 만든다고요? 사람들이 왜 그런 말을 듣기 좋아하는지 압니다. 성경과 예수의 이야기는 위로가 되지요. 하지만 그래 봐야 헛된 바람일 뿐입니다."

우리는 해피엔딩을 시시하게 여기는 시대를 살고 있다. 많은 사람이 인생을 무의미하게 여기며 해피엔딩은 착각일 뿐이라고 생각한다. 인생은 패러독스와 아이러니와 분노로 가득하다. 해피엔딩은 동화책에나 어울리지 어른용은 절대 아니다.

미국 드라마 〈사인필드〉(Seinfeld)나 〈고도를 기다리며〉(Waiting for Godot) 같은 '성인용' 이야기에 해피엔딩 같은 빤한 줄거리는 없다.

어쩌면 그래서 스티븐 스필버그(Steven Spielberg)가 해피엔딩 영화에 대한 미련을 버리기 전까지 오스카상을 타지 못한 건 아닐까? 그래도 아직까지는 그의 영화 중에서 동화 같은 영화가 더 많은 인기를 끌었다. 하지만 비평가들은 '현실도피' 이야기가 인기는 있는 법이라며 빈정거린다.

하지만 누구보다도 탁월한 권위자인 J. R. R. 톨킨은 비평가들이 경멸하는 이야기가 예나 지금이나 인기가 있는 이유를 다르게 설명했다. 그는 해피엔딩이 '현실도피'가 아니라 꽤 진실이라는 사실을 사람들이 알기 때문이라고 주장했다. 그는 유명한 에세이 "동화들에 관해"(On Fairy-Stories)에서 가장 만족스러운 이야기의 증거는 '행복한 대단원(eucatastrophe)'이라고 말했다. '행복한 대단원'이 무슨 뜻일까?

해피엔딩의 기쁨은 '현실도피'나 '도망'이 아니다. 이것은 슬픔과 실패라는 대단원의 가능성을 부인하지 않는다. 구원(행복한 대단원)의 기쁨이 있으려면 슬픈 대단원의 가능성이 있어야 한다. 단지 (많은 증거에도 불구하고) 보편적인 최종 패배를 부인할 뿐이다. 이것이 기쁨, 세상의 벽 너머에 있는 기쁨, 슬픔만큼이나 강력한 기쁨을 살짝 엿보게 하는 '복음'이다. 갑작스러운 '반전'이 이루어지면 기쁨 곧 마음의 바람을 선명하게 엿보게 된다. 이야기의 중심을 관통하는 기쁨이 잠시나마 어렴풋이 보인다.[74]

계속해서 톨킨은 사람들이 그런 이야기에서 궁극의 현실을 엿본다고 주장했다. 이런 이야기는 세상이 위험과 슬픔과 비극으로 가득 차 있지만 그럼에도 모든 상황에 의미가 있고 선악의 차이가 있으며 무엇보다도 언젠가는 선이 악을 이기고 심지어는 "죽음으로부터의 탈출"까지 이루어진다. 이것이 톨킨이 말하는 본질적인 해피엔딩이다.

이 책에서 우리는 복음서 기자 마가를 따라 예수님의 행적을 따라가 보았다. 생생한 인물 묘사, 놀랍다 못해 충격적이기까지 한 반전, 악의 면전에서 극적으로 거둔 기적적이고도 우주적인 승리. 예수님의 이야기는 참으로 흥미진진하다. 하지만 그것이 다인가? 복음은 여느 해피엔딩처럼 잠시 기분만 좋게 하는 이야기일 뿐인가?

아니다. 복음은 그 이상이다. 톨킨은 위 에세이의 후기에서 그 이유를 설명했다. 수년 전 옥스퍼드의 처웰 강 근처 애디슨 길(Addison's Walk)에서 친구 C. S. 루이스를 설득할 때처럼 그는 예수님의 복음 이야기가 단순히 궁극의 현실을 살짝 보여 주는 위대한 이야기 중 하나가 아니라고 말했다.[75] 예수님의 복음 이야기는 모든 이야기가 엿보여 주는 궁극의 현실 그 자체다. 이 이야기는 잠시 용기를 주는 이야기가 아니라 진짜 이야기요 실화다.

좋은 이야기에만 있는 '기쁨'이라는 특성은 궁극의 현실 혹은 진리를 갑자기 엿볼 때 찾아오는 기쁨이다. 복음서들에는 모든 동화의 정수를 포함한 하나의 큰 이야기가 포함되어 있다. 하지만 이 이야기가 역사 속으로, 세상 속으로 들어왔다. 그리스도의 탄생은 인류 역사의 행복한 대단원이다. 부활은 성육신 이야기의 행복한 대단원이다. 이 이야기는 기쁨으로 시작해서 기쁨으로 끝난다. 인간이 사실로 받아들인 이야기는 일찍이 없었다. 그토록 많은 회의적인 사람들이 사실로 받아들인 이야기는 일찍이 없었다.

예수님의 부활이라는 사실 때문에 복음 이야기는 단순히 좋은 읽을거리가 아니다. 복음은 인생을 변화시키는 힘을 품고 있다. 잠시 누군가가 고대 도시 안디옥에서 노예들에게 이렇게 설교한다고 하자. "부활은 큰 용기를 주는 이야기입니다. 선이 악을 이긴다는 내용을 담고 있죠. 그러니까 서로에게 잘해 주십시오." 과연 이 말을 듣고 "이럴 수가! 지독한 불행과 압제로 얼룩진 내 인생을 승리와 소망의 삶으로 바꿔 줄 메시지야!"라고 말할 노예가 한 명이라도 있을까? 물론 없다. 바울은 지중해의 도시들을 돌며 그런 식으로 말하지 않았다. 그는 이렇게 말했다. "그들이 그분을 보고 만졌습니다. 그래서 하나님 나라는 진짜입니다. 우리는 반드시 승리할 것입니다. 이 복음을 믿으면 지금 당장 그 나라로 들어갈 수 있습니다."[76] 예수님의 이야기는 사실이기 때문에 우리의 인생을 변화시킬 수 있다.

복음 이야기는 단순히 감정만 자극하는 이야기도 아니요 현실 도피를 제안하는 이야기도 아니다. 복음은 악과 상실을 더없이 진지하게 다룬다. 그래서 우리 스스로는 구원할 수 없다고 말한다. 하나님의 아들의 죽음 외에는 그 무엇도 우리를 구원할 수 없다. 하지만 역사적 부활이라는 '해피엔딩'은 심지어 십자가의 슬픔까지 뒤덮을 만큼 강력하다. 그래서 부활을 믿는 사람은 인생의 깊은 슬픔과 상실을 당당히 마주할 수 있다.

복음을 믿지 않아도 희망 섞인 이야기들을 읽고 기쁨의 눈물을 흘릴 수 있지만 그래 봐야 잠시뿐이다. 내심 인생의 현실은 그런 이야기와 다르다는 것을 알기 때문이다. 하지만 복음을 믿는 사람은 가장 어두운 순간에도 결코 무너지지 않는다. 예수님이 보여 주신 '해피엔딩'이 현실이라는 사실을 알기 때문이다. 하나님의 기적적인 은혜가 우리의 슬픔, 심지어 '슬픈 대단원'까지도 삼켜 버릴 것이다. "사망을 삼키고 이기리라고…우리 주 예수 그리스도로 말미암아 우리에게 승리를 주시는 하나님께 감사하노니"(고전 15:54, 57).

신학자 로버트 젠슨(Robert W. Jenson)은 유명한 글에서 오늘날 세상이 "그 이야기를 잃어버렸기" 때문에 우리 문화가 위기에 처했다고 주장했다.[77] 한때 우리는 인생에 목적이 있다고 생각했다. 세상의 고통이 해결되는 대단원의 소망이 있다고 생각했다. 하지만 지금은 많은 사람이 그런 소망을 버린 지 오래다.

하지만 마가는 예수님의 이야기를 전하면서 그 이야기를 진실로 선포했다. 왕이신 예수님이 사랑으로 만물을 창조하셨다. 우리가 세상을 망쳐 놓았지만 그분은 세상이 영광스럽게 회복된 모습을 바라보셨다. 그 비전을 이루기 위해 이 세상으로 오셔서 죽으셔야 했다. 하지만 그분은 사흘 뒤에 살아나셨다. 언젠가 그분이 돌아오셔서 만물을 새롭게 하실 것이다.

복음은 패배에서 나오는 승리, 약함에서 나오는 강함, 죽음에서 나오는 생명, 버림에서 나오는 구원을 보여 주는 궁극의 이야기다.

복음은 진짜 이야기이기 때문에 우리의 인생이 정말 그 복음대로 될 수 있다는 소망이 있다.

복음 이야기가 당신의 이야기가 될 수 있다. 당신은 하나님을 지극히 사랑하기 위한 존재로 창조되었다. 그러나 하나님은 당신을 잃어버리셨다. 그래서 당신을 되찾기 위해 돌아오셨다. 하지만 그러기 위해서는 십자가를 짊어지셔야 했다. 그분이 당신의 어둠을 감내하셨다. 덕분에 언젠가 당신은 눈부시게 아름다운 진짜 모습을 되찾고 그분의 영원한 잔치 자리에 앉을 수 있게 되었다.

1. 프랭크 게블린(Frank E. Gaebelein) 편집의 「크리스채너티 투데이 리더」(*A Christianity Today Reader*) 22쪽에 실린 에밀 카이에의 "나를 이해하는 책"
2. 위의 책, 31쪽.
3. 리사 밀러, 2010년 3월 25일자 「뉴스위크」지
4. 게자 베머스, "신화인가 역사인가: 부활의 확실한 사실들", 2009년 4월 6일자 「타임」지
5. 낸시 헬미쉬, 201년 3월 23일자 「USA 투데이」지
6. 벤 위더링턴(Ben Witherington)의 「예수 탐구」(*The Jesus Quest : The Third Search for the Jew of Nazareth*)와 N. T. 라이트의 「예수는 누구였는가?」(*Who Was Jesus?*)를 보면 복음서에 관한 회의적인 시각이 어떻게 발전했는지를 확인할 수 있다.
7. 이에 관한 유명한 저작에는 C. 블롬버그(Blombert)의 「복음서들의 역사적 신빙성」(*The Historical Reliability of the Gospels*)과 크레이그 에반스(Craig A. Evans)의 「만들어진 예수」(*Fabricating Jesus : How Modern Scholars Distort the Gospels*)이 있다. 그보다 더 유명하고 오래된 저작에는 F. F. 브루스(Bruce)의 「신약 문서들」(*The New Testament Documents : Are They Reliable?*)이 있다. 회의적인 성경학자들에 대한 이런 대항 운동에 관해 자세히 알고 싶다면 C. 스티븐 에반스(Stephen Evans)의 「역사적 그리스도와 믿음의 예수」(*The Historical Christ and the Jesus of Faith*)와 알빈 플란팅가(Alvin Plantinga)의 「확실한 기독교 신앙」(*Warranted Christian Belief*) 중 '두 가지(혹은 그 이상) 종류의 성경학자들'을 보라.
8. A. N. 윌슨의 "내가 다시 믿는 이유", 2009년 4월 2일자 「뉴 스테이츠먼」(*The New Statesman*). 라이스와 달리 윌슨이 믿음으로 돌아온 것은 성경학자들의 저작을 읽었기 때문이라기보다는 기독교에 반대하는 철학적 주장들의 근거가 빈약하다는 점을 깨달았기 때문이다. 한편, 「뉴 스테이츠먼」는 윌슨의 개심에 관한 글과 함께, 그가 1992년에 펴낸 반기독교 저작을 들고 있는 아이러니한 사진을 실었다. 단, 그 사진에서 이제 그의 시선은 저 높은 하늘을 향해 있었다.

9. 앤 라이스의 「어린 예수」(*Christ the Lord : Out of Egypt*) 332쪽. 라이스는 교회 및 제도적 기독교와 껄끄러운 관계에 있을 때 예수님에 관한 성경의 이야기가 믿을 만하다는 결론을 내렸다.

10. D. A. 카슨(Carson)과 더글러스 무(Douglas J. Moo)의 「신약개론」(*An Introduction to the New Testament*) 173쪽.

11. C. S. 루이스의 「순전한 기독교」 151쪽.

12. 코넬리우스 플란팅가(Cornelius Plantinga)의 「기독지성의 책임」(*Engaging God's World : A Christian Vision of Faith, Learning, and Living*) 20-33쪽.

13. 루이스, 151쪽.

14. J. R. R. 톨킨의 「왕의 귀환」(*The Return of the King : Being the Third Part of the Lord of the Rings*) 1072쪽.

15. C. S. 루이스의 「마지막 전투」(*The Last Battle*) 196쪽.

16. 조지 맥도널드의 「공주와 고블린」 155-212쪽.

17. 조지 맥도널드의 「기비 경」(*Sir Gibbie : A Novel*) 149쪽

18. 조지 맥도널드의 「릴리스」(*Lilith*) 176쪽

19. 찰스 웨슬리의 "내게 유익이 있다네(And Can It Be That I Should Gain)"

20. 신시아 하이멜의 「나 없이 살 수 없다면 왜 아직 죽지 않았는가?」(*If You Can't Live Without Me, Why Aren't You Dead Yet?*) 13-14쪽에 다시 실음.

21. C. S. 루이스의 「새벽 출정호의 항해」 115-116쪽.

22. N. T. 라이트의 「톰 라이트 예배를 말하다」(*For All God's Worth : True Worship and the Calling of the Church*) 1쪽.

23. 리처드 보캄의 「예수와 그 목격자들」 343쪽.

24. 위의 책 343쪽에 인용.

25. 엘리자베스 엘리엇의 「빛나는 문을 통해」(*Through Gates of Splendor*) 40주년 기념판 267쪽.

26. C. S. 루이스의 「사자와 마녀와 옷장」 81쪽.

27. 조지 맥도널드의 「공주와 고블린」 223쪽.

28. 1787년 존 케이스(John Keith)의 "굳건한 반석(How Firm a Foundation)"(현대적으로 풀어씀)

29. 자끄 엘룰의 「기술의 역사」, 존 윌킨슨(John Wilkinson)이 번역.

30. 프란츠 카프카의 「기본적인 카프카」(*The Basic Kafka*) 169쪽. 프란츠 카프카의 「소송」도 보시오. 마이크 미첼(Mike Mitchell) 번역.

31. 알렉산드르 솔제니친의 「수용소 군도」(*The Gulag Archipelago*) 312쪽

32. 스튜어트 바비지(Stuart Babbage)의 「가인의 표시」(*The Mark of Cain : Studies in Literature and Theology*) 17쪽에 인용

33. 도로시 세이어스의 「신조 혹은 혼란」 39쪽.

34. 위의 책 38쪽.

35. 크리스티나 켈리의 "우리는 왜 유명인들을 필요로 하는가?", 「유튼 리더」(*Utne Reader*)지 1993년 5/6월자 100-101쪽.

36. 앤드서 니그렌(Anders Nygren)의 「로마서 주석」(*Commentary on Romans*), 칼 라스무센 (Carl C. Rasmussen) 번역. 로마서 1장 17절에 관한 부분을 보시오. 현대 주석가마다 의견이 좀 다르긴 하지만 마르틴 루터도 이 구절을 그런 식으로 이해했다. 표준 「루터 전집」(*Luthers Werke*) 34권 337쪽를 보시오.

37. 마태복음 5장 18절

38. 제임스 프록터(James Proctor)의 "다 이루었다"(It Is Finished).

39. 제임스 에드워즈의 「마가에 따른 복음서」(*The Gospel According to Mark*) 221쪽.

40. 존 뉴턴의 「존 뉴턴 전집」(*The Works of the Rev. John Newton*) 6권 185쪽.

41. 윌리엄 반스톤의 「사랑의 노력, 사랑의 희생」(*Love's Endeavour, Love's Expense*)

42. A. M. 스티브스(Stibbs)의 글을 참조하시오. "피는 폭력에 의해 끝난 생명의 가시적인 상징이다. 그것은 죽음으로 생명을 주거나 취했다는 표시다. 이 세상에서 이렇게 생명을 주거나 취하는 것은 극단적인 선물이요 대가이며 형벌이다. 이보다 더 위대한 것은 없다." 레온 모리스(Leon Morris)의 「신약의 십자가」(*The Cross in the New Testament*) p219n21.

43. 제임스 에드워즈의 「마가에 따른 복음서」 254쪽.

44. 사도행전 2장 24절, 고린도전서 15장 54-56절을 보시오.

45. C. S. 루이스의 「순전한 기독교」 174쪽.

46. 이 텍스트를 이런 식으로 풀이한 주석서에는 제임스 에드워즈의 「마가에 따른 복음서」 260쪽와 D. A. 카슨의 「마태복음 주석」(*Matthew : The Expositor's Bible Commentary*) 2권 382쪽가 있다. 카슨은 이 구절에 해당하는 마태복음이 교회의 성장을 의미한다고 보았다.

47. 위의 책 175쪽.

48. C. S. 루이스의 「영광의 무게」(*The Weight of Glory and Other Essays*) 중 36-37쪽 "영광의 무게"

49. 라민 세나(Lamin Sanneh)의 「기독교는 누구의 종교인가?」(*Whose Religion Is*

Christianity?) 15쪽, 필립 젠킨스(Philip Jenkins)의 「신의 미래」(*The Next Christendom : The Coming of Global Christianity*) 56쪽.

50. "기독교의 확산: 앤드류 월스와의 인터뷰"는 www.religion-online.org/showarticle.asp?title=2052에서 읽을 수 있다.

51. J. K. 롤링(Rowling)의 「해리 포터와 마법사의 돌」(*Harry Potter and the Philosopher's Stone*) 216쪽.

52. C. S. 루이스의 「사자와 마녀와 옷장」 169쪽.

53. 리처드 헤이스의 「신약의 도덕적 비전」(*The Moral Vision of the New Testament : A Contemporary Introduction to New Testament Ethics*) 90쪽.

54. 이 이미지는 www.zinzendorf.com/feti.htm에서 볼 수 있다.

55. 「조나단 에드워드 설교집」(*The Sermons of Jonathan Edwards : A Reader*) 163쪽의 "그리스도의 뛰어남"

56. 요세푸스의 조사 내용은 에드워즈의 「마가에 따른 복음서」 342쪽에 실려 있다.

57. 구약은 성전이 이방인까지 만인이 들어와 예배하는 곳이라고 말하고 있지만, 에드워즈에 따르면 사람들은 편의적으로 이 말씀을 무시했다. 제임스 에드워즈의 「마가에 따른 복음서」 343쪽를 보시오.

58. 성막은 성전의 원형이다. 성막은 이스라엘 백성들이 광야를 떠돌 때 사용한 이동식 성소다.

59. 존 오웬의 「그리스도의 죽음 안에서 죽음의 죽음」. 이 17세기 작품은 다양한 형태로 출판되었으며 온라인에서도 전문을 구할 수 있다. 현대 학자 J. I. 패커(Packer)가 쓴 "그리스도의 죽음 안에서 죽음의 죽음에 관한 소개"는 그 자체로도 중요한 에세이다.

60. D. A. 카슨의 「힘든 곳에서의 사랑」(*Love in Hard Places*) 61쪽.

61. 시릴 리처드슨(Cyril C. Richardson)의 「초기 기독교 교부들」(*Early Christian Fathers*) 153쪽의 "폴리갑의 순교".

62. 존 팍스(John Foxe)의 「팍스의 순교자 이야기」(*Foxe's Book of Martyrs*) 154쪽.

63. C. S. 루이스의 「개인기도」 96-97쪽.

64. 조나단 에드워즈의 "그리스도의 고뇌". 이 글은 다양한 형태로 출간되었으며 여러 웹사이트에서도 구할 수 있다. www.ccel.org/ccel/edwards/sermons.agony.html에서 확인했다.

65. C. 존 서머빌의 「세속적인 대학의 쇠퇴」(*The Decline of the Secular University*) 70쪽.

66. 마이클 윌콕의 「누가복음 강해」(*The Message of Luke : The Savior of the World*) 86쪽.

67. 예를 들어, 이사야서 13장 9, 10절, 예레미야서 15장 6-9절을 보시오.

68. 예를 들어, 시편 84편 11절을 보시오.

69. 알베르 카뮈의 인용문은 위르겐 몰트만(Jurgen Moltmann)의 「십자가에 달리신 하나님」(*The Crucified God*) 226쪽에 실려 있다.

70. J. R. R. 톨킨의 「반지의 제왕」 1148-1149쪽.

71. 프롤로그에서 복음서가 실제 증인들의 증언이라는 보캄의 주장을 보시오.

72. 조니 에릭슨 타다의 「천국」(*Heaven : Your Real Home*) 51쪽.

73. 위의 책 53쪽.

74. J. R. R. 톨킨의 「나무와 나뭇잎」(*Tree and Leaf*) 「비르트노스의 귀향」(*The Homecoming of Beorhtnoth*) 68-70쪽.

75. 험프리 카펜터(Humphrey Carpenter)의 「잉클링즈」(*The Inklings : C. S. Lewis, J. R. R. Tolkien, Charles Williams, and their Friends*) 42쪽.

76. 고린도전서 15장 19-20절, 골로새서 1장 13-14절을 보시오.

77. 1993년 10월자 「퍼스트 씽즈 36」(*First Things 36*)지 19-24쪽에 실린 로버트 젠슨의 "세상이 그 이야기를 잃은 과정".